LOVE
HAND
MADE

이 한 권이면 제대로 만들 수 있다 !

핸드메이드 액세서리
CLASS BOOK

NECKLACE
BRACELET
EARRINGS RING
HAIR ACCESSORY
ETC.

150
ITEMS

마피아싱글하우스

핸드메이드 액세서리 스타일링

… × …

BASIC ITEM × ACCESSORIES

핸드메이드를 좋아하지만 좀처럼 착용하지 않는
액세서리가 많습니다.
이 책에는 정말 착용하고 싶은 디자인만 골라
패션 코디와 함께 소개합니다.

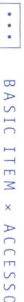

1.

BASIC ITEM : **화이트 셔츠** × ACCESSORIES : **심플한 액세서리**

화이트 셔츠에 자그맣고 화사한 액세서리로
무심한 듯 여성스러움을 표현하고 싶을 때
원석 또는 아크릴 비즈 컬러로 포인트를 주세요.

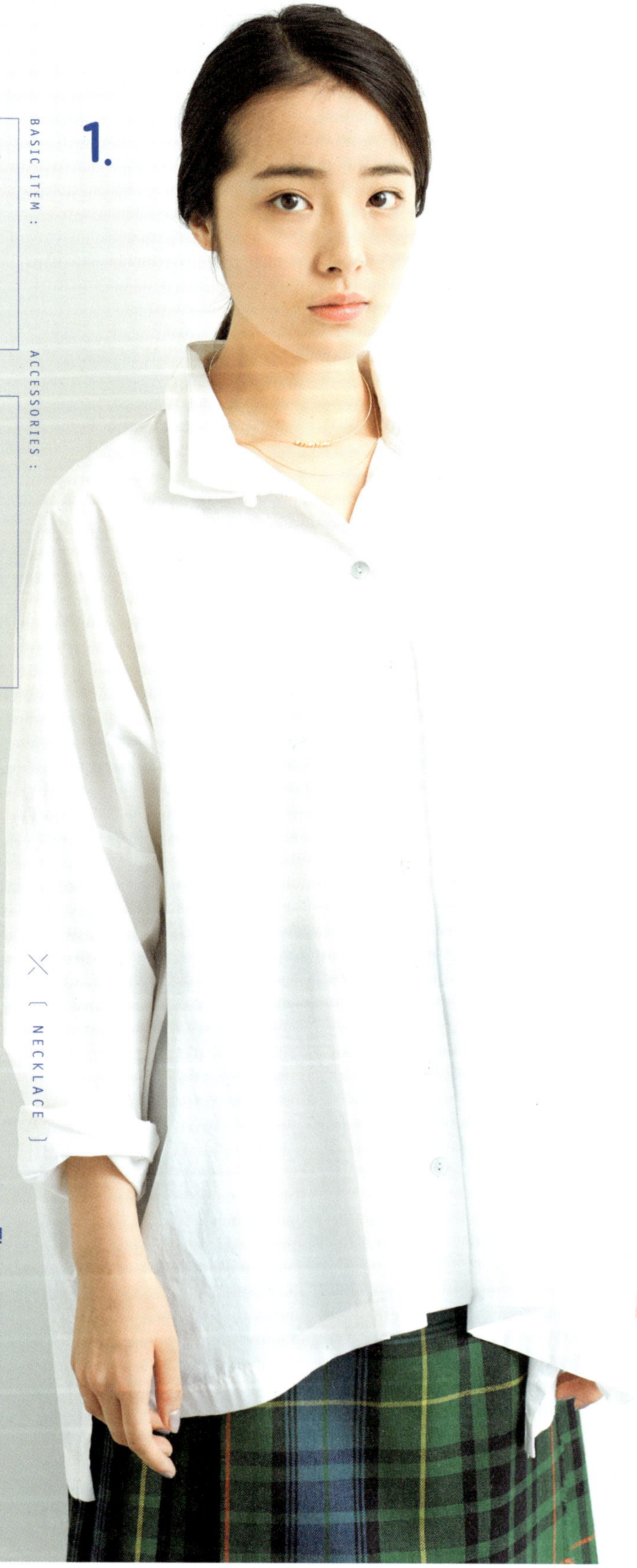

× [NECKLACE]

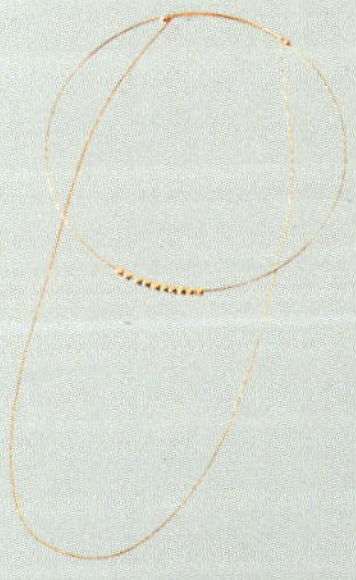

깨끗한 화이트 셔츠에는 화려한 액세서리로 선택 !

심플한 화이트 셔츠에는 과하지 않은 액세서리를 착용하여 우아하게!
초커로 트렌디함을 더하고 체인 목걸이가 살짝 보일 정도로 셔츠의 단추를 열어 스타일링해보세요.

⇨ P.36
⇨ HOW TO MAKE P.42

화이트 셔츠를 마무리해주는
딥한 무드를 지닌 컬러

섬세하면서 존재감이 있어
심플한 상의에 착용하는 것
만으로도 훨씬 세련된 인상
을 줄 수 있어요.

⇨ P. 145
⇨ HOW TO MAKE P. 153

[PIERCED EARRINGS]

가는 팔찌 X 원석으로
심플하게 포인트 !

깨끗한 화이트 셔츠에
맞추어 완벽한 우아함을!
소매를 걷어 손목을 내어
여성스럽게 연출하세요.

⇨ P. 72
⇨ HOW TO MAKE P. 82

[BRACELET]

커다란 수정으로
좀 더 아름답고 여성스럽게

원석을 골드장식으로 감은
심플하면서도 존재감 있는
반지.

⇨ P. 73
⇨ HOW TO MAKE P. 84-85

[RING]

포멀한 화이트 셔츠에
자수로 캐주얼하게

레이스에 옅은 색 비즈를 더
하여 피부에 녹아 드는 듯한
감성을 느낄 수 있다.
옷깃을 닫아 청초하게.

⇨ P. 15
⇨ HOW TO MAKE P. 24-25

[PIERCED EARRINGS]

[BRACELET]

**가는 팔찌로
여리여리한 손목을 연출！**

섬세한 작은 진주와 비즈를 두 줄
로 레이어드한 디자인.
데님에 착용하면 부담스럽지 않
고 사랑스럽게 마무리！

⇨ P.73
⇨ HOW TO MAKE　P.83

[PIERCED EARRINGS]

**두가지 칼라 글래스 진주로
코디를 캐주얼하게 UP!**

화이트와 베이지 컬러 진주가 엮
인 액세서리는 골드 장식으로 연
결되어 있어 피부 톤에 잘 어울려
요.

⇨ P.86
⇨ HOW TO MAKE　P.98

[BRACELET]

**짤랑짤랑 진주로
데님 코디를 화려하게**

크기가 다른 글래스 진주는 남성
적인 느낌의 데님 코디를 여성스
럽고 화려하게 만들어 줍니다.
별 모양 참은 포인트！

⇨ P.48
⇨ HOW TO MAKE　P.56

2.

BASIC ITEM :

데님

×

ACCESSORIES :

진주 액세서리

한 알만으로도 고급스러운 인상을 주는 진주.
캐주얼한 데님에도 진주를 더 하면 여성스러운 분위기를 연출할 수 있습니다.

3.

BASIC ITEM :

티셔츠

✕

ACCESSORIES :

볼드 액세서리

심플하고 베이직한 니트는
크고 화려한 액세서리가 잘 어울립니다.
평소에 착용하지 않는 디자인에도 도전해보세요.

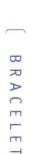

✕ [EAR CUFF]

✕ [BRACELET]

✕ [BARRETTE]

무지 티셔츠에
액세서리를 주인공으로

큰 플라워 귀걸이는 얼굴을 화사
하게 해주는 아이템.
머리는 귀에 걸거나 업 스타일로
연출해보세요.

▷ P. 91
▷ HOW TO MAKE P. 106-107

메탈 ✕ 진주로
셔츠를 훨씬 세련되게

여성적인 진주와 남성적인 메탈
의 믹스가 셔츠 코디를 세련된 분
위기로 만들어줍니다.
세 줄로 되어 있어서 손목을 화사
해 보이게 하는 효과도 있습니다.

▷ P. 34
▷ HOW TO MAKE P. 38

소재감과 대담한 사이즈가
심플한 코디를 업그레이드

○와 △ 간단한 도형 모티브와 모
노톤의 컬러가 세련된 머리핀은
그래픽 티셔츠에 매치하면 트랜
디한 스타일링!

▷ P. 111
▷ HOW TO MAKE P. 118

[PIERCED EARRINGS]

편안한 코디에
산뜻한 색 더하기

컬러풀한 쉘을 넣은 레진 귀걸이
에는 어두운 색의 상의로 존재감
을 어필!
액세서리와 같은 칼라의 하의로
스타일링 해보세요.

⇨ P. 143
⇨ HOW TO MAKE P. 147

[BRACELET]

큼직한 팔찌로
스웨트셔츠를 화려하게

스웨트셔츠에서 나온 손목을 가
늘어 보이게 해주는 짤랑짤랑 흔
들리는 커다란 파츠가 달린 팔찌.
소매를 걷고 깔끔하게 스타일링
하는 것이 포인트!

⇨ P. 69
⇨ HOW TO MAKE P. 78-79

[RING]

캐주얼한 코디에 돋보이는
작은 꽃 모티브

작은 플라워 반지는 캐주얼한 코
디에 완벽하게 녹아 들어 신비로
운 스타일링을 연출합니다.

⇨ P. 132
⇨ HOW TO MAKE P. 138

4.

BASIC ITEM :
스웨트셔츠

×

ACCESSORIES :
컬러풀한 액세서리

아무 장식 없는 스웨트셔츠에는 컬러풀한
액세서리를 선택 하면 평범한 코디를
화려하게 마무리할 수 있어요

5.

BASIC ITEM :
블라우스

×

ACCESSORIES :
다른 소재 액세서리

우아한 깃이 있는 블라우스에는
소재감이 느껴지는 액세서리로 엣지있게.
고급스러울 뿐만 아니라 특별한 코디로 업그레이드!

× [BRACELET]

스모키 컬러를 레드로 마무리

여성스러운 블라우스에 과감하게 다른 소재로 세련되게 연출. 흔한 모양의 파츠도 우아하게 정리되어 좋습니다.

⇨ P. 70
⇨ HOW TO MAKE P. 80

× [HAIR ACCESSORY]

꽃무늬와 플라워 모티브로 소녀다움을 극대화

아주 캐주얼하고 귀여운 코디. 키치한 디자인의 액세서리도 무늬가 있는 블라우스에 잘 어울립니다.

⇨ P. 155
⇨ HOW TO MAKE P. 162

× [NECKLACE]

밝은 색의 목걸이로 분위기 있고 여성스럽게

난색 계열의 패브릭을 사용한 목걸이로 블라우스와 함께 가련하고 여성스러운 코디. 목 부분 리본이 액센트!

⇨ P. 113
⇨ HOW TO MAKE P. 152

CONTENTS

HANDMADE ACCESSORIES
CLASS BOOK

정말 착용하고 싶은 액세서리를 만들어보세요 —— P.02

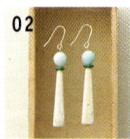

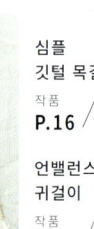

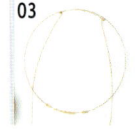

CLASS 3 여성스러운 진주 액세서리

01

체코 비즈 귀걸이 &
진주 목걸이
작품 / 레시피
P.46 / **P.52**

05

진주
손목시계
작품 / 레시피
P.49 / **P.60**

02

담수 진주
네크리스 목걸이
작품 / 레시피
P.47 / **P.54**

03

2way 진주
액세서리
작품 / 레시피
P.48 / **P.56**

07

커스텀 쥬얼리
귀걸이
작품 / 레시피
P.51 / **P.64**

04

진주 &
별 모양 머리핀
작품 / 레시피
P.49 / **P.58**

08

케시진주 & 메탈파츠
귀걸이
작품 / 레시피
P.51 / **P.57**

06

진주 & 꽃
머리빗 핀
작품 / 레시피
P.50 / **P.62**

CLASS 4 보석 같은 원석 액세서리

01

원석 & 메탈
스틱 귀걸이
작품 / 레시피
P.66 / **P.74**

02

원석 뱅글
3 종
작품 / 레시피
P.67 / **P.75**

03

자수정 & 캔디쿼츠
반지
작품 / 레시피
P.68 / **P.76**

07

크리스탈
트라이앵글 귀걸이
작품 / 레시피
P.71 / **P.81**

04

로즈워터
오팔 와이어 반지
작품 / 레시피
P.68 / **P.77**

08

원석 & 물방울 진주
뱅글과 귀걸이
작품 / 레시피
P.72 / **P.82**

05

자개
크로스 팔찌
작품 / 레시피
P.69 / **P.78**

09

원석 & 진주
레이어드 팔찌
작품 / 레시피
P.73 / **P.83**

06

빈티지 비즈
팔찌
작품 / 레시피
P.70 / **P.80**

10

크리스탈 & 와이어
반지와 뱅글
작품 / 레시피
P.73 / **P.84**

CLASS 5 주말을 위한 볼드 액세서리

02

01

빈티지 파츠
귀걸이
작품 / 레시피
P.86 / **P.92**

투톤 드롭스톤 & 코튼펄
귀걸이
작품 / 레시피
P.86 / **P.98**

03

깃털
귀걸이
작품 / 레시피
P.87 / **P.94**

04

볼드 네크리스
목걸이
작품 / 레시피
P.88 / **P.96**

05

아크릴 비즈
캔디 팔찌
작품 / 레시피
P.88 / **P.99**

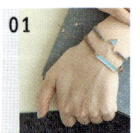

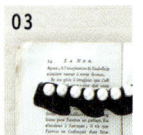

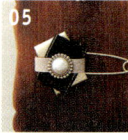

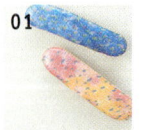

05

미니 타일
서클 귀걸이

작품 / 레시피
P.144 / P.150

06

마블 비쥬
귀걸이

작품 / 레시피
P.144 / P.151

07

수국
귀걸이 & 목걸이

작품 / 레시피
P.145 / P.152

08

흔들리는
꽃잎 귀걸이

작품 / 레시피
P.145 / P.153

CLASS

9 자유로운 형태의 점토 액세서리

01

작은 새 브로치

작품 / 레시피
P.154 / P.158

02

03

하얀 꽃 귀걸이

작품 / 레시피
P.155 / P.160

04

빨간 꽃 머리끈

작품 / 레시피
P.155 / P.162

05

06

스와로브스키
펜던트 브로치

작품 / 레시피
P.157 / P.168

벚꽃 잎
귀걸이

작품 / 레시피
P.155 / P.159

07

북유럽 트라이앵글
머리끈

작품 / 레시피
P.157 / P.166

08

스트라이프 트라이앵글
미니 브로치

작품 / 레시피
P.157 / P.167

모자이크
머리핀

작품 / 레시피
P.156 / P.163

CLASS

10 기본 도구·재료·테크닉

아이콘 보는 법

🕐 **30** 分 ···· 제작에 걸리는 작업 시간을 기재했습니다.
　　　　　　 (능력에 따라 개인 차이 있음)

접착　끼움　바느질　연결　엮기
굽기　굳히기　매듭　와이어말이

···· 작품 제작에 필요한
기본 기법을 기재했습니다.

재료표 보는 법

A 아크릴진주 (물방울·7×13㎜·화이트)——— 2개

재료의 명칭　형태　크기　색　필요한 개수

(이 책에서 소개하고 있는 작품 총 수량은 색상 및 응용작품 포함입니다)

초보자를 위한
쁘띠 액세서리

초보자는 심플하고 만들기 쉬운
디자인이나 과정이 적고 간단한
것부터 시작하세요.

01   🕐 10分   연결하기

흔들리는 진주 귀걸이

화사한 체인이 아름다운
심플한 귀걸이.
작은 진주 한 알로
여성적인 우아함을 연출하세요.

HOW TO MAKE **P.18**

02 ⏱ 15分 [연결하기]

아마조나이트
스틱 귀걸이

발색이 좋은 천연석으로 화려하게 연출하세요.
간단하게 연결하는 것만으로도 귀걸이 완성.

HOW TO MAKE **P.19**

03 ⏱ 15分 [끼우기]

꽃 진주 귀걸이

낚싯줄로 고정하는
비즈캡을 꽃으로 묘사한 페미닌한 디자인

HOW TO MAKE **P.20**

04 ⏱ 20分 [붙이기] [연결하기]

나뭇잎 빗방울 브로치

간단하고 쉽게 만들 수 있는 브로치로
일상생활에 착용하기 좋은 매력적인 사이즈.

HOW TO MAKE **P.21**

04

03

05

05

06

06 ⏱ 20 分 연결하기

가넷
체인 팔찌

심플하고 화사한 팔찌로
레이어드 하기에 좋아요.
천연석의 칼라로 개성있게 연출해보세요.

HOW TO MAKE P.23

05 ⏱ 각 10 分 연결하기 붙이기

스와로브스키
목걸이 & 반지

전용 스톤캡이나 받침대가 달린 링에
스와로브스키를 붙이면 완성.
좋아하는 색의 스톤을 매치하여 만들어보세요.

HOW TO MAKE P.22

CLASS

① 초보자를 위한 쁘띠 액세서리

목걸이

귀걸이 · 귀찌

팔찌

반지

헤어 액세서리

브로치

07 ⏱ 30分 연결하기

레이스 귀걸이

레이스 특유의 따뜻함과
로맨틱한 분위기의 귀걸이.
레이스는 모양과 색상이 다양하므로
잘 어울리는 비즈로 찾아보세요.

HOW TO MAKE P.24-25

08 ⏱ 30分 [끼우기] [연결하기]

진주 파이프 목걸이

가지런히 늘어선 코튼펄이
캐주얼하면서도 여성스러운 느낌의 목걸이.
금속장식에 포인트를 주었습니다.

HOW TO MAKE P.26-27

09 ⏱ 15分 [연결하기]

우드펄 귀걸이

독특한 소재감이 매력적인 우드펄.
큼직하지만 펄 가공이 되어있어
우아한 느낌을 주네요.

HOW TO MAKE P.28

10 ⏱ 60分 [연결하기]

심플한
깃털 목걸이

파스텔 컬러의 깃털과
화사한 컬러의 체인이
소녀 마음을 설레게 하는 목걸이.

HOW TO MAKE P.30-31

11 ⏱ 30分 [연결하기]

언밸런스 귀걸이

좌우 디자인이 다른 귀걸이는
심플하지만 존재감이 뛰어납니다.
페미닌한 옆모습을 연출해보세요.

HOW TO MAKE P.29

12 ⏱ 30分 연결하기

체인 팔찌

레이어드한 듯한
컬러풀한 체인 팔찌는
연장체인에 달아준
별 참이 포인트.

HOW TO MAKE **P.32-33**

⇨ P. 12

01 흔들리는 진주 귀걸이

파츠 만들기

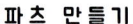

1

B 볼핀
A 유리진주

볼핀에 유리진주를 끼우고 끝을 둥글게
말아 파츠를 만든다 ⇨ P.180- **3**)。

전체 연결

2

C 귀걸이 포스트

볼핀의 링을 열어 귀걸이 포스트의 체인
을 연결하고 링을 닫는다.
(⇨ P.180- **1**)

3

D 귀걸이 클러치

귀걸이 포스트의 클러치를 진주 클러치
로 바꾼다. 반대쪽도 동일하게 만든다.

Q & A

Q 볼핀을 구부리면서 포스
트를 연결하면 안되나
요 ?

A 1 번에서 둥글게 말아둔 핀을 2
번에서 다시 열어 포스트를 끼
웠습니다. 이는 차근차근 순서
대로 만들기 위해서니 익숙해
지면 연결하면서 핀을 둥글게
마는 방법을 사용하여 효율적
으로 만들어보세요.

완성사이즈 : 길이 약 4.5cm

사용하는 재료
[화이트]
A 유리진주 (원형·10mm·화이트)
———————————————— 2개
B 볼핀 (0.6×30mm·골드)
———————————————— 2개
C 귀걸이 포스트
(아메리칸 피어스·골드)
———————————————— 1세트
D 귀걸이 클러치 (진주·화이트)
———————————————— 1세트

[그레이]
A 유리진주 (원형·10mm·그레이)
———————————————— 2개
B 볼핀 (0.6×30mm·골드)
———————————————— 2개
C 귀걸이 포스트
(아메리칸 피어스·골드) —— 1세트
D 귀걸이 클러치 (진주·그레이)
———————————————— 1세트

사용하는 도구
평집게 / 9자말이 집게 / 니퍼

[화이트]
C 귀걸이 포스트
D 귀걸이 클러치
A 유리진주
B 볼핀

[그레이]

POINT

귀걸이 클러치로 즐거움과
개성을 더해보세요

귀걸이 부자재는 여러 타입이 있지
만, 개성있는 포인트를 주기 가장
좋은 부분은 클러치.
이 페이지의 작품에서 사용한 진주
클러치 외에 포인트가 될 수 있는
디자인 클러치들이 많이 있습니다.
나만의 새로운 해석으로 재미있게
연출해보세요.

02 아마조나이트 스틱 귀걸이

⇨ P.13

파츠 만들기

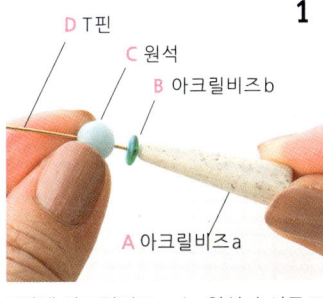

1
- D T핀
- C 원석
- B 아크릴비즈b
- A 아크릴비즈a

T핀에 아크릴비즈 a, b, 원석 순서로 끼운다.

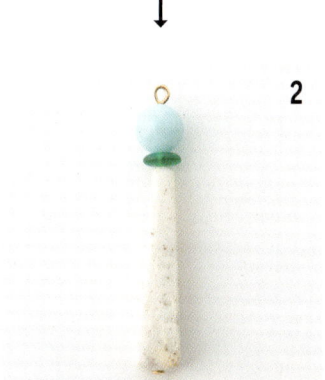

2

T핀의 끝을 둥글게 말아서 파츠를 만든다. (⇨ P.180- 3)

전체 연결하기

3
- E 귀걸이 포스트

T핀의 링을 열어 포스트를 연결한다.

4
- F 귀걸이 뒷클러치

뒷클러치와 세트로 사용한다. 다른 한쪽도 동일하게 만든다.

완성 사이즈 : 길이 약 5.5cm

사용하는 재료
- A 아크릴비즈a (스틱·32×8㎜·아이보리 플레이크) ──── 2개
- B 아크릴비즈b (플랫·6㎜·그린) ──── 2개
- C 원석 (라운드·8㎜·아마조나이트) ──── 2개
- D T핀 (0.8×65㎜·골드) ──── 2개
- E 귀걸이 포스트 (U자 훅 형·골드) ──── 1세트
- F 귀걸이 뒷클러치 (실리콘) ──── 1세트

사용하는 도구
평집게 / 9자말이 집게 / 니퍼

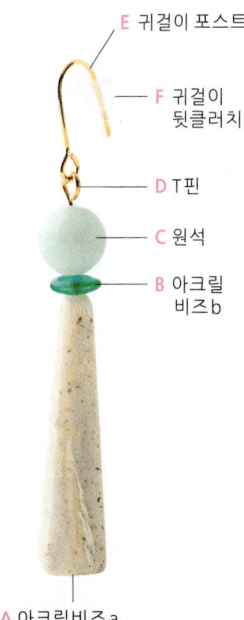
- E 귀걸이 포스트
- F 귀걸이 뒷클러치
- D T핀
- C 원석
- B 아크릴비즈b
- A 아크릴비즈a

Q & A

Q 재료표와 다른 사이즈의 핀을 사용해도 되나요?

A 핀은 크기와 길이의 종류가 다양해서, 재료표와 다른 사이즈의 핀을 사용하면 강도와 디자인에 문제가 될 수도 있습니다. 끼우는 비즈의 구멍과 잘 맞는지, 끼우고 남는 길이가 1㎝이상인지 체크하세요. 또 큰 파츠를 핀에 끼울 경우 딱 맞는 굵기의 핀을 선택하면 좋습니다.

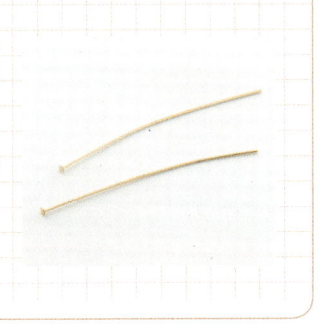

03   꽃 진주 귀걸이

⇨ P.13

비즈 끼우기

1

A 코튼펄

25cm 길이 낚싯줄 중심에 코튼펄 1개 를 끼운다.

↓

2

B 비즈캡

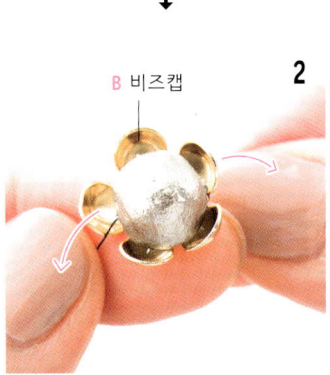

1번을 비즈캡에 넣고, 꽃 잎 사이로 낚 싯줄을 걸어서 뒤로 돌려준다.

↓

3

매듭

비즈캡 뒤로 낚싯줄을 매듭 짓는다.

비즈캡 고정하기

4

C 벌집판 포스트

벌집판 포스트 한쪽에 낚싯줄을 끼우고, 맞은편 구멍에도 낚싯줄을 끼운다.

↓

5

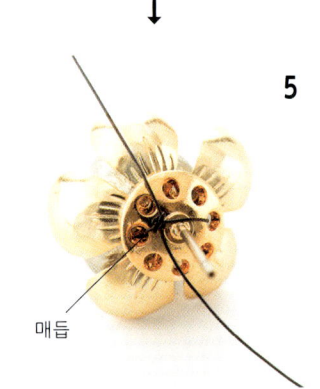

매듭

벌집판 포스트 뒤로 낚싯줄을 매듭짓는 다.

↓

6

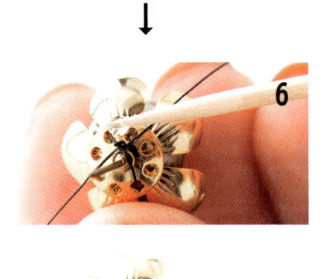

매듭에 접착제를 바른 후, 줄은 2~3mm 남 기고 잘라 벌집판에 붙인다. 다른 쪽 귀걸 이도 동일하게 만든다.

완성 사이즈 : 가로 1.5 × 세로 1.5㎝

사용하는 재료

[그레이]

A 코튼펄 (라운드·10mm·그레이)
_____ 2개

B 비즈캡 (플라워·10mm·골드)
_____ 2개

C 포스트 (벌집판 부착형·골드)
_____ 1세트

D 낚싯줄 (3호·투명)
_____ 25㎝×2개

[화이트]

A 코튼펄 (라운드·10mm·화이트)
_____ 2개

B 비즈캡 (플라워·10mm·골드)
_____ 2개

C 귀걸이 포스트
(벌집판 부착형·골드) _____ 1세트

D 낚싯줄 (3호·투명)
_____ 25㎝×2개

[베이지]

A 코튼펄 (라운드·10mm·베이지)
_____ 2개

B 비즈캡 (플라워·10mm·골드)
_____ 2개

C 귀걸이 포스트
(벌집판 부착형·골드) _____ 1세트

D 낚싯줄 (3호·투명)
_____ 25㎝×2개

사용하는 도구

가위 / 접착제 / 이쑤시개

[그레이]

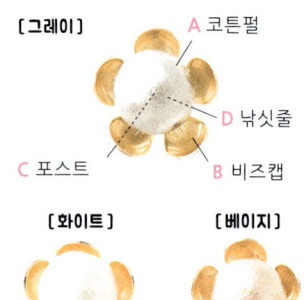

A 코튼펄
D 낚싯줄
C 포스트
B 비즈캡

[화이트]   **[베이지]**

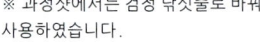

※ 과정샷에서는 검정 낚싯줄로 바꿔 사용하였습니다.

---

memo   이 작품의 낚싯줄은 25cm로 짧은 편. 다루기 힘들면 길게 사용해도 OK. 만들기 쉬운 방법으로 상황에 맞춰 사용하세요.

04 나뭇잎 빗방울 브로치

⇨ P.13

진주 붙이기

1

E 금속 장식

금속 장식의 세 군데 침에 이쑤시개를 이용해 접착제를 바른다.

↓

2

A 아크릴 진주a
C 코튼펄
B 아크릴 진주b

사진과 같이 아크릴 진주a, b, 코튼펄을 침에 끼워서 고정한다

↓

3

금속 장식 끝 부분에 있는 고리 부분과 2번 과정에서 고정시킨 아크릴 진주b의 옆 부분에 이쑤시개를 이용해 접착제를 바른후, 아크릴 진주a를 2개 붙인다.

파츠 만들기

4

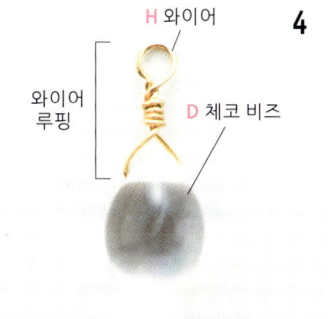

H 와이어
와이어 루핑
D 체코 비즈

와이어로 체코 비즈를 와이어 루핑하여 파츠를 만든다. (⇨ P.182-⑤)

파츠 연결하기

5

F O링

4번의 파츠를 금속 장식 뒷고리에 O링으로 연결시킨다. (⇨ P.180-①)

부속품 붙이기

6

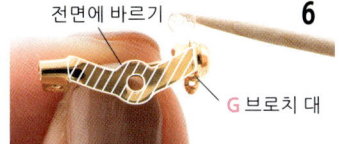

전면에 바르기
G 브로치 대

이쑤시개로 브로치 대에 접착제를 바르고, 금속 장식의 뒷면에 붙인다.

완성 사이즈 : 가로 4 × 세로 2 ㎝

사용하는 재료

A 아크릴 진주a (반구멍·라운드·4mm·크림색) ——— 3개
B 아크릴 진주b (반구멍·라운드·6mm·크림색) ——— 1개
C 코튼 펄 (반구멍·라운드·8mm·키스카) ——— 1개
D 체코 비즈 (횡혈식·드롭·8mm·크리스탈AB) ——— 1개
E 금속 장식 (뒷 고리가 있는 나뭇잎 장식·17×36×2.5㎜·골드) ——— 1개
F O링 (0.6×3㎜·골드) ——— 1個
G 브로치 대 (회전식·20㎜·골드) ——— 1個
H 와이어 (0.3㎜·골드) ——— 8㎝×1本

사용하는 도구

평집게 / 9자말이 집게 / 니퍼
접착제 / 이쑤시개

A 아크릴 진주a
C 코튼펄
B 아크릴 진주b
G 브로치 대
F O링
E 금속 장식
D 체코 비즈
H 와이어

E 금속 장식과 같은 재료가 없을 경우에는 브로치 대와 어울리는 디자인 장식으로 대체가 가능합니다.

---

memo 접착제를 바르기 전, 침 부분에 진주를 끼워보세요. 길면 침 부분을 니퍼로 잘라 조절하세요.

⇨ P.14

목걸이

전체 연결하기

B 난집
A 스와로브스키

1

난집에 스와로브스키를 올리고 발을 눌러 고정한다. (⇨ P.186- 15)

↓

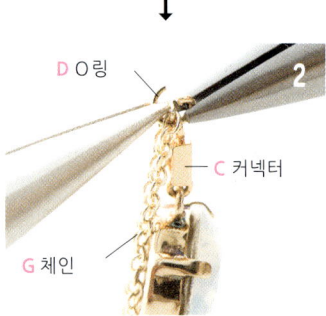

D O링
C 커넥터
G 체인

2

커넥터에 O링을 연결한다. 다른 한쪽은 체인 40cm 중앙에 O링을 연결한다. 체인 양 끝 O링에 연장 체인과 랍스터 클래습을 연결한다.

반지

파츠 붙이기

C 반지대

1

반지대 한쪽의 6개의 컵에 이쑤시개를 이용하여 접착제를 바른다.

↓

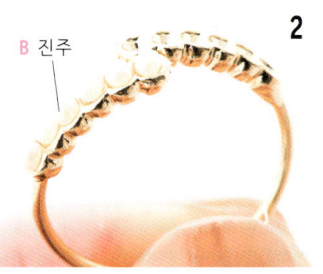

B 진주

2

진주를 반지대 컵에 한 개씩 얹고 고정한다. 반대쪽 컵에도 동일하게 이쑤시개를 이용하여 접착제를 바르고, 스와로브스키를 얹고 고정한다.

※알 반지, 오픈 링은 사진을 참고하여 반지대에 접착제를 바르고 비즈를 붙여보세요.

완성 사이즈 :
목걸이 / 둘레길이 42cm
반지 / 모두 프리사이즈

사용하는 재료

[목걸이]

A 스와로브스키 (#4470·10mm·
화이트 오팔) ———— 1개

B 난집 (#4470용(고리형)·10mm·
골드) ———— 1개

C 커넥터 (크리스탈 직사각·
골드×크리스탈) ———— 1개

D O링
(0.6×3mm·골드) ———— 4개

E 랍스터 클래습 (골드) ———— 1개

F 연장 체인 (골드) ———— 1개

G 체인 (골드) ———— 40cm×1개

[진주 반지]

A 진주 (구멍X·라운드·2mm·화이트)
———— 6개

B 스와로브스키 (#2058·144C
·크리스탈) ———— 6개

C 반지대 (오픈 링·골드) ———— 1개

[알 반지]

A 스와로브스키
(#4470·10mm·레드) ———— 1개

B 반지대
(#4470용·10mm·골드) ———— 1개

[오픈링]

A 코튼 펄 (반구멍·라운드·8mm
·화이트) ———— 1개

B 스와로브스키 (#86301·반구멍
·8mm·크리스탈) ———— 1개

C 반지대
(반구멍 컵·골드) ———— 1개

사용하는 도구

평집게 / 9자말이 집게 / 접착제
이쑤시개

[진주 반지]
A 진주
B 스와로브스키
C 반지대

[알 반지]
A 스와로브스키
B 반지대

[오픈 링]
B 스와로브스키
A 코튼 펄
C 반지대

[목걸이]
D O링
E 랍스터 클래습
F 연장체인
G 체인
D O링
C 커넥터
B 난집
A 스와로브스키

06 가넷 체인팔찌

⇨ P.14

파츠 만들기

1

D T핀
B 원석
A 시드비즈
D T핀
C 메탈비즈

T핀에 시즈비드, 원석, 메탈비즈를 각각 끼우고, 끝을 둥글게 말아 파츠를 만든다. (⇨ P.180-③)

파츠 연결하기

2

G 체인 16㎝의 중심

체인의 중심으로 1번 파츠를 통과시켜 넣는다. 메탈비즈 파츠도 통과시킨다.

전체 연결하기

3

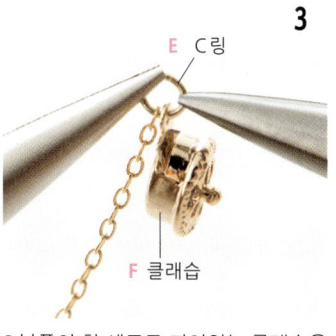

E C링
F 클래습

2부품이 한 세트로 되어있는 클래습을 2개로 분리한다. 클래습 한쪽과 체인의 한쪽 끝을 C링으로 연결시킨다.

↓

4

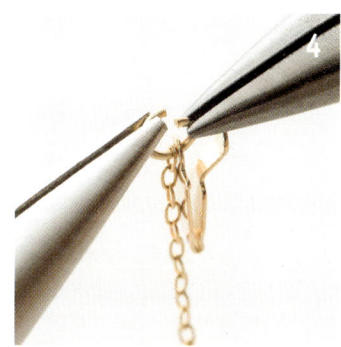

3번 과정과 동일하게 체인의 반대 쪽 끝부분과 다른 한 쪽의 클래습을 C링으로 연결시킨다.

완성 사이즈 : 손목둘레 17.5㎝

사용하는 재료

A 시드비즈 (골드) ─────── 1개
B 원석 (스퀘어·4㎜·가넷)
────────────────── 2개
C 메탈 비즈 (2.5㎜·골드)
────────────────── 1개
D T핀 (0.5×14㎜·골드)
────────────────── 2개
E C링 (0.55×3.5×2.5㎜·골드)
────────────────── 2개
F 클래습 (골드) ─────── 1세트
G 체인 (골드)
─────────────── 16㎝×1개

사용하는 도구

평집게 / 9자말이 집게 / 니퍼

F 클래습
E C링
G 체인
D T핀
B 원석
C 메탈비즈
A 시드비즈

ARRANGE

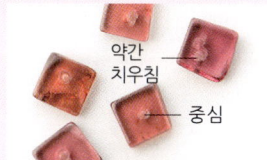

원석의 색에 따라 분위기가 달라져요

원석을 터키석으로 하면 시원한 이미지로 변신.
여러 가지 원석으로 바꿔 적용해보세요.

POINT

작은 원석은 구멍 위치를 체크하세요

약간 치우침
중심

원석의 형태는 돌에 따라서 여러 가지. 구멍이 중심에 있는 것을 선택하고, 바깥쪽으로 치우친 것은 깨질 수 있으니 주의하세요.

---

memo 체인은 여러 종류의 디자인이 판매되고 있습니다. 이 작품에서는 기본 체인을 사용했지만 디자인 체인을 사용하는 것도 좋습니다.

07 레이스 귀걸이

▷ P.15

━━ 블랙 ━━

┌─────────────┐
│ 파츠 만들기 │
└─────────────┘

1

D 고정캡

B 모티브 레이스

D 고정캡

레이스 모티브 1 조각을 가로로 자른 후 양 끝에 고정캡을 단다. (▷ P.185- 11)。

↓

2

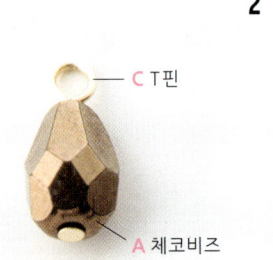

C T핀

A 체코비즈

T핀에 체코비즈를 끼운 후 끝을 둥글게 말아 파츠를 만든다. (▷ P.180- 3)。

┌─────────────┐
│ 파츠 연결하기 │
└─────────────┘

3

1 번 고정캡에 2 번 파츠를 연결한다.

↓

4

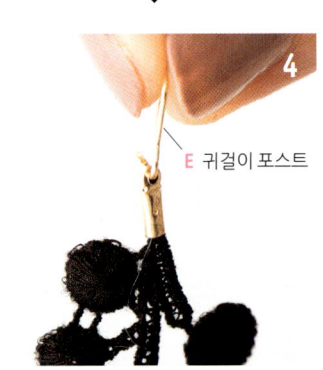

E 귀걸이 포스트

반대쪽 고정캡에 귀걸이 포스트 (훅)를 연결한다. 양쪽 귀걸이 모양이 좌우대칭 이 되도록 만든다.

완성 사이즈 : 블랙 / 길이 5cm
　　　　　　　브라운 / 길이 5cm
　　　　　　　베이지 / 길이 4.5cm

사용하는 재료

[블랙]

A 체코비즈 (드롭컷·7×5㎜·브론즈)
──────────────────── 2개

B 레이스 모티브 (나뭇잎·블랙)
──────────────────── 2조각

C T핀 (0.5×14㎜·골드) ──── 2개

D 고정캡 (1.5㎜·골드)
──────────────────── 4개

E 귀걸이 포스트 (훅 형·골드)
──────────────────── 1세트

[브라운]

A 체코 파이어폴리쉬 (8㎜·브라운)
──────────────────── 2개

B 태팅레이스 모티브 (브라운)
──────────────────── 2개

C T핀 (0.5×14㎜·골드) ──── 2개

D C링 (0.55×3.5×2.5㎜·골드)
──────────────────── 2개

E 귀걸이 포스트 (훅 형·골드)
──────────────────── 1세트

[베이지]

A 체코비즈 (드롭·4×6㎜·브라운)
──────────────────── 2개

B 태팅레이스 모티브 (베이지)
──────────────────── 2개

C C링 (0.55×3.5×2.5㎜·골드)
──────────────────── 2개

D 삼각링 (0.6×5㎜·골드)
──────────────────── 2개

E 귀걸이 포스트 (훅 형·골드)
──────────────────── 1세트

사용하는 도구

가위 / 평집게 / 9자말이 집게
니퍼

[베이지]
E 귀걸이 포스트
B 태팅레이스 모티브
C C링
D 삼각링
A 체코비즈

[브라운]
E 귀걸이 포스트
B 태팅레이스 모티브
D C링
C T핀
A 체코 파이어폴리쉬

[블랙]
E 귀걸이 포스트
D 고정캡
B 레이스 모티브
D 고정캡
C T핀
A 체코비즈

memo 레이스에는 앞 뒷면이 있습니다. 양쪽 귀걸이 방향을 주의하여 만들면 한 단계 업그레이드 된 마무리를 할 수 있습니다.

CLASS

① 초보자를 위한 쁘띠 액세서리

목걸이

귀걸이·귀찌

팔찌

반지

헤어 액세서리

브로치

══ 브라운 ══

파츠 만들기

1

C T핀
A 체코 파이어폴리쉬

T핀에 체코 파이어폴리쉬를 끼우고 끝을 둥글게 말아 파츠를 만든다.
(▷ P.180- 3)。

파츠 연결하기

2

D C링
B 태팅 레이스 모티브

태팅레이스 모티브 끝 부분과 1번 파츠를 C링으로 연결시킨다.

↓

3

E 귀걸이 포스트

2번에서 만든 파츠의 반대편 부분 끝에 귀걸이 포스트를 연결한다. 다른 한 쪽 귀걸이도 똑같이 만든다.

══ 베이지 ══

파츠 만들기

1

D 삼각링
A 체코비즈

체코비즈에 삼각링을 끼워 파츠를 만든다.

파츠 연결하기

2

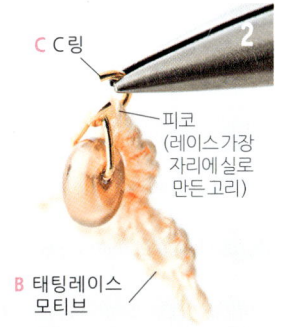

C C링
피코 (레이스가장자리에 실로 만든고리)
B 태팅레이스 모티브

1번 파츠의 삼각링과 태팅레이스 모티브 피코를 C링으로 연결시킨다.
(▷ P.180- 1)

3

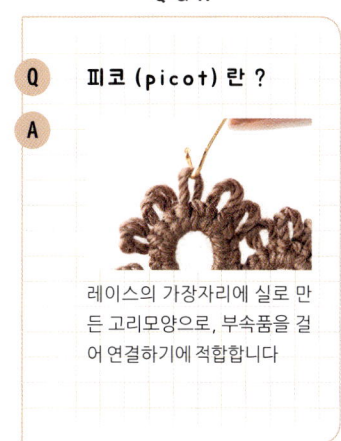

E 귀걸이 포스트

2번의 옆 피코에 귀걸이 포스트를 연결한다. 양쪽 귀걸이 모양이 좌우대칭이 되도록 다른 쪽 귀걸이도 모티브의 방향을 뒤집어 만든다.

Q & A

Q 피코 (picot)란？

A

레이스의 가장자리에 실로 만든 고리모양으로, 부속품을 걸어 연결하기에 적합합니다

POINT

여러 가지 베리에이션이 가능한 레이스 디자인을 잘 활용해보세요.

시중에 판매하는 레이스는 모티브 한 개로만 되어있는 것부터 레이스 테이프로 여러 개 반복되어 있는 것 등 다양합니다. 패브릭, 리본 전문점 또는 인터넷 쇼핑몰에서 구입하실 수 있습니다. 최근에는 크기와 모양이 다양해지고 화려한 색상의 레이스 등 여러 종류가 나오고 있습니다. 매칭하는 비즈에 따라 분위기 연출이 달라지므로, 베리에이션을 적극 활용해보세요.

08   진주 파이프 목걸이

⇨ P.16

비즈 끼우기

1

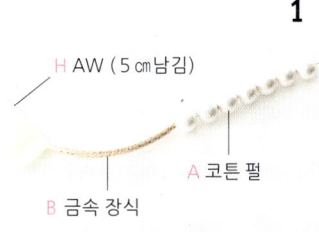

H AW (5㎝남김)

A 코튼 펄

B 금속 장식

5cm 남긴 AW 끝부분을 마스킹 테이프로 고정시킨 후, 금속 장식과 코튼 펄 7개를 차례대로 끼웁니다.

↓

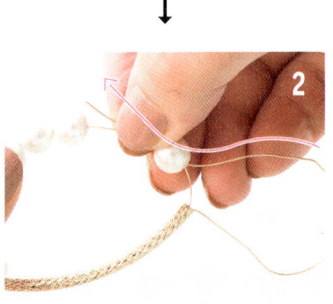

2

AW 긴 쪽을 되돌려 한바퀴 더 통과시켜 끼웁니다.

3

금속장식의 커브가 안쪽을 향하도록 정리합니다.

↓

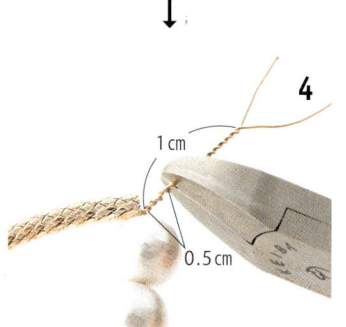

4

1cm

0.5cm

AW 두 줄을 1cm 정도 꼬아서 고정시킨 후, 0.5cm 떨어진 부분을 니퍼로 잘라줍니다.

완성 사이즈 : 모티브 길이 6㎝
목걸이 길이 66㎝

사용하는 재료

A 코튼 펄 (라운드·8㎜·화이트)
——————————————— 7개
B 금속 장식 (커브파이프·2.2×46㎜·
골드) ——————————————— 1개
C O링 (0.7×5㎜·골드)
——————————————— 4개
D 구멍지프 (골드) ——————— 2개
E 클래습 (골드) ——————————— 1개
F 연장체인 (골드) ——————————— 1개
G AW [아티스틱 와이어]
(#26·Non-Tarnish Brass)
——————————————— 35㎝×1개
H 체인 (골드)
——————————————— 30㎝×2개
I 낚싯줄 (3호·투명)
——————————————— 20㎝×2개

사용하는 도구

평집게 / 9자말이 집게 / 니퍼
접착제 / 마스킹테이프
이쑤시개

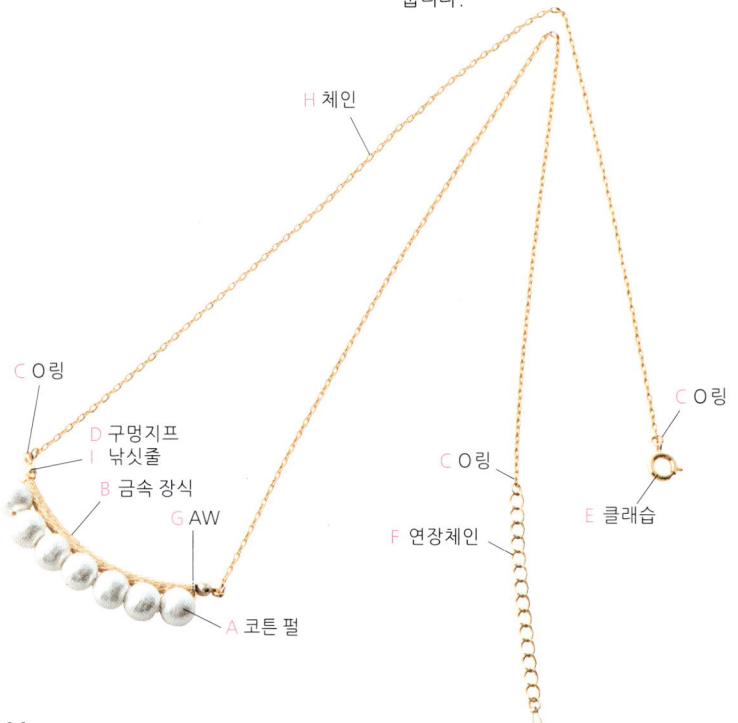

H 체인

C O링

D 구멍지프
I 낚싯줄

B 금속 장식

G AW

A 코튼 펄

C O링

F 연장체인

C O링

E 클래습

※ 과정 사진에서는 투명색 대신 검정 낚싯줄로 바꾸어 사용하였습니다.

파츠 연결하기

5

잘라낸 AW의 끝을 평집게를 사용하여 금속 장식 안으로 넣어서 숨겨줍니다.

↓

6

금속 장식을 회전시켜서 곡선 부분이 코튼 펄 방향과 동일하게 정리해줍니다.

↓

7

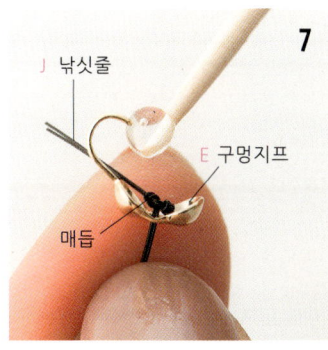

J 낚싯줄
E 구멍지프
매듭

20cm 길이의 낚싯줄 두 줄을 금속 장식 안으로 통과시킨 후, 끝부분을 구멍지프로 마무리합니다. (⇨ P.183 - 8)

8

반대쪽도 동일하게, 낚싯줄을 구멍지프로 마무리해줍니다.

↓

9

낚싯줄로 마무리한 구멍지프의 뚜껑을 닫습니다.

↓

10

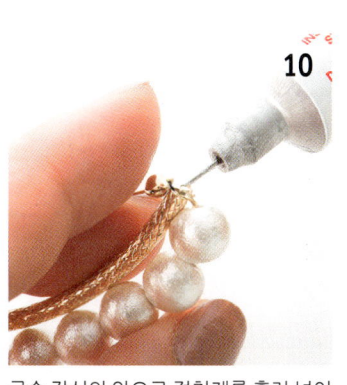

금속 장식의 안으로 접착제를 흘려 넣어서 안으로 통과하는 AW를 고정합니다.

11

I 체인
D O링
구멍지프 고리

구멍지프의 고리에 O링과 체인을 각각 연결합니다.

↓

12

F 클래습
G 연장체인
D O링

체인 한쪽 끝에 O링으로 클래습을 연결하고, 반대쪽 끝에는 연장체인을 연결한다.

memo 이 작품의 디자인 포인트는 커브파이프. 다양한 디자인·컬러·사이즈가 있기 때문에 좋아하는 스타일로 바꿔서 만들어보세요.

09　　우드 펄 귀걸이

⇨ P.16

파츠 연결하기

1

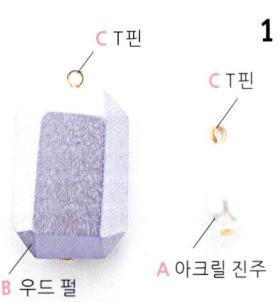

C T핀

C T핀

A 아크릴 진주

B 우드 펄

T핀에 진주를 끼운 후 나온 핀의 끝부분을 둥글게 말아 파츠를 하나씩 만듭니다. (⇨ P.180- ③)

↓

2

1번 과정에서 만든 한 쪽 파츠의 고리를 열어 두 개의 파츠를 연결합니다. (⇨ P.180- ①)

마무리

3

D 귀찌

귀찌의 접착할 판 부분에 이쑤시개로 접착제를 얇게 펴바릅니다. (⇨ P.186- ⑯).

↓

4

2번에서 완성한 우드 펄 뒷면 윗부분에 귀찌를 붙입니다. 다른 한쪽도 동일하게 만듭니다.

완성 사이즈 : 모티브 길이 4cm

사용하는 재료

[퍼플]

A 아크릴 진주
　(물방울·7×13mm·화이트) —— 2개
B 우드 펄
　(스퀘어·16×24mm·퍼플) —— 2개
C T핀 (0.7×20mm·골드) ——— 4개
D 귀찌 (판형·10mm·골드) —— 1세트

[샴페인]

A 아크릴 진주
　(라운드·6mm·화이트) ——— 2개
B 우드 펄
　(스퀘어·16×24mm·샴페인) — 2개
C T핀 (0.7×20mm·골드) ——— 4개
D 귀찌 (판형·10mm·골드) —— 1세트

사용하는 도구

평집게 / 9자말이 집게
니퍼 / 접착제 / 이쑤시개

[퍼플]

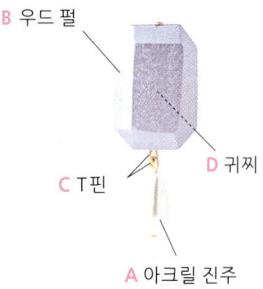

B 우드 펄

D 귀찌

C T핀

A 아크릴 진주

[샴페인]

POINT

모양과 사이즈, 컬러를 바꿔 개성 있게 연출하세요.

아크릴 진주를 라운드 형으로 바꾸면, 우아한 물방울 형 진주 보다 작고 귀여운 분위기를 연출할 수 있습니다. 비즈의 모양과 크기로 나만의 스타일을 연출해보세요.

---

　memo　우드 펄은 나무에 펄을 가공한 비즈로, 매우 가벼운 것이 특징입니다. 큼직한 작품을 만들 때에 사용하면 좋습니다.

11 언밸런스 귀걸이

⇨ P.16

파츠 만들기

1

G AW
A 로즈 쿼츠

로즈 쿼츠에 AW를 끼운 후, 돌돌감아 와이어 루핑을 합니다. (⇨ P.182 - [5])

↓

2

B 아크릴 비즈

또 다른 AW에 자개, 금속 장식, 아크릴 비즈를 차례로 끼운 후 1번 파츠 고리에 연결하고 양쪽 와이어 루핑을 합니다.(⇨ P.181 - [4]).

파츠 연결하기

3

F 귀걸이 포스트
세로 방향
E 금속 장식
C 자개
가로 방향

귀걸이 포스트의 고리를 열고 2번 양쪽 와이어 루핑한 파츠의 남은 고리에 끼워 연결합니다. 이때 귀걸이 포스트에 연결한 고리가 세로 축 방향이 되도록 평집게로 정리합니다. [짧은 쪽] 완성.

파츠 만들기

4

H 체인 a
I 체인 b
B 아크릴 비즈

로즈 쿼츠에 AW를 통과시킨 후, 체인 a 를 연결하며 와이어 루핑을 합니다.
아크릴 비즈에도 AW를 통과시킨 후 체인 b를 연결하며 와이어 루핑을 합니다.

↓

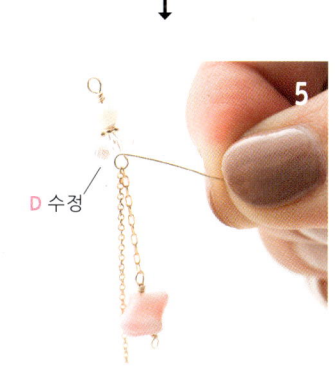

5

D 수정

또 다른 AW에 자개, 금속 장식, 아크릴 비즈를 차례로 끼운 후 4번 체인 2개를 연결하고 양쪽 와이어 루핑을 합니다.

파츠 연결하기

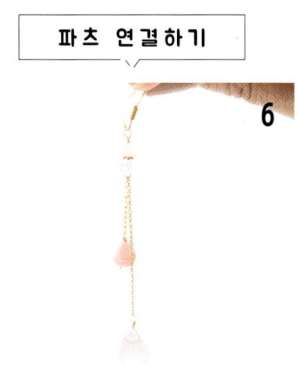

6

귀걸이 포스트의 고리를 열고 5번 양쪽 와이어 루핑한 파츠의 남은 고리에 끼워 연결합니다. [긴 쪽] 완성.

완성 사이즈 : 짧은쪽 / 길이 3.5㎝
긴 쪽 / 길이 6.5㎝

사용하는 재료

A 로즈 쿼츠 (물방울 횡혈·12×9㎜)
——————————————— 2개
B 아크릴 비즈 (7×9㎜·코랄 핑크)
——————————————— 2개
C 자개 (라운드·4㎜·화이트)
——————————————— 2개
D 수정 (론델 (버튼 컷)·6㎜)
——————————————— 1개
E 금속 장식 (데이지·4㎜·골드)
——————————————— 2개
F 귀걸이 포스트 (훅 형·골드)
——————————————— 1세트
G AW [아티스틱 와이어]
 (#26·Non-Tarnish Brass)
——————————— 8㎝×5개
H 체인 a (골드)
——————————— 4㎝×1개
I 체인 b (골드)
——————————— 2㎝×1개

사용하는 도구

평집게 / 9자말이 집게 / 니퍼

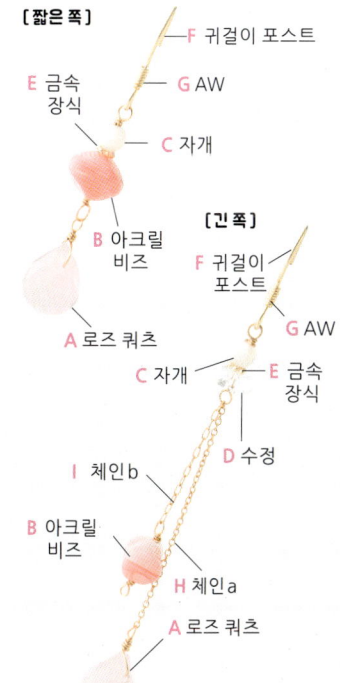

[짧은 쪽]
F 귀걸이 포스트
E 금속 장식
G AW
C 자개
B 아크릴 비즈
A 로즈 쿼츠

[긴 쪽]
F 귀걸이 포스트
G AW
C 자개
E 금속 장식
D 수정
I 체인 b
B 아크릴 비즈
H 체인 a
A 로즈 쿼츠

▷ P.16

파츠 만들기

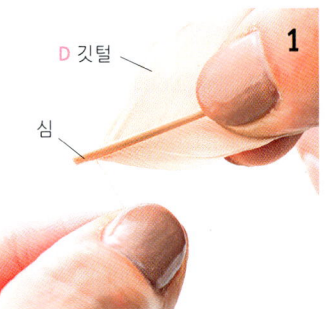

D 깃털
심

깃털의 모근 부위 털을 1cm만큼의 심을 남기고 떼어냅니다.

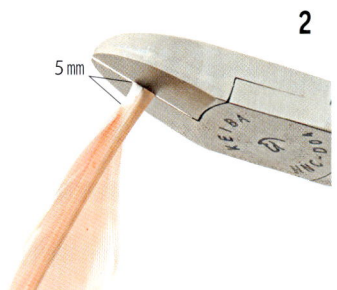

5mm

심의 끝을 5mm 남기고 니퍼로 자릅니다.

완성 사이즈 : 목걸이 길이 59cm
모티브 길이 18.5cm

사용하는 재료

A 스와로브스키
　(#5328·4mm·크리스탈) —— 8개
B 수정a (라운드·무광·6mm)
　———————————— 1개
C 수정b (라운드·8mm)
　———————————— 1개
D 깃털 (7cm·오렌지) —— 1개
E 메탈 비즈 (주판알·4mm·골드)
　———————————— 3개
F 금속 장식 (나뭇가지·골드)
　———————————— 1개
G 비즈캡 (6mm·골드) —— 1개
H O링a (0.6×3mm·골드)
　———————————— 1개
I O링b (0.6×4mm·골드)
　———————————— 2개
J 볼핀0.6×30mm·골드)
　———————————— 2개
K 고정캡 (2mm·골드)——— 1개
L 클래습 (골드) ——————— 1개
M 연장 체인 (골드) ———— 1개
N AW [아티스틱 와이어]
　(#26·Non-Tarnish Brass)
　———————— 7cm×5개
O 체인a (볼체인·골드)
　———— 7cm×1개, 26cm×1개,
　　　　26.5cm×1개
P 체인b (물빛색)
　————————— 11.5cm×1개,
　　26cm×1개, 26.5cm×1개

사용하는 도구

평집게 / 9자말이 집게 / 니퍼

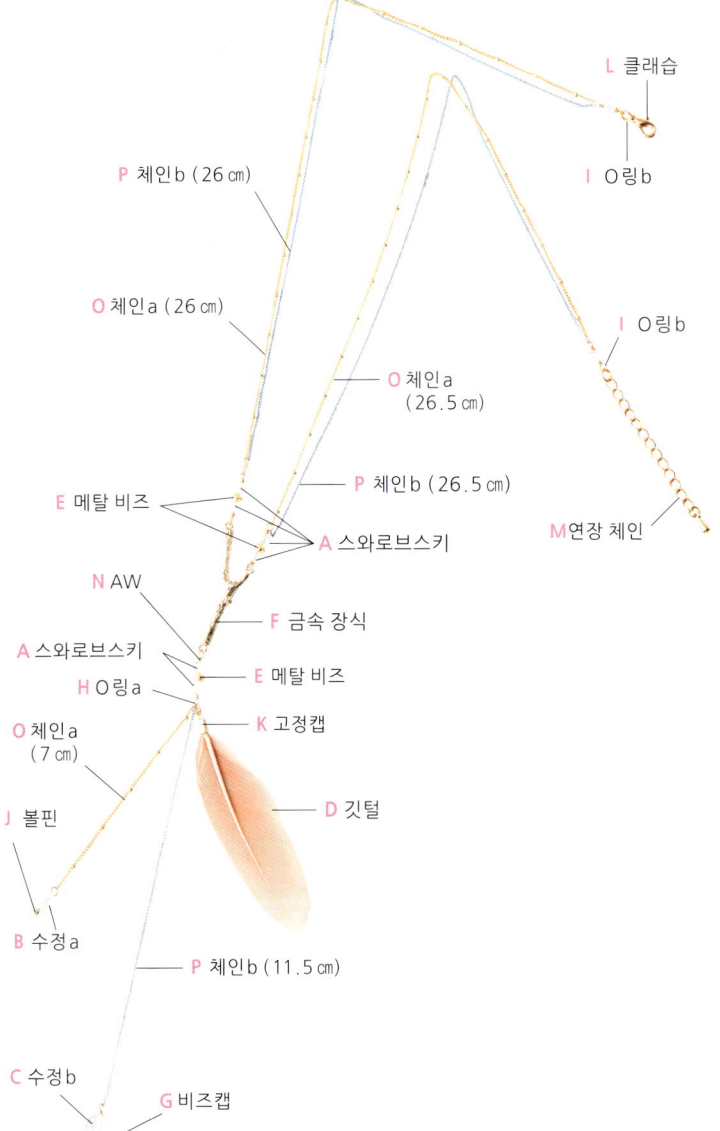

L 클래습
I O링b
P 체인b (26cm)
O 체인a (26cm)
O 체인a (26.5cm)
I O링b
P 체인b (26.5cm)
E 메탈 비즈
A 스와로브스키
M 연장 체인
N AW
A 스와로브스키
F 금속 장식
H O링a
E 메탈 비즈
O 체인a (7cm)
K 고정캡
J 볼핀
D 깃털
B 수정a
P 체인b (11.5cm)
C 수정b
G 비즈캡

C L A S S

① 초보자를 위한 쁘띠 액세서리

목걸이

귀걸이·귀찌

팔찌

반지

헤어 액세서리

브로치

전 체 연 결 하 기

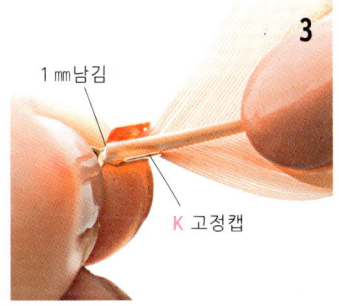

3

1 mm 남김

K 고정캡

깃털의 끝 부분을 1mm 남긴 후, 고정캡 위에 얹는다.

↓

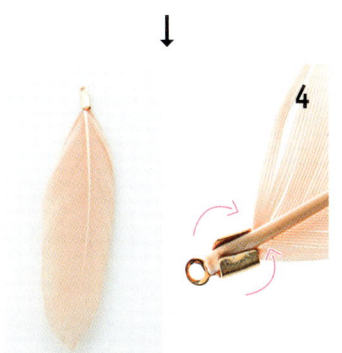

4

평집게를 이용해 고정캡을 한쪽씩 눌러 고정한다. (⇨ P.185- 11)

↓

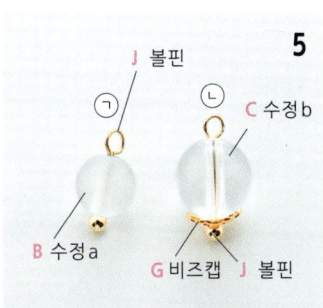

5

J 볼핀

ㄱ

ㄴ

C 수정 b

B 수정 a

G 비즈캡   J 볼핀

볼핀에 수정a를 끼우고 끝을 와이어 루핑한 파츠ㄱ, 비즈캡과 수정b를 끼우고 와이어 루핑한 파츠ㄴ를 만든다. (⇨ P.180- 3)

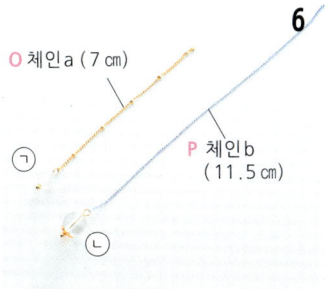

6

O 체인 a (7 cm)

P 체인 b (11.5 cm)

ㄱ

ㄴ

체인a(7cm)의 끝에 5번 과정에서 만든 파츠ㄱ을, 체인b(11.5cm)의 끝에 파츠 ㄴ을 연결한다.

↓

7

F 금속 장식

E 메탈 비즈

A 스와로브스키

6번 과정에서 완성한 체인의 끝 구멍에 AW를 끼우고, 스와로브스키와 메탈 비즈를 끼워 양쪽 와이어 루핑을 한 후, 금속 장식과도 연결한다. (⇨ P.181- 4)

↓

8

O 체인 a
P 체인 b
(26 cm)

O 체인 a
P 체인 b
(26.5 cm)

금속 장식의 두 군데 고리에 AW를 끼워 7번 과정과 동일하게 양쪽 루핑을 하여 연결한다. 양쪽 루핑한 왼쪽에는 26.5 cm 체인a·b를, 오른쪽에는 26 cm 체인a· b를 연결한다.

9

A 스와로브스키

8번 과정의 체인 반대쪽 끝에 AW를 각 각 끼워 양쪽 루핑으로 스와로브스키 비즈와 연결한다.

↓

10

L 클래습

I O링 b

M 연장 체인

9번 과정에서 양쪽 루핑한 반대쪽 고리에 O링b로 랍스터 클래습과 연장 체인을 각각 연결한다.

↓

11

H O링 a

7번 과정에서 만든 루핑 고리 부분에 4 번과정에서 만든 깃털 파츠를 O링a로 연결한다.

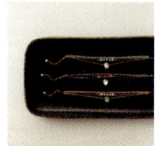
12   체 인 팔 찌

⇨ P.17

파 츠 연 결 하 기

1

K 컬러 체인 (얇은 것)

I AW

A 캡보석

캡보석 윗부분 구멍에 AW를 끼우고 컬러 체인 (얇은 것)을 연결하여 양쪽 루핑을 한다. (⇨ P.181 - 4)

2

양쪽 루핑을 한 끝의 고리가 좌우대칭이 되도록 하면 OK.

완성 사이즈 : 손목 둘레 길이 17 ㎝

사용하는 재료

[핑크]

A 캡보석 (글래스캡·8×10㎜·핑크)
――――――――――― 1개

B 스와로브스키 (#5328·4㎜·
알렉산드라이트) ―――― 2개

C 참 (별·골드) ――――― 1개

D O링 (0.5×3㎜·골드)
――――――――――― 4개

E 랍스터 클래습 (골드) ―― 1개

F 연장 체인 (골드) ――― 1개

G 줄란 (#110·2㎜·터키석×골드)
――――――――――― 5칸

H 줄란캡 (#110용·골드)
――――――――――― 2개

I AW [아티스틱 와이어]
(#28·Non-Tarnish Brass)
――――――― 8㎝×3개

J 체인 (골드) ――― 5.5㎝×2개

K 컬러 체인 (얇은 체인·옐로우)
――――――― 6.5㎝×2개

L 컬러 체인 (두꺼운 체인·터키석)
――――――― 14.5㎝×1개

※ [크리스탈]을 만들 때, A 크리스탈, B 민트 앨러배스터, G 푸시아×골드, K 블루, L 퍼플로 바꿔 제작하였습니다.

[그린]을 만들 때, A 그린, B 푸시아, G 화이트 오팔×골드, K 실버, L 베이지로 바꿔 제작하였습니다.

사용하는 도구

평집게 / 9자말이 집게 / 니퍼

[핑크]

F 연장 체인

D O링

B 스와로브스키

D O링

E 랍스터 클래습

C 참

L 컬러 체인 (굵은 것)

J 체인

K 컬러 체인 (얇은 것)

I AW

A 캡보석

D O링

D O링

H 줄란캡

G 줄란

3

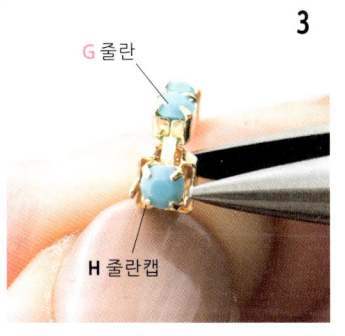

G 줄란

H 줄란캡

줄란 끝의 스톤을 줄란캡에 넣고, 평집게를 이용해 발을 눌러 고정한다. (▷ P.185 - [13]).

↓

4

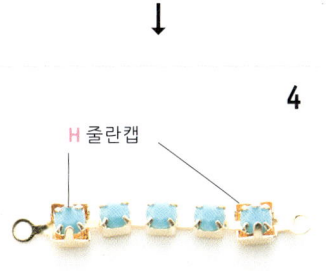

H 줄란캡

반대쪽도 동일하게 줄란캡에 넣어 고정한다.

5

J 체인

J 체인

D O링

D O링

4번에서 완성된 줄란캡에 O링으로 체인과 연결한다.

↓

6

L 컬러 체인 (두꺼운 것)

B 스와로브스키

1번의 컬러 체인과 5번의 컬러 체인의 끝을 같이 AW에 끼워 양쪽 루핑으로 스와로브스키 비즈를 연결한다. 반대쪽 체인도 동일하게 연결한다.

7

F 연장 체인

D O링

C 참

E 클래습

D O링

6번의 양쪽 루핑한 고리에, O링으로 랍스터 클래습, 연장 체인을 각각 연결한다. 연장 체인의 끝은 평집게를 이용하여 참의 고리를 열어 연결한다.

[그린]

B 스와로브스키

L 컬러 체인 (두꺼운 것)

K 컬러 체인 (얇은 것)

A 캡보석

G 줄란

[크리스탈]

B 스와로브스키

L 컬러 체인 (두꺼운 것)

K 컬러 체인 (얇은 것)

G 줄란

A 캡보석

memo 줄란이란 체인에 큐빅을 집어넣은 것으로 10~20cm 길이 단위로 판매되고 있습니다. 니퍼로 잘라 사용합니다.

엣지있는
메탈파츠
액세서리

세련되고 고급스러운 이미지를
가지고 있는 메탈 소재 . 비즈와 함께
사용하여 개성을 표현해보세요 .

01 ⏱ 30分 [끼우기]

메탈 파츠 & 코튼 펄
심플한 뱅글

커브 파이프 형태의 메탈 파츠는
자연스러운 라운드 형태의 액세서리를 만들어줍니다.
사이사이에 진주를 더하면
여성스러운 뱅글 완성.

HOW TO MAKE P.38

02 ⏱ 30分 연결하기

시드 비즈
라리에트 목걸이

칩 모양의 메탈 비즈를
체인에 매달아 완성한 목걸이.
심플한 티셔츠를 받쳐 입으면
세련된 느낌이 더해져 멋스럽다.

HOW TO MAKE P.39

03 🕐 30分 [연결하기] [끼우기]

초커 메탈목걸이

개성적인 두 줄로 레이어드 한 목걸이는
현대적인 감각을 더하는 초커와 체인.
작은 메탈 비즈가 포인트.

HOW TO MAKE P.42

04

04 🕐 60分 [와이어 루핑]

서클 머리핀

비즈와 파츠를 와이어 루핑하여 만든
화려하고 큼직한 머리핀.
포인트주기 좋은 아이템.

HOW TO MAKE P.40-41

03

05 🕐 30分 [연결하기]

○△□ 체인반지

3가지 다른 모양의 메탈 링을 연결하면
개성적인 체인 반지 완성.
전체적인 금속 부자재 칼라를 맞춰주면
고급스러운 이미지를 줍니다.

HOW TO MAKE P.43

07   06

07 🕐 30分 붙이기 연결하기

메탈 파츠 &
코튼 펄 귀걸이

금속 장식을 접착제로 붙이는 것만으로도
다양한 형태의 디자인을 만들 수 있습니다.
작은 진주로 여성스러움을 더해보세요.

HOW TO MAKE P.45

06 🕐 30分 연결하기

메탈 링 &
체인 태슬귀걸이

체인을 태슬로 만들어
움직일 때마다 찰랑 찰랑 흔들리는 경쾌함.
착용하는 것만으로도 성숙한 옆모습을 완성시켜요.

HOW TO MAKE P.44

01   메탈파츠 & 코튼펄 뱅글

▷ P. 34

파츠 끼우기

1

D 와이어 팔찌

이쑤시개로 와이어 끝 부분에 접착제를 바른다.

↓

2

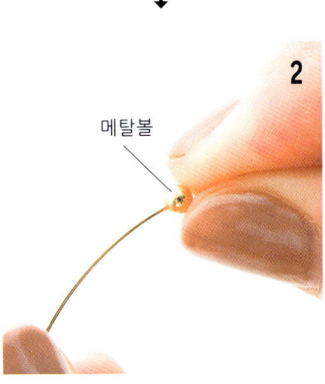

메탈볼

와이어 끝에 와이어 팔찌의 부속품인 메탈볼을 끼운 후 말린다.

↓

3

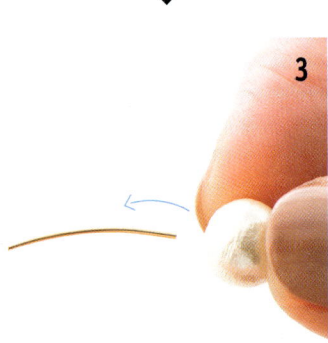

반대편 와이어에 비즈를 통과시켜 끼운다.

4

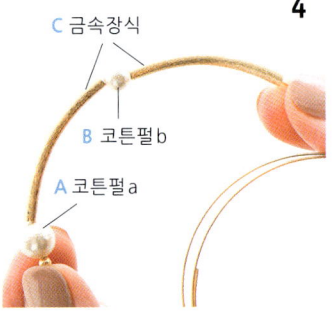

C 금속장식

B 코튼펄 b

A 코튼펄 a

코튼펄 a→금속장식—코튼펄 b→금속장식을 1 회로 7 번 반복하여 끼운다.

↓

5

마감

A 코튼펄 a

마지막은 코튼펄 a를 끼워 마감한다. 니퍼로 남은 와이어를 잘라 정리한다.

↓

6

메탈볼

이쑤시개로 와이어 끝에 접착제를 바른 후 와이어 팔찌의 부속품인 메탈볼을 끼운 후 말린다.

완성 사이즈 : 프리 사이즈

사용하는 재료

[골드]

A 코튼펄 a
　(라운드·8㎜·키스카) ——— 8개
B 코튼펄 b
　(라운드·6㎜·키스카) ——— 7개
C 금속장식
　(커브 파이프·2.3×36㎜·무광 골드)
　————————————— 14개
D 와이어 팔찌
　(3바퀴·골드) ——————— 1개

[실버]

A 코튼펄 a
　(라운드·6㎜·키스카) ——— 7개
B 코튼펄 b
　(라운드·8㎜·키스카) ——— 8개
C 금속장식
　(커브 파이프·2.3×36㎜·무광 실버)
　————————————— 14개
D 와이어 팔찌
　(3바퀴·실버) ——————— 1개

사용하는 도구

접착제 / 이쑤시개 / 니퍼

[골드]

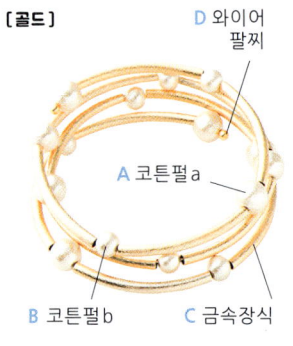

D 와이어 팔찌

A 코튼펄 a

B 코튼펄 b   C 금속장식

[실버]

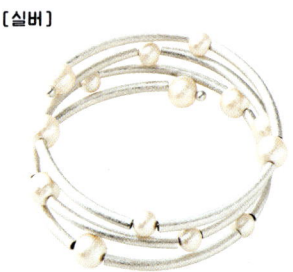

---

　m e m o　커브 형태의 메탈 파츠로 입체적이고 유니크한 디자인 팔찌가 완성되었습니다.

02   시드비즈 라리에트 목걸이

⇨ P.35

파츠 만들기

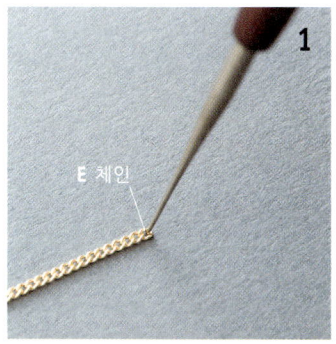

1

E 체인

체인 70㎝ 끝 구멍을 송곳으로 넓혀준
다. (⇨ P.182-**6**)

↓

2

D 디자인 핀   A 메탈
비즈

디자인에 메탈 비즈 4개를 디자인 핀에
끼운 후 9자말이 집게로 와이어 루핑하
여 파츠를 완성한다. (⇨ P.180-**3**)

파츠 연결하기

3

2번에서 만든 파츠의 고리를 열어 1번
의 체인 끝과 연결한다.

↓

4

B 금속 장식   C O링

반대쪽 체인 끝에도 금속 장식을 O링으
로 연결한다.

완성 사이즈 : 목둘레 74㎝

사용하는 재료

A 메탈 비즈 (칩·6×5㎜·무광 골드)
————————————————— 4개

B 금속 장식 (후프·13.5㎜·골드)
————————————————— 1개

C O링 (0.6×3㎜·골드)
————————————————— 1개

D 디자인 핀 (0.6×30㎜·골드)
————————————————— 1개

E 체인 (골드)
——————————————— 70㎝×1개

사용하는 도구

평집게 / 9자말이 집게 / 니퍼
송곳

POINT

라리에트 목걸이
스타일링

착용할 때 후프에 메탈 비즈를 통과
시켜 Y자 형태로 만듭니다. 모든 부
자재 칼라를 골드로 맞춰 고급스러
운 디자인으로 완성합니다.

E 체인

A 메탈 비즈

D 디자인 핀

C O링

B 금속 장식

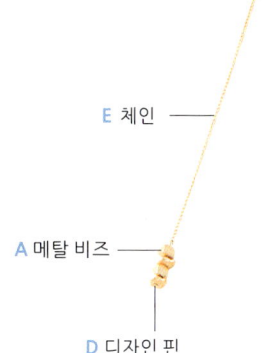

04   서클 머리핀

⇨ P. 36

파츠 와이어루핑

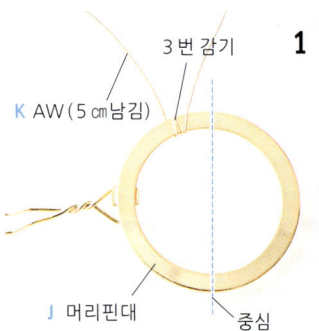

1

K AW (5cm 남김)
3번 감기
J 머리핀대
중심

AW를 5cm 남긴 후, 머리핀대 중심으로부터 약간 왼쪽에 3회 감아준다.

2

A 라운드 시드비즈 6개
I 금속 장식

사진과 같이, AW 긴 쪽을 금속 장식의 구멍으로 통과시켜 라운드 비즈 6개를 끼우고 틈 사이로 AW를 끼운다.

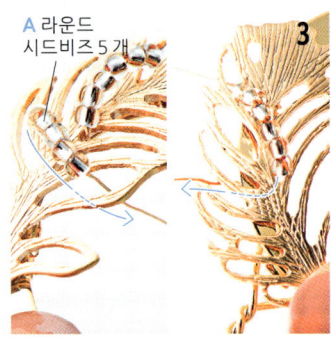

3

A 라운드 시드비즈 5개

머리핀대 뒤로 AW를 감아 금속 장식의 구멍으로 통과시켜 나오게 하여 라운드 시드비즈 5개를 끼운다.

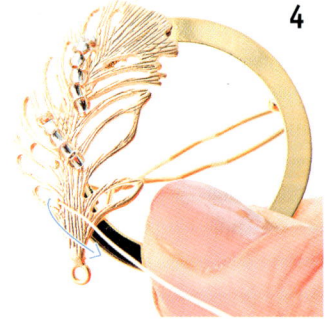

4

머리핀대 뒤로 AW를 감아 금속장식의 구멍으로 끼워 빼낸다.

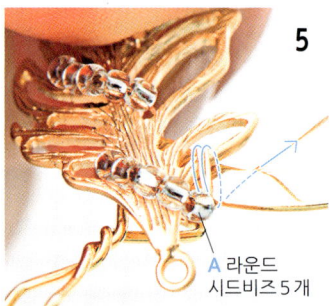

5

A 라운드 시드비즈 5개

AW에 라운드 시드비즈 5개를 끼우고, 금속 장식과 머리핀대를 함께 두 번 감아 뒤쪽으로 빼낸다.

6

와이어루핑
B 캡보석

AW를 캡보석의 구멍에 화살표 방향으로 끼워 넣어 머리핀대에 고정한다. 비즈를 통과시키지 않고 머리핀대에 한 번 더 감아준다.

완성 사이즈 : 지름 4cm

사용하는 재료

A 라운드 시드비즈 (크리스탈 실버라인)
—————————————— 32개
B 캡보석
 (오벌·1.2×1.5mm·핑크×골드)
—————————————— 1개
C 큐빅 지르코니아
 (사각캡·5cm·크리스탈×골드)
—————————————— 1개
D 아크릴진주a (라운드·4mm·화이트)
—————————————— 1개
E 아크릴진주b (라운드·3mm·화이트)
—————————————— 1개
F 스와로브스키a (#5328·5mm·
 Jonquil AB) ——————— 1개
G 스와로브스키b (#5328·5mm·
 크리스탈) ———————— 1개
H 막대 비즈 (짧은 막대·골드)
—————————————— 3개
I 금속 장식 (깃털·30mm·무광 골드)
—————————————— 1개
J 머리핀대 (원형·30mm·골드)
—————————————— 2개
K AW [아티스틱 와이어]
 (#28·Non-Tarnish Brass)
—————————————— 50cm×1개

사용하는 도구

니퍼 / 평펜치 또는 송곳

I 금속 장식
K AW
G 스와로브스키b
J 머리핀대
A 라운드 시드비즈
B 캡보석
D 아크릴진주a
E 아크릴진주b
H 막대비즈
C 큐빅 지르코니아
F 스와로브스키a

---

memo   금속 장식과 비즈에 따라 느낌이 달라지는 디자인입니다. 다양한 느낌으로 연출해보세요.

CLASS

② 엣지 있는 **메탈 파 츠 액세서리**

목걸이

귀걸이 · 귀찌

팔찌

반지

헤어 액세서리

브로치

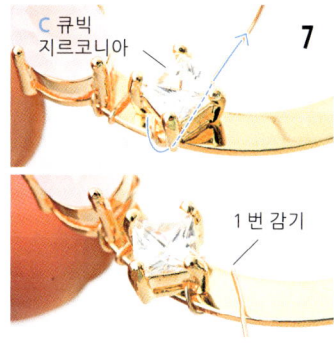

7

C 큐빅 지르코니아

1 번 감기

큐빅 지르코니아에 AW를 끼운 후 감고, 비즈를 통과시키지 않고 머리핀대에 한 번 더 감아준다.

↓

8

D 아크릴진주a

1 번 감기

아크릴 진주a에 AW를 끼운 후 감고, 비즈를 통과시키지 않고 머리핀대에 한 번 더 감아준다.

↓

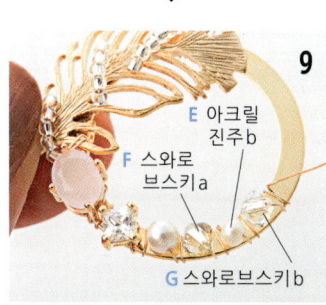

9

E 아크릴 진주b

F 스와로 브스키a

G 스와로브스키b

8 번 과정처럼 비즈를 끼운 후 감고, 비즈를 통과시키지 않고 머리핀대에 한 번 더 감아준다. 스와로브스키a, 아크릴 진주b, 스와로브스키b 순서로 반복하여 감는다.

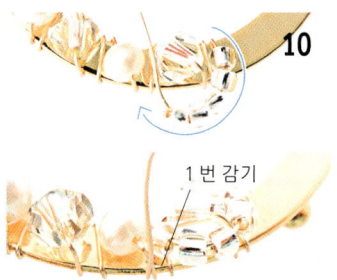

10

1 번 감기

9번 과정에서 고정시킨 부분부터 비즈가 움직이지 않도록 되감아준다. 라운드 시드비즈 5개를 끼우고, 스와로브스키b를 감싸듯 진주 옆으로 한 번 더 AW를 감는다.

↓

11

H 막대비즈

1 번 감기

AW에 막대비즈 1개를 끼워 스와로브스키a 옆으로 한 번 감고, 비즈를 통과시키지 않고 아크릴 진주a 옆으로 머리핀대에 한 번 더 감아준다.

↓

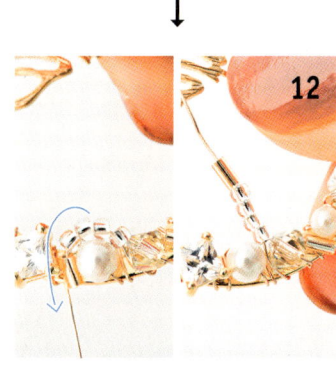

12

라운드 시드비즈 4개, 막대비즈 1개를 끼운 후 아크릴 진주a를 따라 고정한다. 큐빅 지르코니아 옆으로 AW를 한 번 감는다.

13

H 막대비즈

A 라운드 시드비즈 7 개

10~12 번 과정과 동일하게 라운드 시드비즈 7 개를 끼워 큐빅 지르코니아를 따라 AW를 한 번 감는다. 마찬가지로 막대비즈 1 개를 끼워 한 번 감는다.

↓

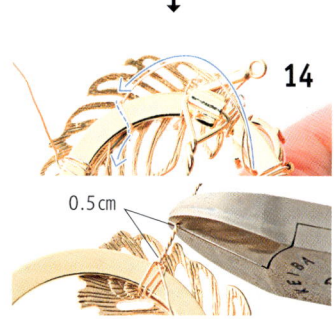

14

0.5cm

머리핀대 뒷면의 AW를 1 번 과정에서 남긴 AW가 있는 곳까지 금속장식의 구멍에 끼워 고정시킨다. AW 두 줄을 모아 1cm 정도 꼬아서 0.5cm 남기고 니퍼로 자른다.

↓

15

숨기기

금속장식과 머리핀대의 사이 틈으로 평펜치 또는 송곳을 사용하여 와이어를 눌러서 잘 숨긴다. 마지막으로 금속장식 고리 부분을 니퍼로 잘라서 마감한다.

---

memo 아티스틱 와이어는 조금이라도 풀리면 액세서리를 착용하기에 불편하므로 단단히 감아줍니다.

▷ P. 36

파츠 연결하기

1

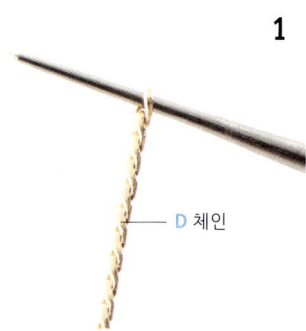

체인 끝의 구멍을 송곳으로 넓혀준다. (▷ P.182 - 6)

↓

2

이쑤시개로 와이어 목걸이에 접착제를 바르고, 부속품인 메탈볼을 끼운다.

↓

3

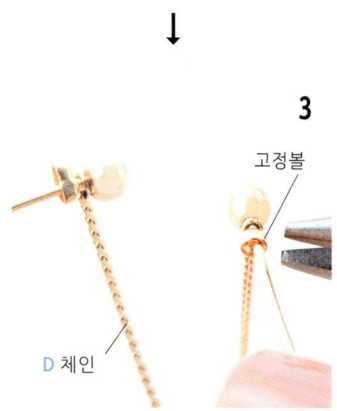

접착제가 마른 후 체인, 고정볼 순서로 2번 과정의 메탈볼 부분까지 끼워 넣고, 평집게로 고정볼을 눌러 고정한다.

비즈 끼우기

4

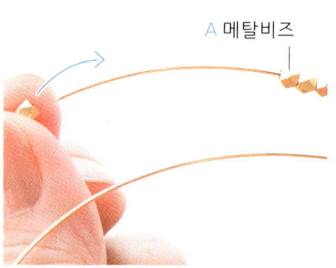

A 메탈비즈

와이어 목걸이에 메탈비즈 10개를 끼운다.

↓

5

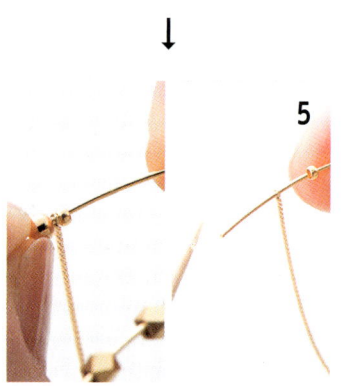

고정볼과 체인 한쪽을 끼운 후, 이쑤시개로 접착제를 바르고 부속품인 메탈볼을 끼운다.

마무리

눌러서 고정

접착제가 마른 후 체인, 고정볼 순서로 5번 과정의 메탈볼 부분까지 끼워 넣고, 평집게로 고정볼을 눌러 고정한다.

완성 사이즈 : 프리 사이즈

사용하는 재료

A 메탈비즈 (스퀘어컷·3㎜·골드)
――――――――――― 10개

B 고정볼 (1.5㎜·골드)
――――――――――― 2개

C 와이어 목걸이 (골드)
――――――――――― 1개

D 체인 (골드)
――――――――――― 47㎝×1개

사용하는 도구

평집게 / 송곳 / 접착제
이쑤시개

---

　　m e m o　초커 디자인으로 인기 있는 와이어 목걸이. 이 책에서는 체인과 함께 사용하여 만들었지만, 단독으로 사용해도 멋집니다.

05 ○△□ 체인반지

⇨ P. 36

파츠 연결하기

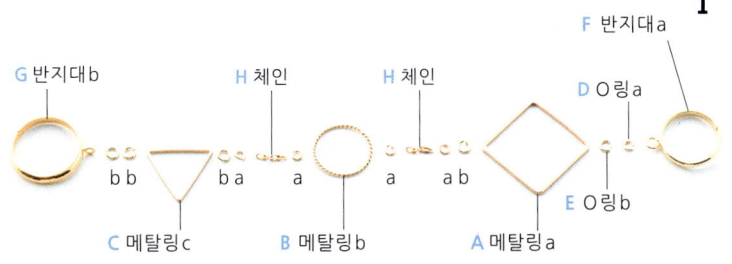

메탈링 a, b, c, 반지대 a, b, 체인을 O링 a, b로 사진과 같은 순서대로 연결한다.

POINT

늘어뜨려 착용하세요.

두 손가락에 끼우는 디자인 반지. 작은 링은 새끼손가락에, 큰 링은 중지에 끼웁니다.

마무리

O링을 잘 닫아준다.

완성 사이즈 : 프리 사이즈

사용하는 재료

A 메탈링a (사각형·20㎜·골드)
——————————————— 1개
B 메탈링b (원형 트위스트·15㎜·골드)
——————————————— 1개
C 메탈링c (삼각형·15㎜·골드)
——————————————— 1개
D O링a (0.6×3㎜·골드)
——————————————— 5개
E O링b (0.6×3.5㎜·골드)
——————————————— 5개
F 반지대a (고리형·16㎜·골드)
——————————————— 1개
G 반지대b (고리형·18㎜·골드)
——————————————— 1개
H 체인 (골드) ————— 0.8㎝×2개

사용하는 도구
평집게 / 9자말이 집게 / 니퍼

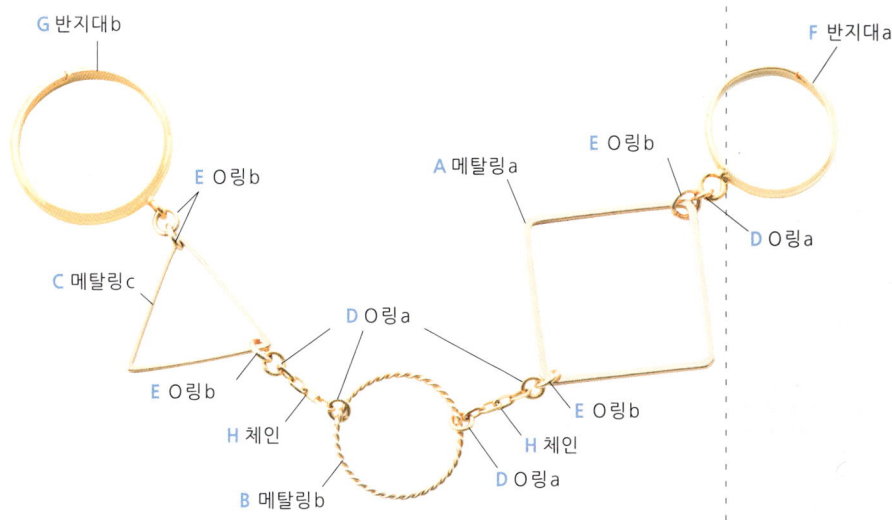

⇨ P. 37

파츠 만들기

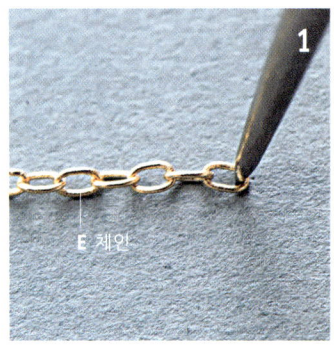

1

E 체인

체인 30개의 끝 구멍마다 송곳으로 넓혀준다. (⇨ P.182-⑥)

⬇

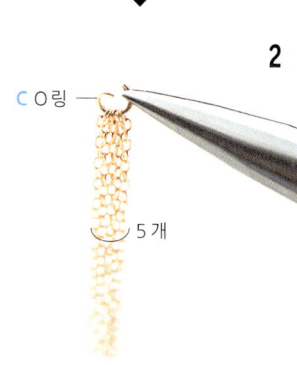

2

C O링

5개

체인 5개를 O링에 끼우고, O링을 평집게로 닫아 체인태슬을 만든다.

⬇

3

2번과 동일한 방법으로 3개를 만든다.

파츠 연결하기

4

A 금속장식

체인태슬의 고리를 열어 금속장식에 끼운다.

⬇

5

4번과 동일한 방법으로 체인태슬의 고리를 모두 금속장식에 끼워 연결한다.

⬇

6

C O링

B 참

D 귀걸이 포스트

체인태슬을 연결한 금속장식 맞은편 모서리에 O링으로 귀걸이 포스트와 참을 연결한다. 착용했을 때 모든 파츠가 정면을 향하게 만든다. 반대쪽 귀걸이도 동일하게 만든다.

완성 사이즈 : 가로 1.7×길이 6.5㎝

사용하는 재료

A 금속장식 (사각형 링·13㎜·골드)
———————————— 2개

B 참 (사각 캡보석·7×5㎜·
크리스탈×골드)———— 2개

C O링 (0.7×4㎜·골드)
———————————— 8개

D 귀걸이 포스트 (고리형·골드)
———————————— 1세트

E 체인 (골드)
———————— 4㎝×30개

사용하는 도구

평집게 / 니퍼 / 송곳

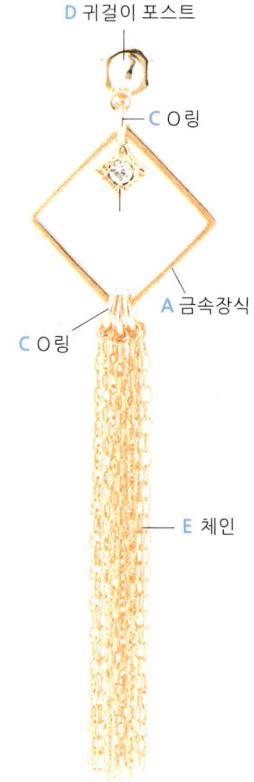

D 귀걸이 포스트

C O링

A 금속장식

C O링

E 체인

memo 체인으로 태슬을 만들 때 가는 체인으로 만들수록 전체적으로 예쁘게 완성됩니다.

07 메탈파츠 & 코튼펄 귀걸이

⇨ P.37

파츠 붙이기

1

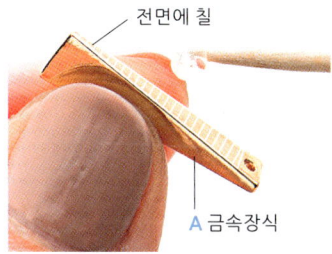

전면에 칠
A 금속장식

이쑤시개로 금속장식 옆면에 접착제를 바른다.

↓

2

구멍 맞추기

1번 금속장식에 다른 금속장식을 겹쳐 붙인다. 이때 두 개의 금속장식 구멍을 맞춰 붙인다.

↓

3

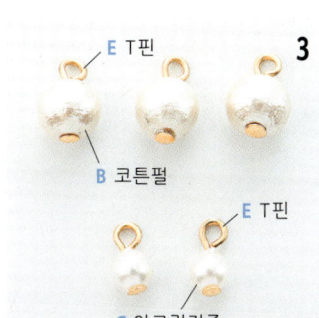

E T핀
B 코튼펄
E T핀
C 아크릴진주

T핀에 코튼펄과 아크릴 진주를 끼워 와 이어 루핑하여 코튼펄 3개, 아크릴 진주 2개 파츠를 만든다. (⇨ P.180-③)

파츠 연결하기

4

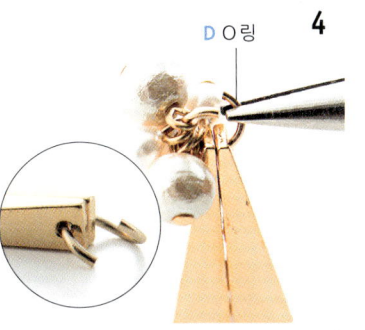

D O링

2번의 메탈파츠 구멍에 O링을 끼우고 3번에서 만든 파츠를 코튼펄 → 아크릴 진주 순서대로 번갈아가며 끼운 후 평집게로 O링을 닫아 마무리한다.

마무리

5

F 귀걸이 포스트

귀걸이 포스트 접착면 판 위에 이쑤시개로 접착제를 바른다.

↓

6

메탈 파츠에 귀걸이포스트를 붙인다. 앞, 뒷면 어느 면이라도 상관없다. 다른 한쪽 귀걸이도 동일하게 만든다.

완성 사이즈 : 길이 6.5 cm

사용하는 재료

A 금속장식 (사다리꼴 스틱·2.2×6mm· 골드) —————— 4개
B 코튼펄 (라운드·6mm·키스카) —————— 6개
C 아크릴진주 (라운드·4mm·화이트) —————— 4개
D O링 (0.8×6mm·골드) —————— 2개
E T핀 (0.6×20mm·골드) —————— 10개
F 귀걸이 포스트 (원판형·골드) —————— 1세트

사용하는 도구

평집게 / 9자말이 집게
니퍼 / 접착제 / 이쑤시개

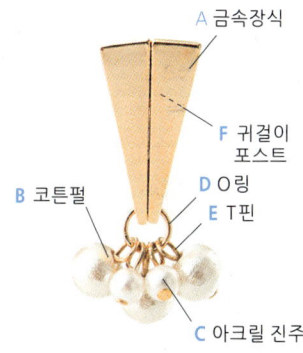

A 금속장식
F 귀걸이 포스트
B 코튼펄
D O링
E T핀
C 아크릴 진주

A R R A N G E

실버로 바꾸면 시크한 이미지로 변신

대부분 금속 장식은 골드로 선택하지만, 실버로 만드는 것도 추천합니다. 귀여운 이미지에서 세련되고 시크한 이미지로 변신할 수 있습니다.

---

memo 메탈 파츠의 조합으로 만드는 액세서리는 유니크하고 간단하게 만들 수 있습니다.

여성스러운
진주 액세서리

어떤 패션에도 진주가 더해지면
여성스럽고 세련된 스타일 완성.

---

01 🕐 120 分 엮기 끼우기

체코비즈 귀걸이 &
진주 목걸이

특별히 예쁘고 싶은 날, 액세서리 세트.
심플한 진주를 끼우는 것만으로 완성.
같은 진주를 사용하여 만든 귀걸이로
우아하게 스타일링합니다.

HOW TO MAKE P.52-53

02 🕐 60分 [끼우기]

담수 진주
네크리스 목걸이

바다 감성의 금속 장식과
동적인 담수 진주를 끼우는 것 만으로 완성.
심플한 디자인으로
어떤 패션에도 잘 어울려요.

HOW TO MAKE P.54-55

03 🕐 60分 끼우기 연결하기

2way 진주 액세서리

두 가지 종류의 진주로 만든 액세서리는
2way 목걸이 & 팔찌.
토글바에 숨긴 별 참은
장난스러운 매력 포인트.

HOW TO MAKE **P.56**

04

04 ⏱ 60分 [와이어 루핑] [끼우기]

진주 & 별 모양 머리핀

와이어로 비즈를 고정하여 만든 머리핀.
금속 장식을 더하면
키치한 감성의 귀여운 느낌을 준다.

HOW TO MAKE **P.58-59**

05

05 ⏱ 120分 [연결하기] [끼우기]

진주 손목시계

너무 보수적인 느낌이 아니면서
청순하고 품격이 느껴지는 진주 손목시계.
스타일에 악센트를 넣어보세요.

HOW TO MAKE **P.60-61**

06 🕐 120 分 와이어 루핑

진주 & 꽃 머리빗 핀

머리에 꽂아 사용하는 머리빗 핀은
머리카락 정리 정돈에 도움이 되어 좋아요.
많은 꽃과 진주가
청순하고 가련한 스타일의 아이템.

HOW TO MAKE P.62-63

08   07

07 🕐 100分 [엮기]

커스텀 주얼리
귀걸이

화려한 무대에 어울릴 것만 같은 큼직한 디자인의
진주와 큐빅 지르코니아로 우아함을 표현하세요.
업스타일에 잘 어울리는 반짝임이 매력 포인트.

HOW TO MAKE P.64-65

08 🕐 60分 [끼우기] [연결하기]

케시진주 & 메탈파츠
귀걸이

케시진주와 메탈파츠를 끼운
심플하면서도 볼륨 있는 귀걸이.
진주의 칼라를 바꾸어 만들어보세요.

HOW TO MAKE P.57

⇨ P.46

귀걸이

모티브 엮기

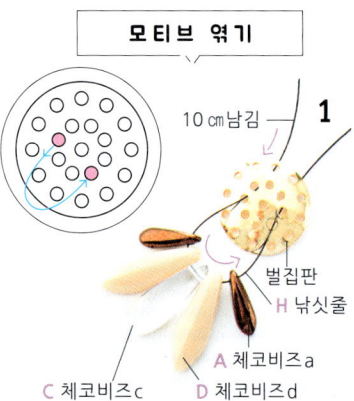

10㎝남김 — **1**

벌집판
H 낚싯줄
C 체코비즈c   A 체코비즈a
D 체코비즈d

사진처럼 낚싯줄을 10cm 남기고, 벌집판에 표시 구멍을 통과시켜 세 종류의 체코 비즈를 꿰어 끼운다.

↓

3번 묶기 **2**

뒷면의 낚싯줄을 3번 묶는다.

[목걸이]

E 토글바
C 구멍 지프
D 고정볼
F 낚싯줄
B C링

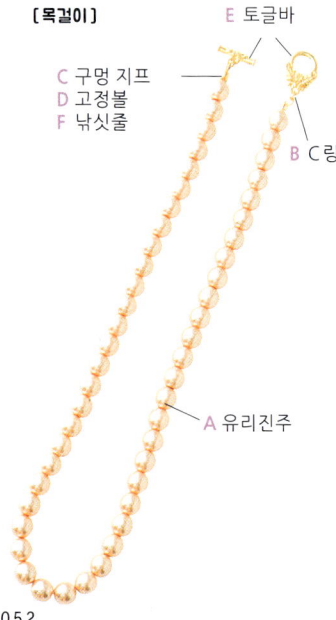

A 유리진주

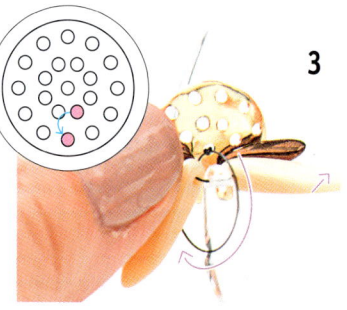

3

긴 쪽의 줄을 벌집판의 표시된 구멍 쪽으로 빼낸다. 체코 비즈를 꿴 줄을 지나 표시 구멍에 끼워 넣어 비즈가 뜨지 않도록 잘 고정한다.

↓

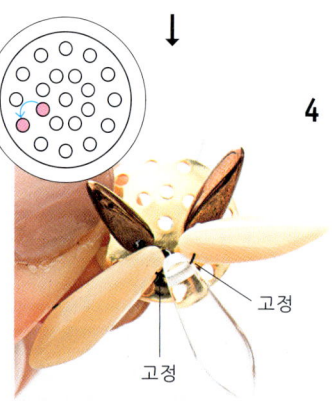

4

고정
고정

3번과 같은 방법으로 남은 한쪽도 표시 구멍에 낚싯줄을 끼우고 비즈를 고정한다.

↓

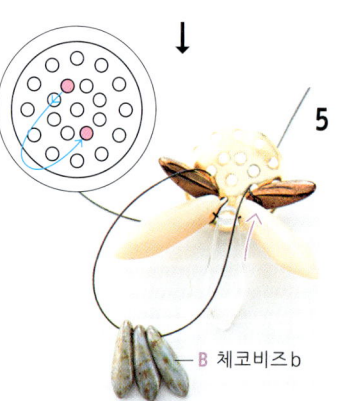

5

B 체코비즈b

낚싯줄을 벌집판의 표시 구멍으로 나오게 빼내어 체코 비즈b 3개를 끼운 후 표시 구멍으로 끼워 넣어 고정한다.

완성 사이즈 :
귀걸이 / 가로 2.5×세로 3㎝
목걸이 / 목걸이 길이 43.5㎝

사용하는 재료

[귀걸이]

A 체코비즈a (대거드롭·3×10㎝·브론즈) ——— 4개
B 체코비즈b (대거드롭·3×10㎝·앤틱 미스트블루) ——— 6개
C 체코비즈c (대거드롭·5×16㎝·투명색) ——— 2개
D 체코비즈d (대거드롭·5×16㎝·무광 베이지) ——— 4개
E 유리진주(라운드·6㎜·핑크 베이지) ——— 6개
F 코튼펄 (라운드·8㎜·화이트) – 2개
G 귀찌 (라운드·14㎜·골드) ——— 1세트
H 낚싯줄 (3호·투명색) ——— 45㎝×2개

[목걸이]

A 유리진주(라운드·8㎜·핑크 베이지) ——— 51개
B C링 (0.7×4㎜·골드) ——— 2개
C 구멍지프 (골드) ——— 2개
D 고정볼 (골드) ——— 2개
E 토글바 (골드) ——— 1세트
F 낚싯줄 (3호·투명색) ——— 60㎝×1개

사용하는 도구

평집게 / 니퍼
가위 / 접착제

[귀걸이]

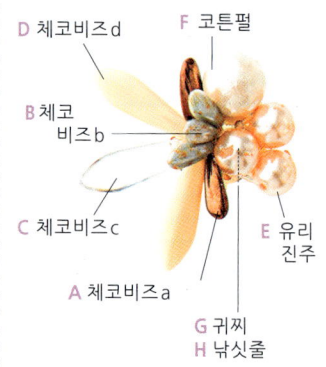

D 체코비즈d   F 코튼펄
B 체코 비즈b
C 체코비즈c   E 유리 진주
A 체코비즈a
G 귀찌
H 낚싯줄

목걸이

6

E 유리진주

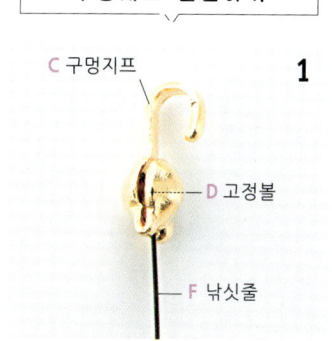

낚싯줄을 벌집판 구멍으로 빼내 유리 진주 3개를 끼워 고리를 만든 후, 첫 번째 유리 진주로 되돌아와서 끼운다.

9

3번 묶기

낚싯줄을 뒤에서 모아 세 번 묶어준다. 매듭에 접착제를 바른 후, 남는 부분은 자른다.

구멍지프 연결하기

C 구멍지프

D 고정볼

F 낚싯줄

1

낚싯줄 끝 마무리는 구멍지프와 고정볼로 정리한다. (⇨ P.183- ⑧)

7

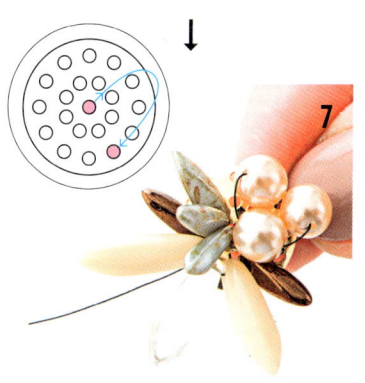

낚싯줄을 벌집판 표시 구멍에 끼워 고정한다.

마무리

G 귀찌

10

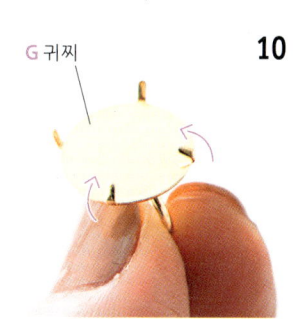

벌집판을 귀찌 판에 고정시킨다. 먼저, 두 개의 고정 발을 평집게로 누른다. (⇨ P.186- ⑭)

비즈 끼우기

C 구멍지프

A 유리진주

2

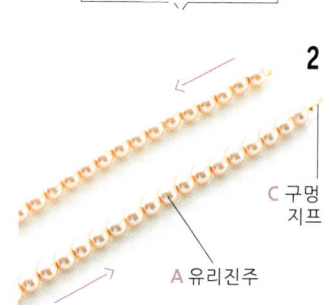

낚싯줄에 유리 진주 51개를 끼우고, 반대쪽 끝마무리도 구멍 지프와 고정볼로 정리한다.

8

F 코튼펄

낚싯줄을 표시 구멍으로 빼낸 후, 코튼 펄 1개를 끼워 표시 구멍으로 넣어 고정한다.

11

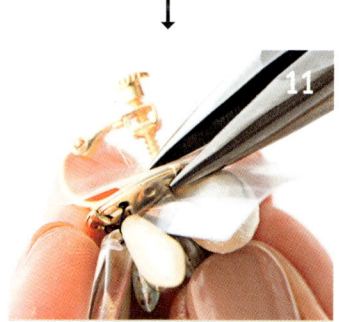

벌집판을 누른 고정 발 아래로 밀어 넣어 낀 후, 평집게로 남은 고정 발을 눌러준다. 이때 벌집판이 상처 나지 않게 천 또는 비닐 시트를 끼워 눌러서 고정한다.

마무리

3

E 토글바

B C 링

구멍지프를 토글바와 C링으로 연결한다.

02 담수진주 네크리스 목걸이

⇨ P.47

비즈 끼우기

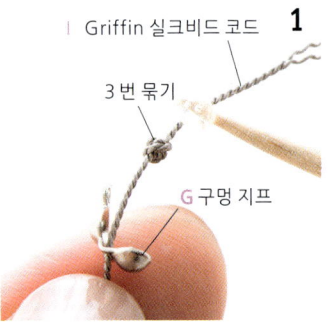

1

I Griffin 실크비드 코드

3번 묶기

G 구멍 지프

Griffin 실크비드 코드는 바늘이 달려 있는 그대로 사용한다. 구멍지프를 끼운 후 바늘 반대쪽 코드를 세 번 묶는다. 접착제를 매듭에 바르고 남는 부분은 가위로 자른다.

2

매듭

매듭을 구멍지프에 넣고 평집게로 구멍지프를 닫는다. 구멍지프 가까이 바짝 붙여서 한 번 더 매듭지어준다.

완성 사이즈 : 목걸이 길이 105㎝

사용하는 재료

[그레이]

A 담수진주a (못난이·4~4.5㎜·그레이) ——— 174개
B 담수진주b (오벌·5×8㎜·그레이) ——— 14개
C 참 (양쪽 고리형 산호모양·실버) ——— 1개
D 메탈링 (골드) ——— 1개
E T핀 (0.6×20㎜·실버) ——— 1개
F O링 (0.8×4㎜·실버) ——— 4개
G 구멍지프 (실버) ——— 4개
H 랍스터 클래습 (실버) ——— 1개
I Griffin 실크비드 코드 (No.4·0.6㎜·그레이) ——— 1개

[화이트]

A 담수진주a (못난이·4~4.5㎜·화이트) ——— 174개
B 담수진주b (오벌·5×8㎜·화이트) ——— 14개
C 참 (양쪽 고리형 산호모양·골드) ——— 1개
D 메탈링 (골드) ——— 1개
E T핀 (0.6×20㎜·골드) ——— 1개
F O링 (0.8×4㎜·골드) ——— 4개
G 구멍지프 (골드) ——— 4개
H 랍스터 클래습 (골드) ——— 1개
I Griffin 실크비드 코드 (No.4·0.6㎜·그레이) ——— 1개

사용하는 도구

평집게 / 송곳 / 가위

[그레이]

A 담수진주a

I Griffin 실크비드 코드

G 구멍 지프

F O링

G 구멍 지프

C 참

F O링

H 랍스터 클래습

F O링

E T핀

D 메탈링

G 구멍 지프

F O링

B 담수진주b

[화이트]

3

A 담수진주a

담수진주a를 한 개 끼우고 Griffin 실크 비드 코드를 진주 가까이에 바짝 붙여서 매듭지어준다.

↓

4

Griffin 실크비드 코드의 매듭지은 모습. 빈틈없이 단단히 묶었다면 OK.

↓

5

3 번 묶기

G 구멍지프

담수진주 1 개 끼울 때마다 매듭을 1 회 만든다. 담수진주a 102 개와 담수진주 b 14 개를 끼우고 마지막 부분은 한 번 묶어 마무리한다. 구멍지프를 끼우고 1 번 과정과 동일하게 세 번 묶어주고 매듭 에 접착제를 발라준다.

6

평집게로 구멍지프를 닫고 남은 코드를 자르면 파츠㉠ 완성.

↓

7

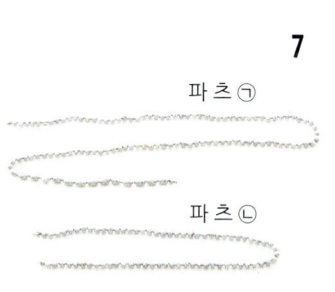

파 츠 ㉠

파 츠 ㉡

1~6 번 과정과 동일하게 담수진주a 71 개를 끼워 파츠㉡을 만든다.

마 무 리

↓

8

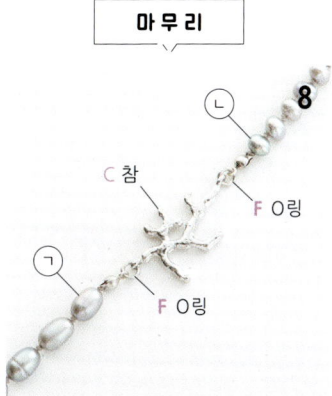

㉡

C 참

F O링

㉠

F O링

파츠㉠의 구멍지프와 파츠㉡ 구멍지프 를 O링을 이용하여 각각 참과 연결한다.

9

파츠 ㉢   E T핀

A 담수진주a

담수진주a에 T핀을 끼우고 와이어 루핑 으로 파츠㉢을 1 개 만든다.
(⇨ P.180 - **3**)

↓

10

H 랍스터 클래습   D 메탈링

F O링

㉢

㉠

㉡

O링으로 파츠㉠의 끝과 랍스터 클래습 을 연결하고, 파츠㉡의 끝에는 파츠㉢과 메탈링을 연결한다.

⇨ P.48

구멍지프 연결하기

1

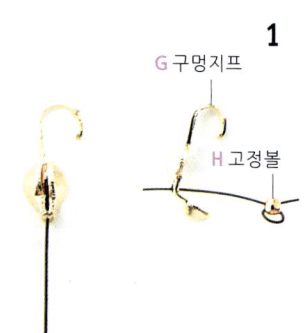

G 구멍지프

H 고정볼

낚싯줄 끝에 구멍지프와 고정볼을 끼운 후, 평집게로 고정볼을 눌러 고정시키고 구멍지프를 닫는다. (⇨ P.183- 8)

구 슬 꿰 기

2

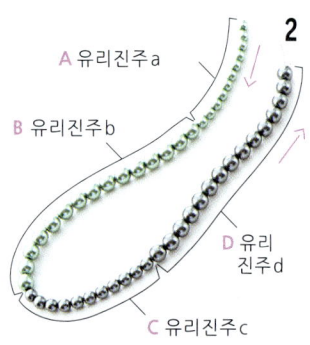

A 유리진주a

B 유리진주b

D 유리 진주d

C 유리진주c

낚싯줄에 유리진주 a, b, c, d 모두 끼운다.

[그린]

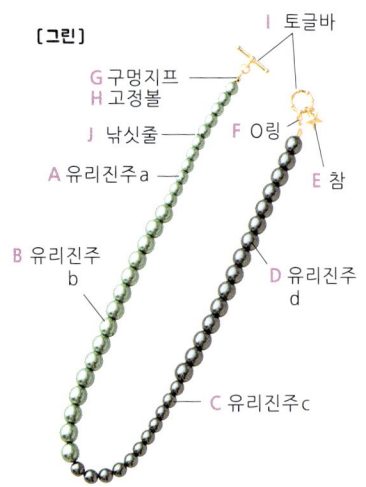

I 토글바

G 구멍지프
H 고정볼

J 낚싯줄

F O링

A 유리진주a

E 참

B 유리진주 b

D 유리진주 d

C 유리진주c

구멍지프 연결하기

3

낚싯줄 반대쪽도 1번과 같이 구멍지프와 고정볼을 연결하여 마무리한다.

토글바 연결하기

4

I 토글바

F O링

구멍지프 끝을 9자말이 집게로 둥글게 말아서 고리를 만들고, O링으로 토글바를 연결한다.

↓

5

F O링

E 참

O링으로 토글바의 링 부분에 참을 달아 준다.

완성 사이즈 : 목걸이 길이 39㎝

사용하는 재료

[그린]

A 유리진주a (라운드·6㎜·그린) —————— 11개

B 유리진주b (라운드·8㎜·그린) —————— 15개

C 유리진주c (라운드·6㎜·실버) —————— 11개

D 유리진주d (라운드·8㎜·실버) —————— 15개

E 참 (별·골드) —————— 1개
F O링 (0.8×5㎜·골드) —————— 3개
G 구멍 지프 (골드) —————— 2개
H 고정볼 (골드) —————— 2개
I 토글바 (골드) —————— 1세트
J 낚싯줄 (3호·투명) —————— 60㎝×1개

[베이지]

A 유리진주a (라운드·6㎜·베이지) —————— 11개

B 유리진주b (라운드·8㎜·베이지) —————— 15개

C 유리진주c (라운드·6㎜·화이트) —————— 11개

D 유리진주d (라운드·8㎜·화이트) —————— 15개

E 참 (별·골드) —————— 1개
F O링 (0.8×5㎜·골드) —————— 3개
G 구멍지프 (골드) —————— 2개
H 고정볼 (골드) —————— 2개
I 토글바 (골드) —————— 1세트
J 낚싯줄 (3호·투명) —————— 60㎝×1개

사용하는 도구

평집게 / 9자말이 집게 / 가위
송곳

[베이지]

※ 과정 사진에서는 검정 낚싯줄로 바꿔 만들었습니다.

08 케시진주 & 메탈파츠 귀걸이

⇨ P. 51

비 즈 끼 우 기

1

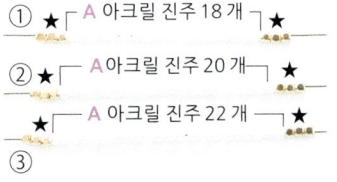

① ★─ A 아크릴 진주 18개 ─★
② ★─ A 아크릴 진주 20개 ─★
─ A 아크릴 진주 22개 ─★
③

★=B 메탈비즈 3개

사진과 같이 비즈에 낚싯줄 3개(①~③)를 끼운다.

4

평집게로 구멍지프를 닫는다.

완성 사이즈 : 길이 3㎝

사 용 하 는 재 료

A 아크릴 진주 (라운드·3㎜·화이트)
─────────── 120개
B 메탈 비즈 (사각형·3㎜·골드)
──────────── 36개
C 구멍 지프 (골드) ──── 2개
D 고정볼 (골드) ──── 2개
E 귀찌 (나사형·골드)
──────────── 1세트
F 낚싯줄 (3호·투명)
─────────── 20㎝×6개

사 용 하 는 도 구
평집게 / 가위

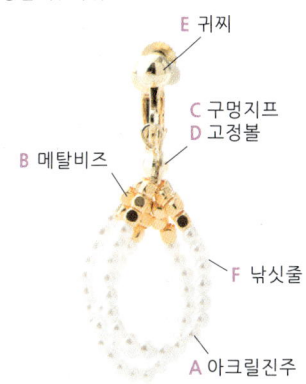

E 귀찌
C 구멍지프
D 고정볼
B 메탈비즈
F 낚싯줄
A 아크릴진주

※ 과정 사진에서는 검정 낚싯줄로 바꾸어 만들었습니다.

구 멍 지 프 연 결 하 기

2

D 고정볼
C 구멍지프

낚싯줄 양 끝을 모아서, 6줄 가지런히 정리하여 **구멍지프**와 고정볼에 끼운다.

귀 찌 연 결 하 기

5

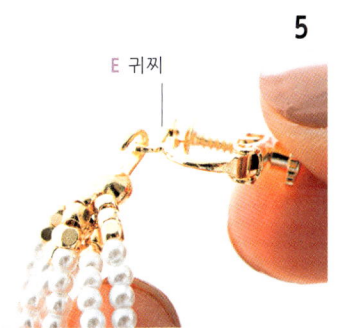

E 귀찌

귀찌에 구멍지프 고리를 끼운다.

↓

3

낚싯줄 1㎜ 남김

낚싯줄을 단단히 조인 후, 평집게로 고정볼을 눌러 고정한다. 줄은 1㎜ 남기고 가위로 자른다.

↓

6

둥글게 말기

구멍지프 고리를 9자말이 집게로 둥글게 말아 귀찌와 연결한다. 다른 귀걸이 한 쪽도 동일한 방법으로 만든다.

A R R A N G E

같은 진주로 이미지를 바꿀 수 있는 TIP!

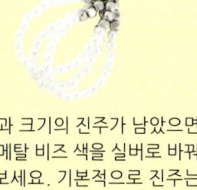

같은 색과 크기의 진주가 남았으면 귀찌와 메탈 비즈 색을 실버로 바꿔 만들어보세요. 기본적으로 진주는 골드와 실버 모두 잘 어울리는 액세서리 아이템입니다.

memo 구멍지프와 고정볼은 낚싯줄을 사용하는 작품에는 필수 부자재입니다. 여러 번 연습하여 기술을 익혀보세요.

04 진주 & 별 모양 머리핀

⇨ P.49

와이어 루핑

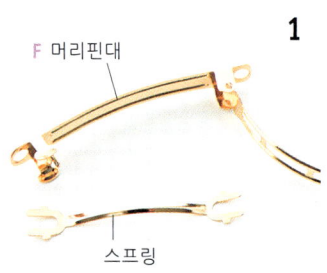

1

F 머리핀대

스프링

머리핀대 뒷면에 있는 스프링을 분리한
다.

↓

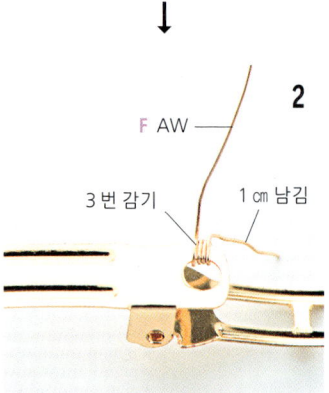

2

F AW

3 번 감기   1 cm 남김

머리핀대 구멍에 AW를 1cm만 남긴 채
세 번 감는다.

비즈 끼우기

3

B 코튼펄 a

A 아크릴진주

아크릴 진주 2 개, 코튼펄a, 아크릴 진주
2 개 순서대로 긴 쪽의 AW에 끼운다.

↓

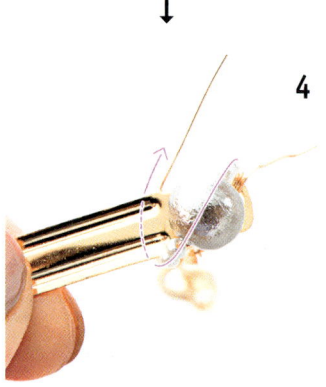

4

비즈를 머리핀대 위치에 잘 맞춰 배치하
고 머리핀대 밑으로 AW를 감는다.

완성 사이즈 : 가로 6 cm × 세로 1 cm

사용하는 재료

[그레이]

A 아크릴진주 (라운드·2mm·화이트)
——————————— 32개

B 아크릴진주a (라운드·8mm·그레이)
——————————— 2개

C 아크릴진주b (라운드·10mm·그레이)
——————————— 4개

D 금속 장식 (별·11mm·실버)
——————————— 1개

E 머리핀대 (0.7×6cm·골드)
——————————— 1개

F AW [아티스틱 와이어]
(#26·Non-Tarnish Brass)
——————————— 50cm×1 개

[화이트]

A 아크릴진주 (라운드·2mm·화이트)
——————————— 32개

B 코튼펄a (라운드·8mm·키스카)
——————————— 2개

C 코튼펄b (라운드·10mm·키스카)
——————————— 4개

D 금속장식 (별·11mm·골드) — 1개

E 머리핀대 (0.7×6cm·골드) — 1개

F AW [아티스틱 와이어]
(#26·Non-Tarnish Brass)
——————————— 50cm×1 개

사용하는 도구

니퍼 / 평집게

[화이트]

[그레이]

F AW

B 코튼펄a

C 코튼펄b

A 아크릴진주

E 머리핀대

D 금속장식

CLASS

③ 여성스러운 진주 액세서리

목걸이

귀걸이 · 귀찌

팔찌

반지

헤어 액세서리

브로치

5

C 코튼펄 b

아크릴진주 2개, 코튼펄 b, 아크릴진주 2개 순서대로 AW에 끼우고 4번 과정과 동일하게 머리핀대에 감는다.

↓

6

D 금속장식

별 모양의 금속장식을 AW에 끼우고, 사진 속 머리핀대 위치에 감는다.

↓

7

B 코튼펄 a

C 코튼펄 b

같은 방식으로 아크릴 진주와 코튼펄을 머리핀대에 AW를 끼워 감는다.

8

3번 감기

끝까지 비즈를 끼워 감은 후, 머리핀대 구멍에 AW를 세 번 감는다.

↓

9

누르기

머리핀 뒤쪽 남은 AW를 니퍼로 자르고 평집게로 눌러 정리하여 마무리한다.

10

와이어 끝부분이 튀어나와 걸리지 않도록 주의하여 마무리한다.

↓

11

스프링

처음 과정에서 분리했던 스프링을 끼운다.

POINT

손가락으로 눌러 고정하세요 !

누르기

작은 아크릴진주가 머리핀대 옆으로 빠져 돌아가지 않도록 아크릴진주 양쪽 AW를 손가락으로 눌러 고정시킵니다.

---

memo 아티스틱 와이어를 이용한 작품을 마감할 때는 작품의 안쪽으로 끝을 넣어 정리합니다.

⇨ P.49

05   진주 손목시계

파츠 연결하기

1

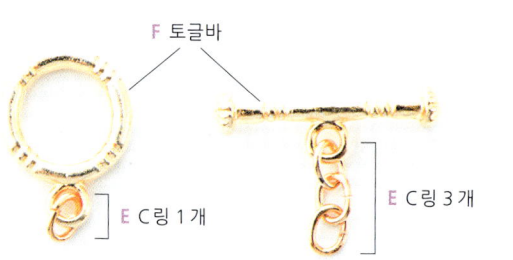

F 토글바

E C링 1개

E C링 3개

토글바 원의 고리에 C링 1개, 바 고리에 3개를 연결한다. (⇨ P.180-①)。

완성 사이즈 : 손목 둘레 길이 19㎝

사용하는 재료

A 유리진주 (라운드·8㎜·화이트)
————————————— 32개

B 메탈비즈 (라운드·3㎜·골드)
————————————— 8개

C 스페이서 (큐빅 지르코니아·1.6㎝·
크리스탈×골드)————— 4개

D 시계 파츠 (골드)
————————————— 1개

E C링 (0.7×4×3㎜·골드)
————————————— 4개

F 토글바 (골드) ————— 1세트

G 낚싯줄 (3호·투명)
————————————— 80㎝×2개

사용하는 도구

평집게 / 9자말이 집게 / 가위
이쑤시개 / 접착제 / 니퍼

낚싯줄 끼우기

2

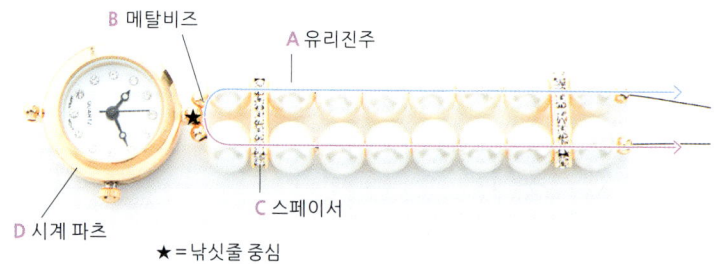

B 메탈비즈

A 유리진주

C 스페이서

D 시계 파츠

★ = 낚싯줄 중심

낚싯줄의 중심에 시계 파츠를 끼운 후, 양쪽으로 메탈비즈 1개, 유리진주 1개, 스페이서,
유리진주 6개, 스페이서, 유리진주 1개, 메탈비즈 1개 순서대로 끼운다.

↓

3

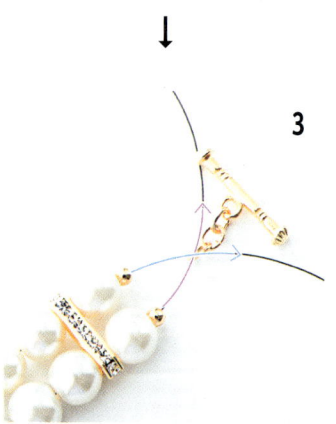

1번 토글바의 바 부분 C링에 낚싯줄을
교차시켜 끼운다.

F 토글바

G 낚싯줄

C 스페이서

B 메탈비즈

D 시계파츠

A 유리진주

E C링

F 토글바

4

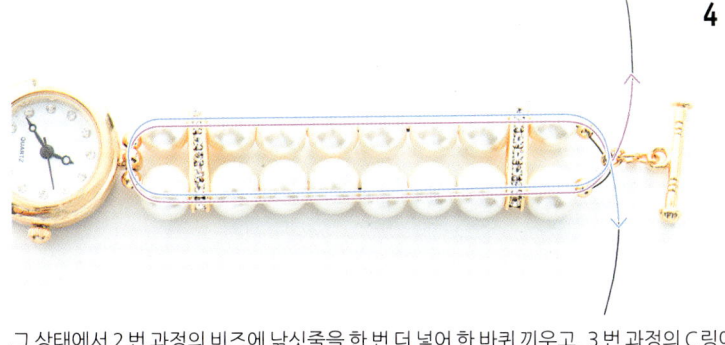

그 상태에서 2번 과정의 비즈에 낚싯줄을 한 번 더 넣어 한 바퀴 끼우고, 3번 과정의 C링에 넣어 교차시켜 빼낸다.

↓

9

남은 줄은 진주에 바짝 붙여 자른다.

5

사진과 같이, 비즈를 끼워 유리진주와 스페이시 시이로 낚싯줄을 빼낸다.

↓

┌ **마 무 리** ┐

7

매듭에 접착제를 바른다.

↓

10

반대쪽도 2~9번 과정과 동일하게 만든다. 바 대신 토글바의 링으로 바꿔 연결한다.

6

3번 묶기

낚싯줄을 단단히 조여서 세 번 묶는다.

8

유리진주에 낚싯줄을 끼우고 줄을 당겨 매듭을 진주 구멍 안으로 끌어넣는다.

P O I N T

진주 구멍의 찌꺼기를 깔끔하게 정리 후 사용하세요!

진주 구멍에 낚싯줄을 끼우기 쉽도록 작업하기 전에 모든 진주 구멍의 찌꺼기를 깨끗이 정리해주세요.(⇨ P.182-[7])

⇨ P.50

비즈 와이어루핑

1

H AW (10㎝남김)
B 아크릴진주b

아크릴진주b 6개를 와이어에 끼우고, 첫 번째 끼운 진주에 한 번 더 끼워 고리를 만든다.

2

F 큐빅 지르코니아

사진과 같이, 와이어 두 가닥을 큐빅 지르코니아와 아크릴진주b를 교차시켜 끼운 후 꽃 모양을 만들어 고정시킨다.

↓

3

G 빗핀대

3 번 감기

10cm 남긴 와이어를 빗핀대의 첫 번째와 두 번째 발 사이에 3번 감는다.

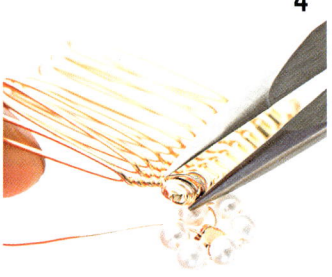

4

감고 남은 와이어는 빗핀대 뒷면에서 자르고 평집게를 사용하여 끝부분을 눌러서 정리한다.

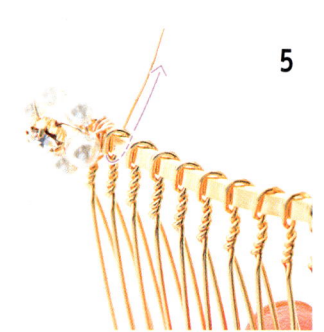

5

2 번 과정에서 완성한 꽃을 빗핀대 위에 오도록 배치하고, 첫 번째와 두 번째 발 사이 뒤로 와이어를 통과시켜 빼낸다.

6

C 아크릴진주c

A 아크릴진주a

아크릴진주 c, a, c의 순서대로 끼우고, 빗핀대의 다음 발 사이로 와이어를 앞에서 뒤쪽으로 감는다.

완성 사이즈 : 가로 5 × 세로 4㎝

사용하는 재료

A 아크릴진주a (라운드·2㎜·화이트)
———————————————— 3개
B 아크릴진주b (라운드·4㎜·화이트)
———————————————— 12개
C 아크릴진주c (라운드·6㎜·화이트)
———————————————— 6개
D 아크릴비즈 (꽃·8㎜·불투명)
———————————————— 4개
E 메탈비즈 (라운드·3㎜·골드)
———————————————— 4개
F 큐빅 지르코니아 (캡큐빅·4㎜·
크리스탈×골드)———————— 2개
G 빗핀대 (10발·4㎝·골드)
———————————————— 1개
H AW [아티스틱 와이어]
(#26·Non-Tarnish Brass)
————————————— 60㎝×1개

사용하는 도구

평집게 / 니퍼

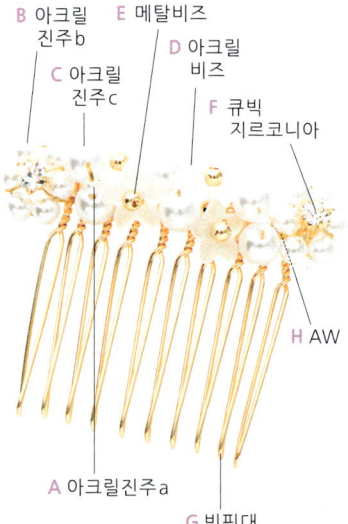

B 아크릴
진주b

C 아크릴
진주c

E 메탈비즈

D 아크릴
비즈

F 큐빅
지르코니아

H AW

A 아크릴진주a

G 빗핀대

memo   1,2 번 과정에서 만든 꽃 파츠는 다른 작품에서도 응용할 수 있습니다. 귀걸이 또는 머리끈에 적용해보세요.

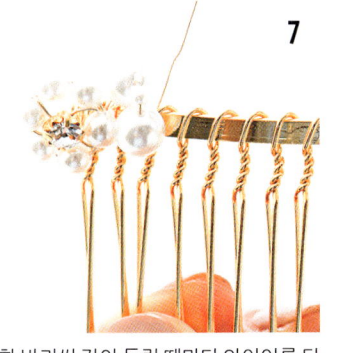

7

한 바퀴씩 감아 돌릴 때마다 와이어를 단
단히 조인다.

↓

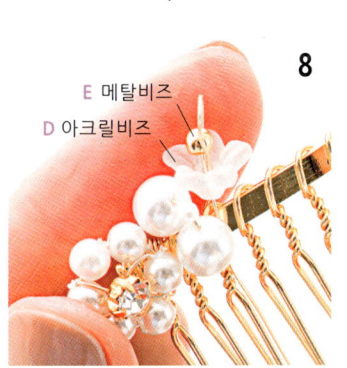

8

E 메탈비즈
D 아크릴비즈

와이어를 아크릴비즈와 메탈비즈를 차
례로 끼운 후, 되돌아 아크릴비즈로 넣
어 뺀 후 꽉 조인다.

↓

9

8번 과정과 동일하게 꽃 파츠를 하나 더
만든다. 8번에서 완성한 꽃 파츠 아래에
배치시키고, 빗핀대의 다음 발 사이로
와이어를 앞에서 뒤쪽으로 감는다.

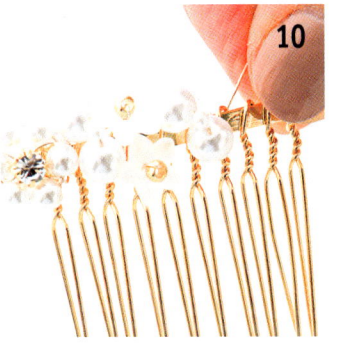

10

아크릴진주 c, a, c의 순서대로 끼운다.
9번 과정에서 끼운 곳으로부터 두 개 옆
의 발 사이로 와이어를 앞에서 뒤쪽으로
감는다.

↓

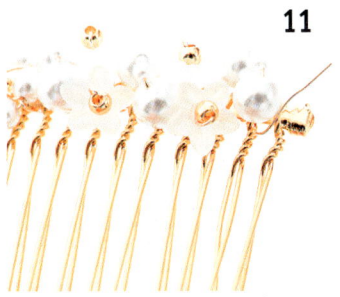

11

8,9번 과정과 동일한 방법으로 만든 꽃
파츠를 두 개 만들어 끼운다. 10번 과정
과 같이 아크릴진주 c, a, c의 순서대로
끼우고 2개 옆의 발 사이로 와이어를 감
는다.

↓

12

아크릴진주 b를 6개 와이어에 끼우고,
첫 번째 끼운 진주 구멍을 통과시켜 반대
구멍으로 빼낸다.

13

사진과 같은 방법으로 와이어를 큐빅 지
르코니아와 진주를 교차시켜 꽃 모양을
만들고 고정시킨다.

마 무 리

↓

14

3번 감기

와이어를 단단히 조인 후, 마지막 발 사
이에서 세 번 돌려 감는다.

↓

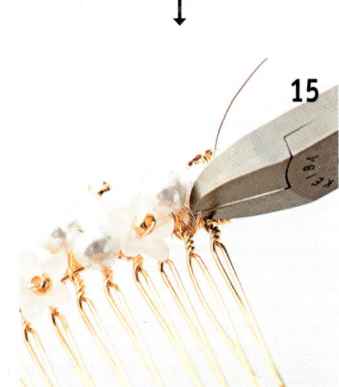

15

남은 와이어는 빗핀대 뒷면에서 잘라준
후, 평집게를 사용하여 끝 부분을 눌러
서 정리한다.

m e m o 완성 후에도 아티스틱 와이어가 보이는 디자인이므로 예쁘게 감아주세요.

⇨ P.51

파츠 만들기

1

E 볼핀

B 코튼펄

코튼펄에 볼핀을 끼워 와이어 루핑을 하여 파츠를 만든다. (⇨ P.180- 3)

비즈 끼우기

2

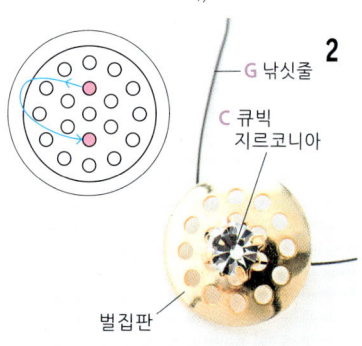

G 낚싯줄

C 큐빅 지르코니아

벌집판

10cm 남긴 낚싯줄을 큐빅 지르코니아에 끼우고, 귀찌 벌집판의 표시된 구멍에 끼워 넣는다.

↓

3

뒤

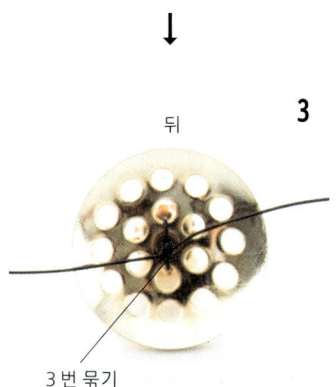

3 번 묶기

뒷면으로 빼낸 낚싯줄을 세 번 묶는다.

4

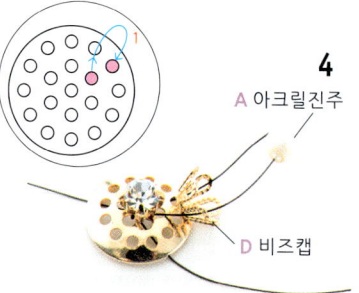

A 아크릴진주

D 비즈캡

긴 쪽의 낚싯줄을 벌집판의 표시된 구멍으로 빼내 꽃받침 비즈캡, 아크릴진주 순서로 끼웁니다. 낚싯줄을 끼운 꽃받침 비즈캡의 맞은편 꽃받침 구멍을 통과하여 벌집판 표시된 구멍으로 넣습니다.

↓

5

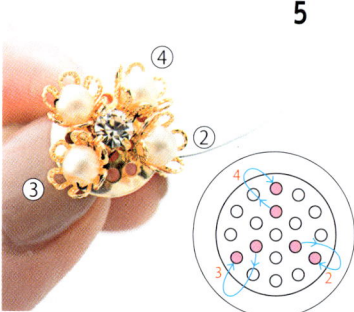

④
②
③

4 번과 동일하게 ②~④의 남은 3 개의 비즈캡과 아크릴 진주를 끼운다. 벌집판 구멍의 위치는 그림 참조.

↓

6

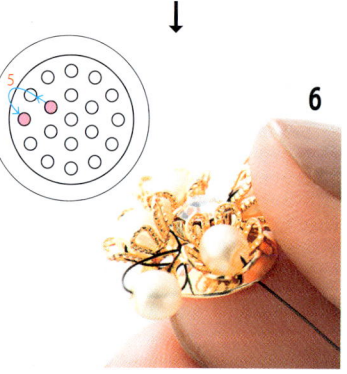

비즈캡 사이로 아크릴 진주를 끼워 고정시킨다. 낚싯줄을 벌집판 표시된 구멍으로 꺼내 아크릴 진주 1 개를 끼우고 표시된 구멍 안으로 넣는다.

완성 사이즈 : 가로 1.5×세로 2.7 ㎝

사용하는 재료

A 아크릴 진주 (라운드·4㎜· 매트 키스카) ——— 14개
B 코튼펄 (라운드·10㎜·키스카) ——————— 2개
C 큐빅 지르코니아 (라운드 캡보석· 4㎜·크리스탈×골드) ——— 2개
D 비즈캡 (7㎜·골드) ——— 8개
E 볼핀 (0.6×20㎜·골드) ——————— 2개
F 귀찌 (벌집판·12㎜·골드) ——————— 1세트
G 낚싯줄 (3호·투명) ——————— 35㎝×2개

사용하는 도구

평집게 / 9자말이 집게 / 니퍼 가위 / 접착제 / 이쑤시개

C 큐빅 지르코니아
F 귀찌
A 아크릴진주
G 낚싯줄
D 비즈캡
B 코튼펄
E 볼핀

※ 과정 사진에서는 검정 낚싯줄로 바꿔 만들었습니다.

7

낚싯줄을 잡아당겨 조인다.

↓

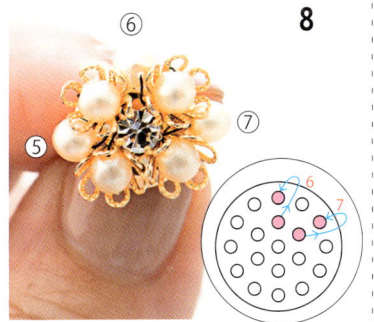

⑤ ⑥ ⑦ **8**

6, 7 번과 동일하게 ⑤~⑦ 순서로 남은 2 개의 아크릴 진주를 끼운다

↓

9

B 코튼펄   E 볼핀

1 번의 파츠를 벌집판에 표시된 구멍에 끼워 고정한다.

10

뒷면에서 낚싯줄을 세 번 묶는다. 매듭에 접착제를 바른 후, 낚싯줄을 2mm 남기고 자른다.

┌─────────────────┐
│   **귀찌 연결하기**   │
└─────────────────┘

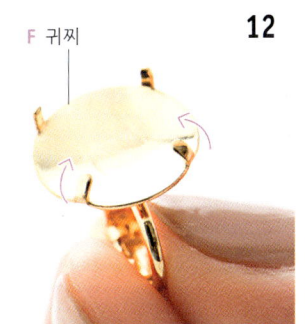

F 귀찌   **12**

벌집판을 귀찌에 끼워 단다. 먼저 아랫부분 고정발 두 개를 납작하게 누른다. (⇨P.186-⑭)

ARRANGE

체코비즈로 바꾸면 어른스러운 스타일로 변신!

연결한 파츠를 진주에서 체코비즈로 바꾸면 귀여운 이미지에서 어른스러운 이미지로 바뀝니다.

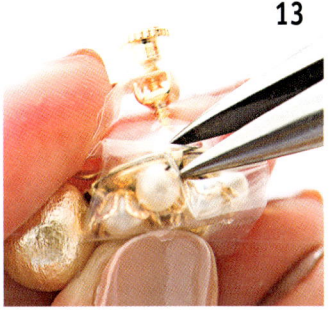

13

벌집판을 눕힌 고정발 아래로 밀어 넣고, 남은 발을 평집게로 눌러준다. 이때 벌집판에 상처가 나지 않도록 천이나 두꺼운 비닐 시트를 끼우고 눌러 고정한다.

↓

14

고정발을 모두 눌러 벌집판을 고정시키고 모티브 모양을 정리한다. 다른 한쪽도 똑같은 방법으로 만든다.

POINT

낚싯줄이 느슨해지지 않도록 자주 잡아 당기기

모티브를 만들 때 한 번씩 잡아당겨서 조여주면, 벌집판의 지정한 위치에 제대로 비즈를 세워 고정시킬 수 있습니다.

HANDMADE
ACCESSORIES
CLASS BOOK

CLASS
→ 4

보석 같은
원석 액세서리

다른 소재로는 표현할 수 없는
피부 톤과 가장 잘 어울리는
반투명 색조를 즐겨보세요.

01 ⏱ 15 分 연결하기

원석 & 메탈
스틱 귀걸이

모양이 서로 다른 칩 모양의 원석을
겹쳐서 만든 귀걸이.
가느다란 메탈파츠로
여성스러움을 표현하세요.

HOW TO MAKE P.74

<u>**02**</u>　🕐 **30**分　와이어 루핑

원석 뱅글 3종

가느다란 뱅글은 다른 팔찌
또는 시계와 함께 레이어드를.
피부와 잘 어울리는 은은한 색상 3가지.

HOW TO MAKE **P.75**

03 ⏱ 10 分 [붙이기]

자수정 & 캔디쿼츠
반지

마음에 드는 원석을 발견하면
반지를 만들어
항상 곁에 두고 싶어요.

HOW TO MAKE P.76

04 ⏱ 30 分 [끼우기] [와이어 루핑]

로즈워터 오팔
와이어 반지

와이어와 비즈를 감아서 만든
심플하면서 포인트가 되는 반지.
원석이 아니면 표현할 수 없는 이미지.

HOW TO MAKE P.77

CLASS
④
보석 같은 원석 액세서리

목걸이

귀걸이 · 귀찌

팔찌

반지

헤어 액세서리

브로치

05 🕐 60分 연결하기

자개
크로스 팔찌

다양한 소재의 비즈를 연결한
볼륨감 있는 팔찌로
핀 작업만으로 완성할 수 있는 초보자를 위한 디자인.
색상을 맞춰서 고급스럽게 만들어보세요.

HOW TO MAKE P.78-79

06   🕐 60分   연결하기

빈티지 비즈
팔찌

원석과 빈티지 파츠는
잘 어울리는 조합.
빨간색을 포인트를 준
개성 있는 디자인 팔찌.

HOW TO MAKE   P.80

07 🕐 15 分 연결하기

크리스탈
트라이앵글 귀걸이

청초하고 여성스러운 느낌의 원석은
메탈 파츠와 매치하면 스타일 업그레이드!
가는 아티스틱 와이어를 사용해서
로맨틱한 느낌을 표현해보세요.

HOW TO MAKE **P.81**

08 ⏲ 30分 끼우기 연결하기

원석 & 물방울 진주
뱅글과 귀걸이

심플 뱅글과
왕진주가 포인트인 귀걸이.
터키석과 황수정이 우아하게 흔들리는
액세서리 세트

HOW TO MAKE **P.82**

09 ⏱ 30 分 [끼우기]

원석 & 진주
레이어드 팔찌

섬세한 두 줄 팔찌에
달콤한 느낌의 비즈 펜던트.
비즈 작업만으로 만들 수 있는
간단한 디자인.

HOW TO MAKE **P.83**

10 ⏱ 30 分 [붙이기] [와이어 루핑] [굳히기]

크리스탈 & 와이어
반지와 뱅글

금속 장식에 수정을 감아서 만든
액세서리 세트.
내추럴한 수정 형태가
금속 장식과의 믹스매치 OK.

HOW TO MAKE **P.84-85**

01 원석 & 메탈 스틱 귀걸이

⇨ P.66

파츠 만들기

1

D 디자인핀
A 원석

원석을 디자인핀에 끼우고 와이어 루핑하여 2개의 파츠를 만든다. (⇨ P.180- 3)

파츠 연결하기

2

C O링
B 금속장식

1번의 디자인핀과 금속장식을 O링으로 연결한다.

3

C O링
E 귀걸이 포스트

금속장식의 반대쪽에 O링으로 귀걸이 포스트를 연결한다. 다른 쪽도 동일하게 만든다.

POINT

사이즈 차이를 이용하여 만들기

大
小

사이즈나 구멍 위치가 다른 것을 이용하여 유니크한 작품을 디자인해보세요.

완성 사이즈 : 길이 5.2㎝

사용하는 재료

[자수정]

A 원석 (칩·5㎜·자수정) ———— 6개
B 금속장식 (스틱·1×35㎜·골드) ———— 2개
C O링 (0.6×3㎜·골드) ———— 4개
D 디자인핀 (0.6×30㎜·골드) ———— 2개
E 귀걸이 포스트 (고리형·골드) ———— 1세트

[백수정]

A 원석 (칩·5㎜·백수정) ———— 6개
B 금속장식 (스틱· 1×35㎜·골드) ———— 2개
C O링 (0.6×3㎜·골드) ———— 4개
D 디자인핀 (0.6×30㎜·골드) ———— 2개
E 귀걸이 포스트 (고리형·골드) ———— 1세트

[황수정]

A 원석 (칩·5㎜·황수정) ———— 6개
B 금속장식 (스틱·1×35㎜·골드) ———— 2개
C O링 (0.6×3㎜·골드) ———— 4개
D 디자인핀 (0.6×30㎜·골드) ———— 2개
E 귀걸이 포스트 (고리형·골드) ———— 1세트

사용하는 도구

평집게 / 9자말이 집게 / 니퍼

POINT

**원석을 고를 때
담고있는 의미도 주목 !**

자수정 : 마음의 평화, 성실
수정 : 정화, 강력한 부적
황수정 : 금전운, 긍정적 사고

자수정
백수정   황수정

※원석의 의미는 일반적으로 알려진 대표적인 뜻입니다.

[자수정]
E 귀걸이 포스트
C O링
B 금속장식
C O링
A 원석
D 디자인핀

[백수정]

[황수정]

m e m o 비즈 전문점에서 여러 종류의 원석을 판매하고 있으니 마음에 드는 원석을 골라보세요.

02 원석 뱅글 3종

⇨ P. 67

파츠 와이어루핑

1

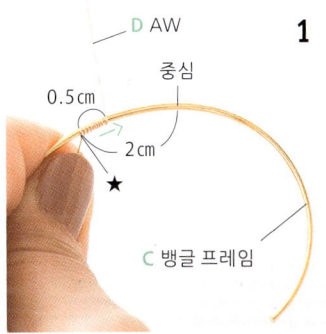

D AW
중심
0.5 cm
2 cm
★
C 뱅글 프레임

와이어를 뱅글 프레임의 ★표시부터 0.5 cm 정도 (10 바퀴 정도) 감는다.

↓

2

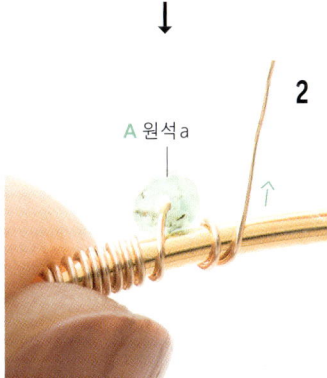

A 원석a

와이어에 원석a를 한 개 끼워 한 바퀴 돌려 감고, 아무것도 끼우지 않은 채로 한 바퀴 더 감는다.

↓

3

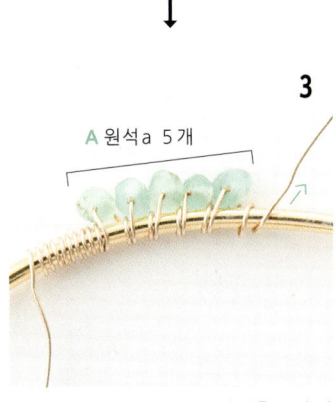

A 원석a 5 개

마찬가지로, 2 번 과정의 작업을 4 번 반복하여 원석a 5 개를 뱅글에 감는다.

※사진과 같이, 래브라도라이트와 핑크 오팔도 동일한 방법으로 감는다.

4

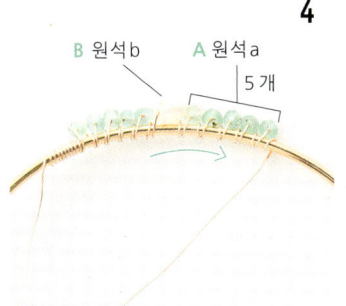

B 원석b   A 원석a
5 개

2 번 과정과 같은 방법으로 원석b 1 개, 원석a 5 개를 뱅글에 감는다.

마 무 리

5

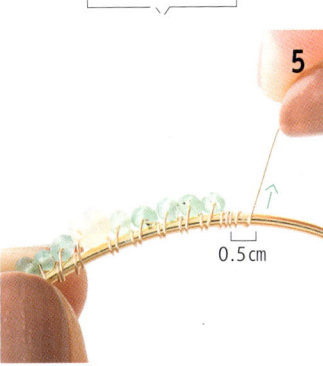

0.5 cm

와이어에 마지막 원석을 끼워 감아서 고정 후, 아무것도 끼우지 않은 채로 0.5 cm 정도 (10 바퀴 정도) 감는다.

6

뱅글 프레임 (뒤)

남은 와이어는 뱅글 프레임 뒷면에서 니퍼로 자르고, 평집게로 눌러 정리한다.

완성 사이즈 : 프리 사이즈

사 용 하 는 재 료

[녹옥수]

A 원석a (론델·2 mm·녹옥수) — 10 개
B 원석b (라운드·4 mm·프레셔스 오팔) ————————— 1 개
C 뱅글 프레임 (골드) ——————— 1 개
D AW [아티스틱 와이어] (#28·Non-Tarnish Brass) ————————— 40 cm×1 개

[래브라도라이트]

A 원석 (론델·2 mm·래브라도라이트) ————————— 9 개
B 담수진주 (라운드·4 mm·화이트) ————————— 3 개
C 뱅글 프레임 (골드) ——————— 1 개
D AW [아티스틱 와이어] (#28·Non-Tarnish Brass) ————————— 40 cm×1 개

[핑크 오팔]

A 원석 (론델·3 mm·핑크 오팔) — 4 개
B 담수진주 (오벌·2 mm·화이트) ————————— 10 개
C 뱅글 프레임 (골드) ——————— 1 개
D AW [아티스틱 와이어] (#28·Non-Tarnish Brass) ————————— 40 cm×1 개

사 용 하 는 도 구

평집게 / 니퍼

[녹옥수]

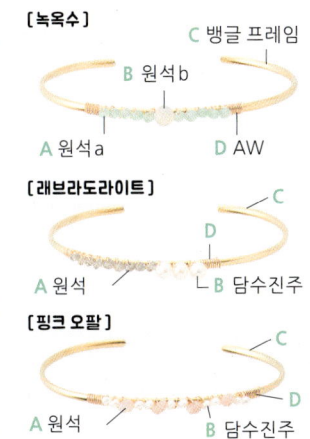

C 뱅글 프레임
B 원석b
A 원석a   D AW

[래브라도라이트]

C
D
A 원석   B 담수진주

[핑크 오팔]

C
D
A 원석   B 담수진주

03 자수정 & 캔디쿼츠 반지

⇨ P.68

파츠 붙이기

1

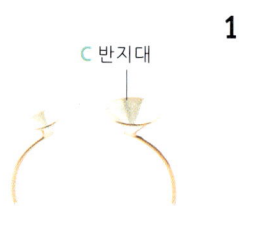

C 반지대

스펀지에 칼집을 내서 반지대를 꽂아 고정대로 쓴다.

↓

2

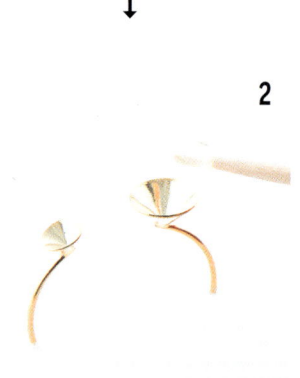

이쑤시개로 반지대 컵 안에 접착제를 많이 바른다.

3

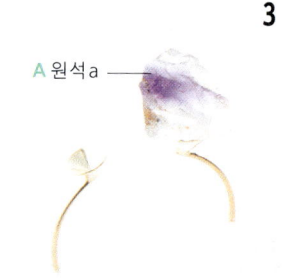

A 원석a

원석a를 반지대의 컵 부분에 고정시켜 붙인다.

↓

4

B 원석b

같은 방법으로, 반대쪽 컵 부분도 원석b를 붙인다.

완성 사이즈 : 12호

사용하는 재료

A 원석a
(결정체·9~13㎜·자수정)
—————————— 1개

B 원석b
(라운드·6㎜·캔디 쿼츠/아쿠아 핑크)
—————————— 1개

C 반지대
(컵·오픈링·12호·골드)
—————————— 1개

사용하는 도구

스펀지 / 접착제
커터칼 / 이쑤시개

B 원석b

A 원석a

C 반지대

ARRANGE

**진주로 심플하게
귀여운 마무리**

원석 대신 진주를 사용하여 우아함을 표현해보세요. 원석과 색을 맞추면 심플한 반지 완성.

POINT

**스펀지를 작업대로
만들어 사용하세요**

반지대에 비즈를 붙이는 경우, 스펀지에 칼집을 넣어 반지대를 꽂아 작업 후 마를 때까지 놔두면 OK.

CLASS
④
보석 같은 원석 액세서리

목걸이

귀걸이 · 귀찌

팔찌

반지

헤어 액세서리

브로치

04 로즈워터 오팔 와이어 반지

⇨ P. 68

파츠 끼우기

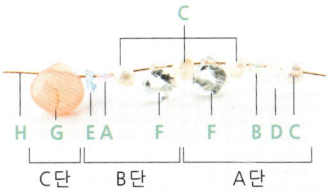

1

C

H G E A F F B D C

C단 B단 A단

와이어 중간 부분에 비즈를 사진과 같은 순서대로 끼운다. 원석의 구멍이 작은 경우도 있기 때문에, 무리해서 끼우면 깨지므로 주의한다.

파츠 와이어루핑

2

A단 [
B단 [
C단 [

A · B · C단으로 나누어 비즈의 위치를 잡은 후, 봉 게이지에 와이어를 감는다. 만들고 싶은 반지 크기보다 2 호 수 크게 B단을 감아준다. (이 책에서는 8 호 크기를 만들기에, B단 크기는 10 호에 맞춘다.)

↓

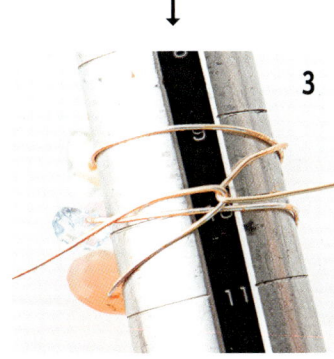

3

2 번 과정에서 만든 비즈 와이어를 뒷면에서 교차시켜 한 번 꼬아준다.

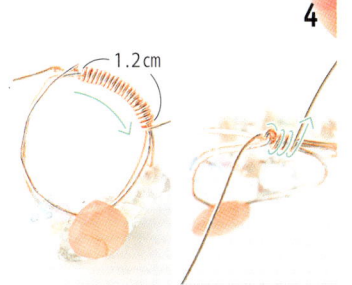

4

1.2㎝

봉 게이지에서 와이어를 뺀다. 와이어 한쪽 끝으로 A~C 3 줄의 합쳐진 와이어를 돌돌 감는다. 원석이 아래까지(여기에서는 1.2 ㎝ 정도), 와이어에 겹치지 않도록 잘 감아준다

↓

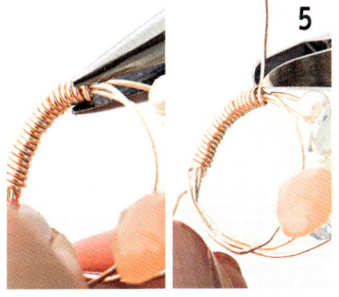

5

반지 바깥쪽(피부가 닿지 않는 쪽)에서 남은 와이어를 자르고 평집게로 눌러서 정리한다.
와이어 끝부분이 튀어나와 있으면 옷에 걸릴 수 있으니 주의해야 한다.

↓

6

나머지 한쪽도 4, 5 번 과정과 동일하게 만든다.

완성 사이즈 : 8호 (조절 가능)

사용하는 재료

A 스와로브스키 · 크리스탈a
(#5328 · 3㎜ · 로즈워터 오팔)
——————————— 1개

B 스와로브스키 · 크리스탈b
(#5328 · 3㎜ · 크리솔라이트 오팔)
——————————— 1개

C 담수진주 (오벌 · 4㎜ · 화이트)
——————————— 4개

D 원석a (백수정 · 칩 · 5㎜)
——————————— 1개

E 원석b (아쿠아 마린 · 칩 · 3㎜)
——————————— 1개

F 원석c (그린 쿼츠 · 산각컷 · 6㎜)
——————————— 2개

G 원석d (칼세도니 · 밤모양컷 · 10㎜)
——————————— 1개

H AW [아티스틱 와이어]
(#24 · Non-Tarnish Brass)
——————————— 60㎝×1개

사용하는 도구

평집게 / 니퍼
봉 게이지 (반지 크기 측정봉)

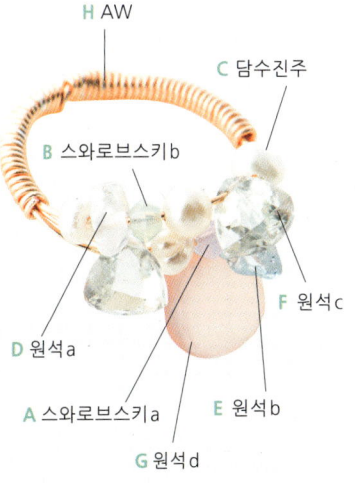

H AW

C 담수진주

B 스와로브스키b

D 원석a

A 스와로브스키a

G 원석d

F 원석c

E 원석b

⇨ P.69

05 자개 크로스 팔찌

파츠 만들기

1

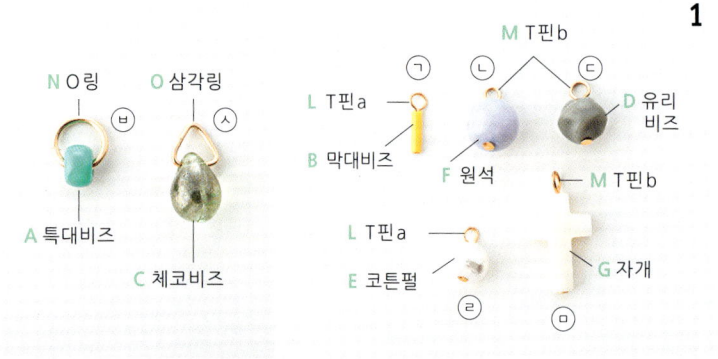

N O링   O 삼각링
A 특대비즈
C 체코비즈

M T핀b
ㄱ   ㄴ   ㄷ
L T핀a
B 막대비즈
F 원석   M T핀b
D 유리비즈
L T핀a
E 코튼펄   G 자개
ㄹ   ㅁ

파츠 ㉠4개、 ㉡4개、 ㉢5개、 ㉣7개、 ㉤3개、 ㉥6개、 ㉦8개를 만든다. 막대비즈
와 코튼펄을 T핀a에 끼워 와이어 루핑해서 각각의 파츠를 만든다. (⇨ P.180-3)
원석, 유리비즈, 자개를 각각 T핀b를 끼워 와이어 루핑해서 파츠를 만든다. 특대 비즈는
O링을 연결하고, 체코 비즈는 삼각링을 연결한다. (⇨ P.180-1)

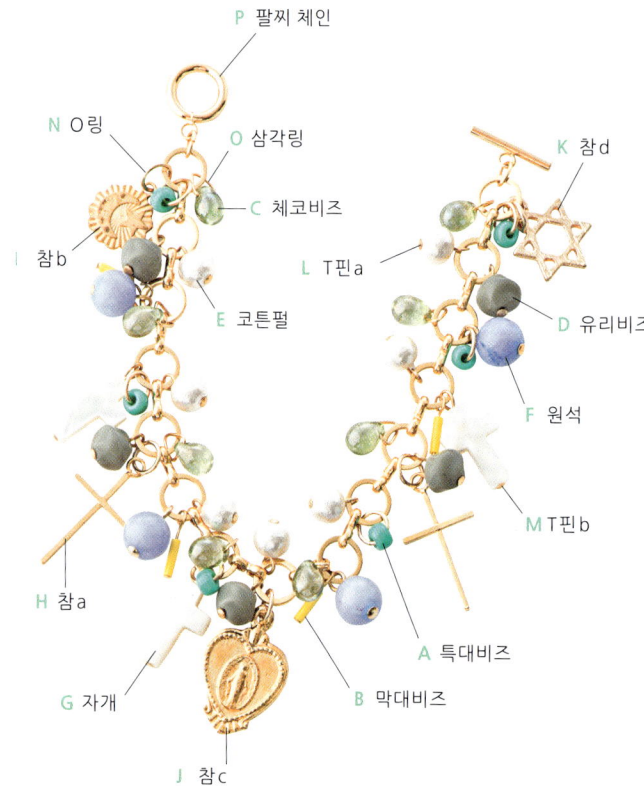

P 팔찌 체인
N O링
O 삼각링
K 참d
I 참b
C 체코비즈
L T핀a
E 코튼펄
D 유리비즈
F 원석
M T핀b
H 참a
A 특대비즈
G 자개
B 막대비즈
J 참c

완성 사이즈 : 손목 둘레 길이 18.5㎝

사용하는 재료

A 특대 비즈 (3㎜·터키석)	——	6개
B 막대 비즈 (6㎜·노란색)	——	4개
C 체코비즈 (드롭 횡혈·5×7㎜·올리브러스터)	——	8개
D 유리비즈(변형 라운드·7㎜·그레이)	——	5개
E 코튼펄 (라운드·6㎜·화이트)	——	7개
F 원석 (라운드·8㎜·캔디 쿼츠/퍼플)	——	4개
G 자개 (십자가·10×14㎜·화이트)	——	3개
H 참a (십자가·24×13㎜·골드)	——	2개
I 참b (별과달 메탈·11㎜·골드)	——	1개
J 참c (하트·23×15㎜·골드)	——	1개
K 참d (육각별·13×17㎜·골드)	——	1개
L T핀a (0.6×20㎜·골드)	——	11개
M T핀b (0.6×30㎜·골드)	——	12개
N O링 (0.8×6㎜·골드)	——	11개
O 삼각링 (0.6×5㎜·골드)	——	8개
P 팔찌 체인 (18.5㎝·골드)	——	1개

사용하는 도구
평집게 / 9자말이 집게 / 니퍼

ARRANGE

원석의 색을 바꾸어 여성스럽게.

원석 색상을 블루에서 핑
크로 바꾸면 여성스러운
이미지로 변합니다. 무채
색 칼라를 선택하면 고급
스러워집니다.

memo 팔찌 체인은 손목 둘레 길이에 맞춰 준비합니다. 파츠의 연결 위치는 취향에 따라 조절 가능합니다.

파츠 연결하기

2

P 팔찌 체인

N O링

I 참b

J 참c

H 참a

K 참d

O링을 단 참a, b, c, d와 1번 과정에서 만든 파츠ⓒⓒⓒ를 팔찌 체인의 표시된 위치에 연결한다.

↓

3

표시한 위치에 ㉠ㅂ파츠를 연결한다.

↓

4

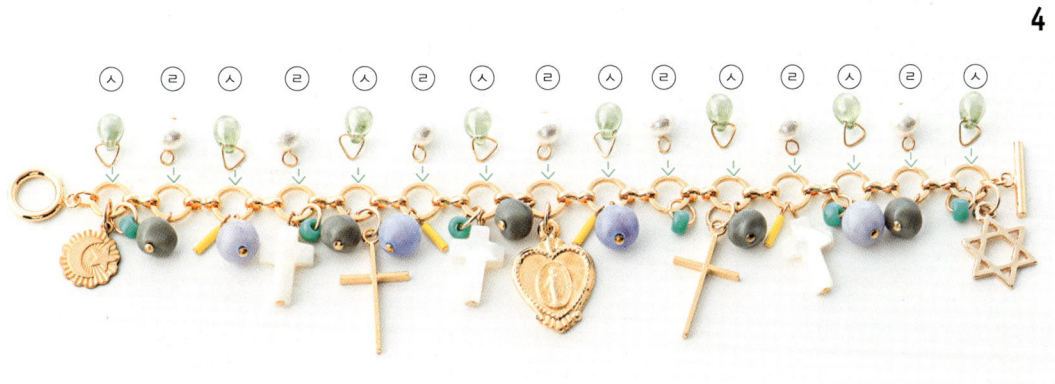

표시한 위치에 ㄹㅅ파츠를 연결한다.

memo 자개도 원석의 한 종류입니다. 모성의 상징으로 순산과 자손 번영의 힘을 의미합니다.

▷ P.70

파츠 만들기

ⓗ B 스퀘어 비즈b
ⓞ C 유리비즈
ⓩ G 아크릴 비즈a
ⓖ L T핀
ⓛ
ⓒ
M 9핀
E 아크릴 비즈b
A 스퀘어비즈a
J 메탈비즈
D 아크릴 비즈a
I 원석b
ⓩ
H 원석a
F 아크릴비즈c
I 원석b

1

T핀에 비즈를 끼워 와이어루핑으로 파츠 ⓖⓛⓒⓩⓜⓑ을 한 개씩 만든다. (▷ P.180 - ③) 9핀에 비즈을 끼워 와이어루핑으로 파츠ⓗⓞⓩⓩⓖ을 한 개씩 만든다.

파츠 연결하기

K O링

0.5cm 0.8cm 1cm 0.8cm 2.5cm

ⓗ ⓞ ⓩ ⓖ ⓩ
ⓑ ⓖ ⓜⓛ ⓩ ⓒ

2

사진과 같이 ⓗ~ⓖ9핀의 고리를 열어 체인과 연결하고, ⓖ~ⓑ파츠를 각각 O링으로 연결한다. 균형에 맞게 체인의 중심에 오도록 위치를 잡아 연결한다.

↓

3

N 토글바
K O링

B 스퀘어 비즈b
I 원석b
A 스퀘어비즈a
L T핀
C 유리비즈
D 아크릴 비즈a
E 아크릴 비즈b
F 아크릴 비즈c
I 원석b
H 원석a

양쪽 끝에 링과 바를 O링으로 각각 연결한다.

N 토글바
K O링
O 체인
G 아크릴 비즈d
J 메탈비즈
A 스퀘어 비즈 a
M 9핀

완성 사이즈 : 손목 둘레 길이 18㎝

사용하는 재료

A 스퀘어 비즈a (3㎜·블랙)
———————————— 4개
B 스퀘어 비즈b (3㎜·레드)
———————————— 3개
C 유리비즈 (변형·7㎜·그레이)
———————————— 1개
D 아크릴비즈a(디스크·14×7㎜·레드)
———————————— 1개
E 아크릴비즈b
(디스크·14×7㎜·브라운) —— 1개
F 아크릴비즈c
(변형·7×5㎜·브라운) —— 1개
G 아크릴비즈d
(변형컷·20×11㎜·그레이) — 1개
H 원석a (라운드·6㎜·산호색)
———————————— 1개
I 원석b (시드비즈·5~10㎜·
달마시안 재스퍼) ———— 7개
J 메탈비즈 (사각·3㎜·골드)
———————————— 1개
K O링 (0.6×3㎜·골드) ——— 17개
L T핀 (0.6×30㎜·골드)
———————————— 6개
M 9핀 (0.6×40㎜·골드)
———————————— 5개
N 토글바 (골드) ——— 1세트
O 체인 (골드)
———— 0.5㎝×1개、0.8㎝×2개
1㎝×1개、2.5㎝×1개

사용하는 도구
평집게 / 9자말이 집게 / 니퍼

07 크리스탈 트라이앵글 귀걸이

⇨ P.71

파츠 만들기

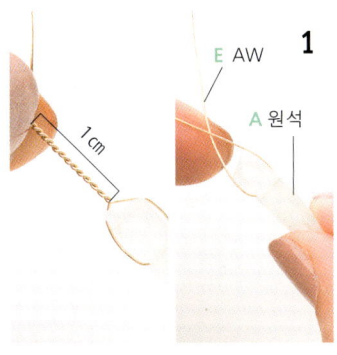

1

E AW

A 원석

1 cm

와이어 중심에 원석을 끼운 후 약 1 cm 꼬아준다.

↓

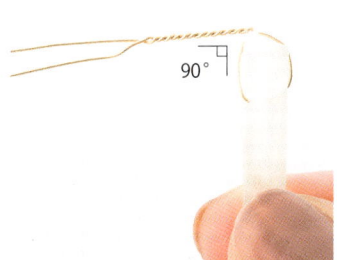

2

90°

와이어를 꼬아준 곳을 시작점으로 90도로 꺾어준다.

↓

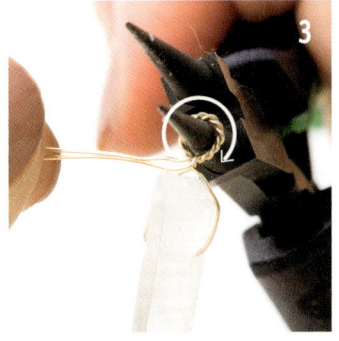

3

아티스틱 와이어를 와이어 루핑을 한다. (⇨ P.181 - ④) 9자말이 집게로 루핑한 와이어 부분을 둥글게 말아준다.

4

1 바퀴 반 감기

3번에서 만든 고리 부분을 평집게로 고정시키고, 고리 아랫부분을 한 바퀴 반을 감는다.

↓

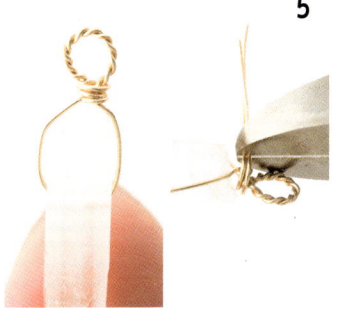

5

원석의 뒤쪽에서 니퍼로 와이어를 자르고, 평집게로 와이어 끝을 눌러 정리한다.

파츠 연결하기

6

C O링

D 귀걸이 포스트

B 메탈링

메탈링, 수정 파츠의 고리, 귀걸이 포스트 순서대로 O링에 걸어 전체를 연결한다. 다른 쪽도 같은 방법으로 만든다.

완성 사이즈 : 가로1.9 × 세로3.7㎝

사용하는 재료

A 원석 (백수정·러프컷·23㎜)
——————————————— 2개

B 메탈링 (삼각형·20×25㎜·골드)
——————————————— 2개

C O링 (0.7×6㎜·골드)
——————————————— 2개

D 귀걸이 포스트 (고리형·골드)
——————————————— 1세트

E AW [아티스틱 와이어]
(#26·Non-Tarnish Brass)
——————————————— 10㎝×2개

사용하는 도구

평집게 / 9자말이 집게 / 니퍼

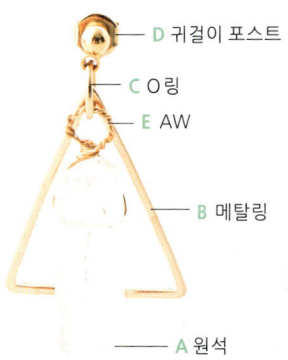

D 귀걸이 포스트

C O링

E AW

B 메탈링

A 원석

ARRANGE

메탈링으로 개성을 연출하세요!

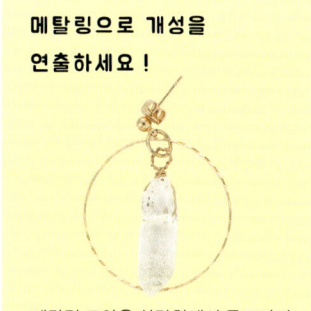

메탈링 모양을 삼각형에서 동그라미로 바꾸면 부드러운 느낌을 줄 수 있습니다. 사각형도 도전해보세요.

---

memo 원석은 라운드와 물방울 모양 등 다양하게 있습니다. 이 작품에서의 수정 형태는 "러프컷" 입니다.

⇨ P.72

뱅글

파츠 끼우기

1

D 팔찌 와이어

팔찌 와이어 끝부분에 접착제를 바르고 부속품을 끼운 후 말린다.

↓

2

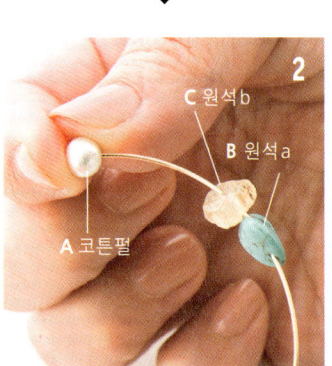

C 원석b
B 원석a
A 코튼펄

1번 과정에서 만든 팔찌 와이어에 원석a, 원석b, 코튼펄 순서대로 끼운다.

↓

3

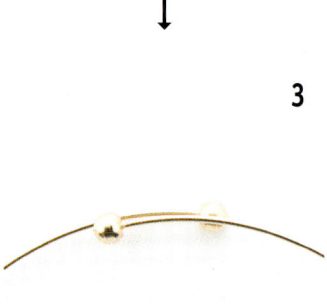

팔찌 와이어 반대쪽 끝부분에도 1번 과정과 같이 접착제를 바르고, 부속품을 끼운 후 말린다.

귀걸이

파츠 만들기

1

㉠   ㉡

D T핀
B 원석a   C 원석b

원석에 T핀을 끼우고 와이어 루핑으로 파츠㉠㉡를 한 개씩 만든다. (⇨ P.182-③)

파츠 연결하기

2

A 코튼펄
E 9핀
고리

9핀의 고리를 열어 1번 과정에서 만든 파츠를 걸어 연결하고, 코튼펄을 끼운 후 둥글게 말아 고리를 만든다.

↓

3

F 귀걸이 포스트
고리

2번 과정에서 와이어 루핑한 코튼펄의 고리에 귀걸이 포스트를 연결한다. 반대쪽 귀걸이도 똑같은 방법으로 만든다.

완성 사이즈 : 뱅글 / 프리 사이즈
　　　　　　　 귀걸이 / 길이 4.6㎝

사용하는 재료

[뱅글]

A 코튼펄 (라운드·6㎜·화이트)
　　　　　　　　　　　　　　— 1個

B 원석a (러프컷·8㎜·터키석)
　　　　　　　　　　　　　　— 1개

C 원석b (결정체·5~9㎜·시트린)
　　　　　　　　　　　　　　— 1개

D 팔찌 와이어
　 (1바퀴·60㎜·골드) —— 1개

[귀걸이]

A 코튼펄 (물방울·12×16㎜·화이트)
　　　　　　　　　　　　　　— 2개

B 원석a (러프컷·8㎜·터키석)
　　　　　　　　　　　　　　— 2개

C 원석b (결정체·5~9㎜·시트린)
　　　　　　　　　　　　　　— 2개

D T핀 (0.7×30㎜·골드)
　　　　　　　　　　　　　　— 4개

E 9핀 (0.7×30㎜·골드)
　　　　　　　　　　　　　　— 2개

F 귀걸이 포스트 (프렌치 훅·골드)
　　　　　　　　　　　　　　— 1세트

사용하는 도구
평집게 / 9자말이 집게 /
니퍼 / 접착제

[뱅글]

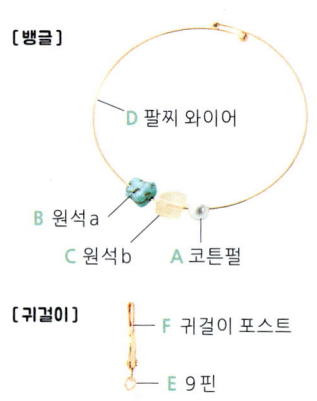

D 팔찌 와이어
B 원석a
C 원석b
A 코튼펄

[귀걸이]

F 귀걸이 포스트
E 9핀
A 코튼펄
C 원석b
B 원석a
D T핀

09 원석 & 진주 레이어드 팔찌

⇨ P.73

파츠 끼우기

1

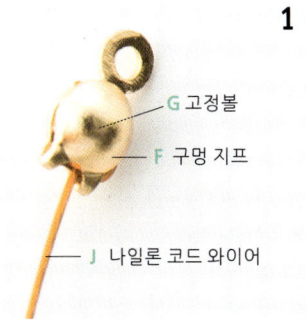

G 고정볼
F 구멍 지프
J 나일론 코드 와이어

나일론 코팅 와이어의 끝을 구멍 지프와 고정볼로 마감한다. (⇨ P.185- 8)

↓

2

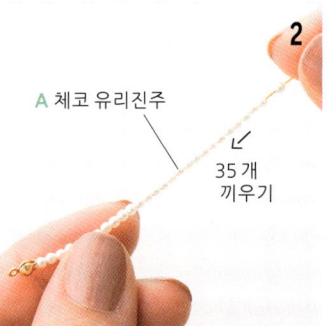

A 체코 유리진주
35 개 끼우기

35 개의 체코 유리진주를 끼운다.

↓

3

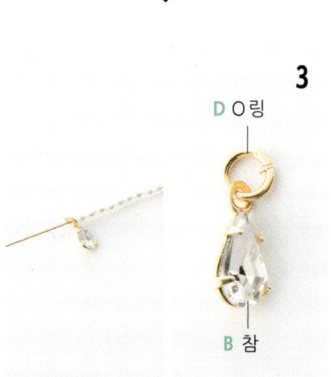

D O링
B 참

참에 O링을 연결한 후, 2 번 과정에서 만든 나일론 코팅 와이어에 통과시켜 끼운다.

4

35 개   35 개

이어서 체코 유리진주 35 개를 끼우고 나일론 코팅 와이어 끝을 구멍 지프와 고정볼로 고정하여 마감한다.
(⇨ P.185- 8)

↓

5

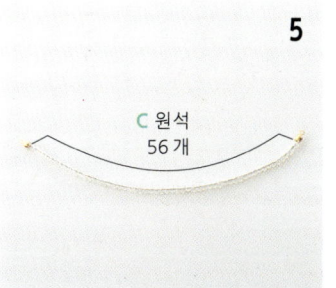

C 원석 56 개

나일론 코팅 와이어의 한쪽 끝을 구멍 지프와 고정볼로 고정하고 56 개의 원석을 끼운다. 다른 한쪽도 구멍 지프와 고정볼로 고징하여 마감힌디.

마무리

6

I 연장체인
H SR 장식
E C링

4, 5 번 과정에서 만든 파츠의 양 끝부분을 구멍 지프로 정리하고, SR 장식과 연장 체인을 각각 C 링으로 연결한다.

완성 사이즈 : 손목 둘레 길이 16㎝
(연장 체인 5㎝)

사용하는 재료

A 체코 유리진주 (라운드·2㎜·화이트)
———————————————— 70개
B 참 (6×3.6㎜·크리스탈×골드)
———————————————— 1개
C 원석(백수정·론델·3㎜·화이트 오팔)
———————————————— 56개
D O링 (0.5×3㎜·골드)
———————————————— 1개
E C링 (0.55×3.5×2.5㎜·골드)
———————————————— 2개
F 구멍 지프 (골드) ———————— 4개
G 고정볼 (골드) ——————————— 1개
H SR장식 (골드) ————————— 1개
I 연장 체인 (골드) ———————— 1개
J 나일론 코드 와이어 (0.3㎜·골드)
———————————————— 25㎝×2개

사용하는 도구

평집게 / 9자말이 집게 / 니퍼
송곳

F 구멍 지프
G 고정볼
E C 링
I 연장체인
H SR 장식
E C 링
F 구멍 지프
G 고정볼
J 나일론 코드 와이어
C 원석
D O링
B 참
A 체코 유리진주

memo   나일론 코팅 와이어는 우레탄 줄보다 더 강도가 있습니다. 무게감 있는 비즈를 끼우는데 좋습니다.

10 크리스탈 & 와이어 반지와 뱅글

⇨ P.73

반지

파츠 붙이기

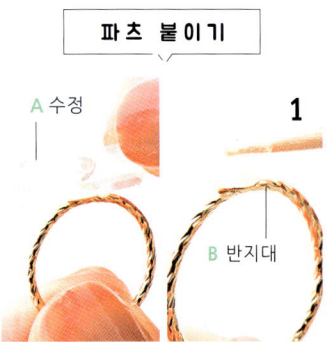

1

A 수정

B 반지대

반지대의 원판에 이쑤시개로 접착제를 바르고 수정의 구멍 부분을 측면으로 가도록 배치한 후 붙여 말린다.

파츠 와이어 루핑

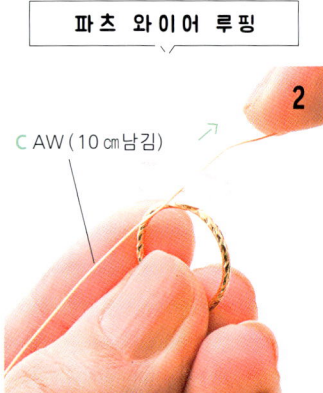

2

C AW (10㎝남김)

와이어를 10cm 남기고 1번 과정에서 만든 수정을 끼운다.

↓

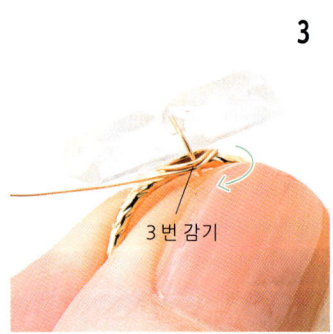

3

3번 감기

수정과 원판 사이에 와이어를 수평 방향으로 3번 감는다.

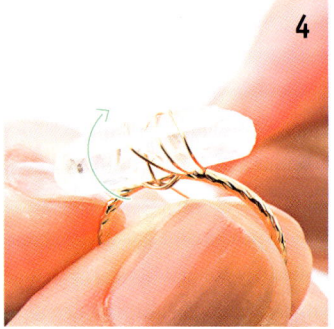

4

수정을 가로질러 와이어로 3~4번 감는다. 원판 안쪽에 와이어가 끼지 않도록 주의한다.

↓

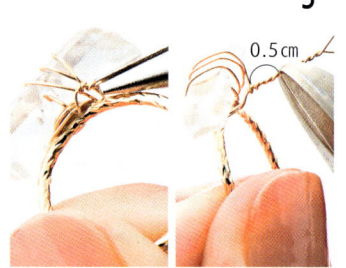

5

0.5cm

2번 과정에서 10cm 남긴 와이어와 수정을 감은 와이어를 함께 1cm 가량 꼬아서 0.5cm를 남긴 채 니퍼로 자른다.

↓

6

D UV레진

이쑤시개로 수정과 와이어 사이를 UV레진을 발라 채운다.

완성 사이즈 : 반지 / 5호
뱅글 / 프리 사이즈

사용하는 재료

[반지]

A 수정 (스틱·0.5×2㎝·크리스탈AB)
———————————————— 1개

B 반지대 (원판4㎜·5호·골드)
———————————————— 1개

C AW [아티스틱 와이어] (#28·골드)
———————————— 30㎝×1개

D UV레진———————— 적당량

[뱅글]

A 수정 (스틱·0.5×2㎝·크리스탈AB)
———————————————— 1개

B 뱅글 프레임 (골드) ———— 1개

C AW [아티스틱 와이어] (#28·골드)
———————————— 60㎝×1개

D UV레진———————— 적당량

사용하는 도구

평집게 / 니퍼
UV램프 / 접착제 / 이쑤시개

[반지]

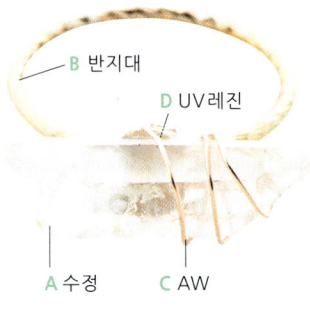

B 반지대

D UV레진

A 수정   C AW

[뱅글]

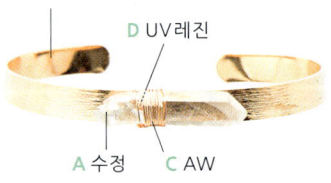

B 뱅글 프레임

D UV레진

A 수정   C AW

※ UV레진의 경화 시간은 4~5분이 기준

---

memo 살짝 러프하게 마무리하면 매니시하고 멋지게 만들 수 있습니다. 단, 고정하는 부분은 단단히 마무리해주세요.

CLASS
④
보석 같은 **원석 액세서리**

목걸이

귀걸이 · 귀찌

팔찌

반지

헤어 액세서리

브로치

굳 히 기

UV 램프에 넣어 굳힌다. 틈이 메워질 때까지 6, 7 회 반복한다.

뱅글

파 츠 붙 이 기

1

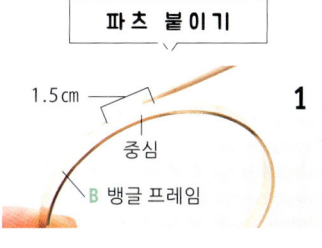

1.5cm
중심
B 뱅글 프레임

A 수정

뱅글 프레임 중간 부분에 1.5cm 정도 이쑤시개로 접착제를 바르고, 수정의 구멍 부분을 측면에 배치한 후 붙여 말린다.

파 츠 와 이 어 루 핑

2

C AW (10 ㎝ 남김)

와이어를 10cm 남기고 1 번 과정에서 만든 수정을 끼운다.

3

2 바퀴 감기

수정 구멍에 한 번 더 끼워 두 바퀴를 감는다.

↓

4

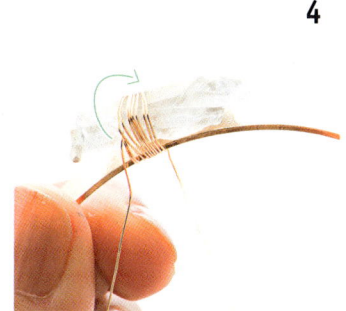

뱅글과 수정을 바르게 정리하여 AW로 8~12 회 정도 말아준다. 폭과 횟수는 취향에 따라 조정하세요.

↓

5

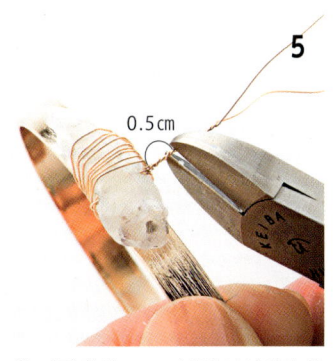

0.5cm

2 번 과정에서 10cm 남긴 와이어와 함께 약 1cm 정도 감고, 0.5cm를 남기고 니퍼로 자른다.

6

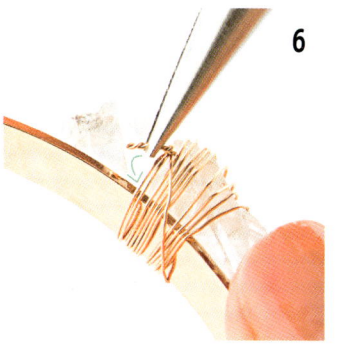

평집게를 이용하여 수정과 뱅글 프레임 사이에 와이어를 넣어 숨긴다.

↓

7

D UV 레진

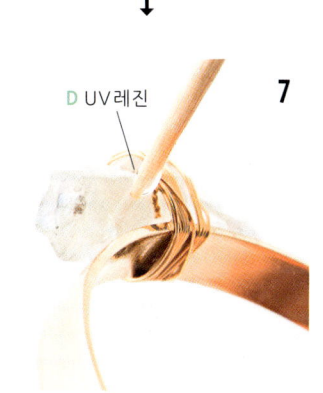

수정과 와이어 사이를 이쑤시개로 UV 레진을 발라 채운다.

굳 히 기

8

틈새 메꾸기

UV 램프에 넣어 굳힌다. 틈이 메워질 때까지 7, 8 회 반복한다.

HANDMADE ACCESSORIES CLASS BOOK

CLASS → 5

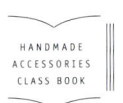

주말을 위한 볼드 액세서리

볼드하고 화려한 액세서리는
특별한 날 착용하기 좋은
포인트 아이템.
얼굴빛을 환하게 밝혀줍니다.

02

30分 연결하기

투톤 드롭 스톤 & 코튼펄 귀걸이

블랙과 브라운 오브제로
레트로한 감성이 돋보이는 액세서리.
크고 작은 진주로 엘레강스하게.

HOW TO MAKE P.98

02

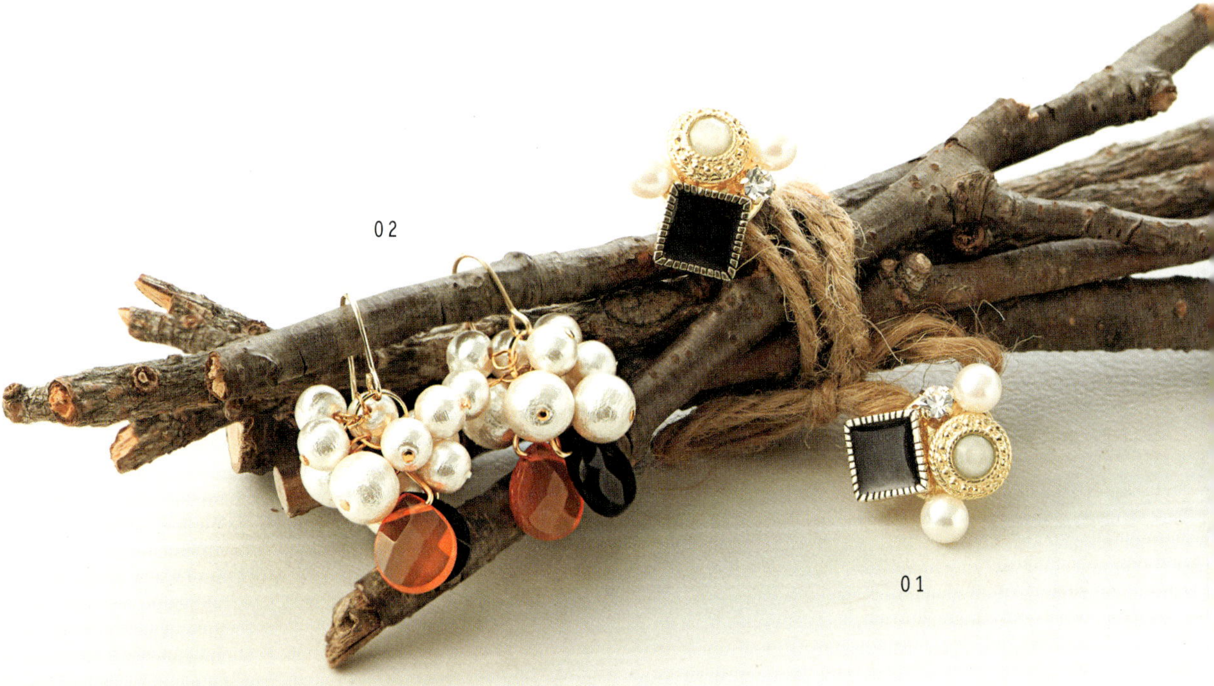

01

01

60分 끼우기 엮기

빈티지 파츠 귀걸이

빈티지 스타일 큰 오브제로 포인트를 준 귀걸이.
진주를 더하면 여성스러운 룩을
완성할 수 있어요.

HOW TO MAKE P.92-93

03 ⏱ 30分 연결하기

깃털 귀걸이

큰 오브제 깃털로
포인트를 준 귀걸이.
원석과 체인을 더하면
디테일의 섬세함을 완성할 수 있어요.

HOW TO MAKE P.94-95

05

04

05 🕐 30 分 [끼우기] [매듭짓기]

**아크릴 비즈
캔디 팔찌**

컬러풀한 사탕 같은 오브제가
귀여운 키치한 팔찌
비즈 사이에 론델을 넣어 화려하게.

HOW TO MAKE **P.99**

04 🕐 60 分 [연결하기]

**볼드 네크리스
목걸이**

나무와 돌, 흙 땅의 자연 색상의
큰 오브제 액세서리는
연결하는 것만으로도 쉽게 만들 수 있습니다.

HOW TO MAKE **P.96-97**

07 🕐 60分 [와이어 루핑]

에스닉 물방울 귀걸이

원석과 골드의 비즈가
에스틱한 분위기를 물씬 풍기는 이어링.
화려한 옆모습을 완성시켜준다.

HOW TO MAKE **P.101**

06 🕐 60分 [연결하기]

묵주 스타일 네크리스 목걸이

심플하지만 우아한 롱 목걸이.
메탈 파츠가 크면 클수록
악센트를 더해준다.

HOW TO MAKE **P.100**

08 🕐 120 分 [꿰매기]

틸라비즈 가죽 끈
팔 찌

가죽공예 기법을 활용한
가죽 끈에 꿰어 만든 팔찌.
같은 계열 색상의 비즈로 귀엽게 매치.

HOW TO MAKE P.102-104

09 🕐 60 分 [연결하기]

시드비즈 프린지
귀걸이

작은 비즈를 이어서 만든 프린지의 매력은
움직일 때마다 찰랑거리는 자유와 낭만 느낌！
메탈 비즈로 화려한 포인트를 완성합니다.

HOW TO MAKE P.105

11 ⏱60分 [꿰매기]

컬러풀한 플라워 귀찌

반투명 스팽글이
꽃잎처럼 펼쳐진 귀찌.
스모크 컬러의 델리카비즈가 포인트.

HOW TO MAKE P.108-109

10 ⏱60分 [꿰매기]

빅 플라워 귀찌

큰 꽃이 핀 것 같은
존재감 있는 디자인.
동글 동글한 형태가 귀엽습니다.

HOW TO MAKE P.106-107

01 빈티지 파츠 귀걸이

⇨ P.86

비즈 끼우기

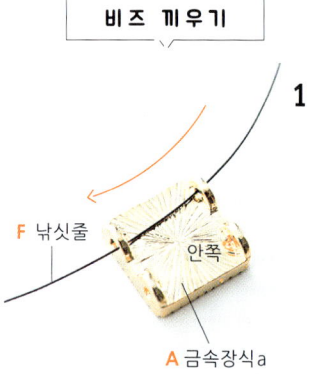

1

F 낚싯줄
안쪽
A 금속장식 a

금속장식 a의 고리 두 군데에 낚싯줄을
통과시켜 끼운다.

벌집판 엮기

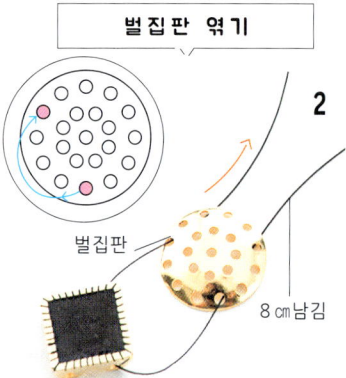

2

벌집판
8㎝남김

낚싯줄을 8cm 남기고, 귀찌 벌집판 표
시된 구멍에 끼운다. 낚싯줄을 모아 뒤
에서 세 번 묶는다.

↓

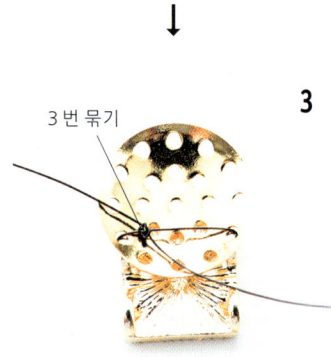

3

3 번 묶기

낚싯줄을 모아 뒤에서 세번 묶는다.

4

B 금속장식 b

긴 쪽 낚싯줄을 벌집판 표시된 구멍으로
꺼내, 금속장식 b의 고리 두 군데에 끼운
다.

↓

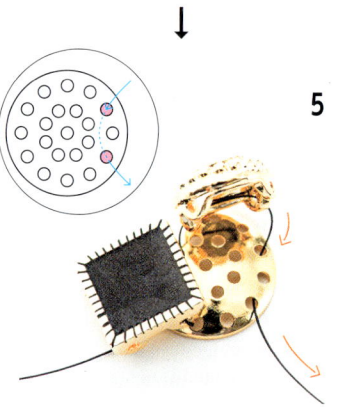

5

벌집판의 표시된 구멍으로 두 군데 낚싯
줄을 끼워 뒷면으로 꺼낸다.

↓

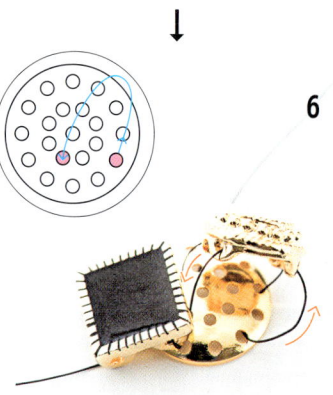

6

금속장식 b의 낚싯줄이 안 껴진 나머지
고리 두 군데에 낚싯줄을 끼워 벌집판 표
시 구멍으로 꺼낸다.

완성 사이즈 : 가로 2 × 세로 2 ㎝

사용하는 재료

A 금속장식 a
(스퀘어 고리형 · 10㎜ · 블랙 × 골드)
———————————— 2개

B 금속장식 b
(라운드 고리형 · 10㎜ · 그린 × 골드)
———————————— 2개

C 큐빅 지르코니아
(라운드 캡 · 4㎜ · 크리스탈 × 골드)
———————————— 2개

D 유리진주 (라운드 · 6㎜ · 화이트)
———————————— 4개

E 귀찌 (벌집판 · 14㎜ · 골드)
———————————— 1세트

F 낚싯줄 (3호 · 투명)
———————————— 35㎝ × 2줄

사용하는 도구

평집게 / 가위 / 접착제
이쑤시개 / 천 또는 두꺼운 비닐

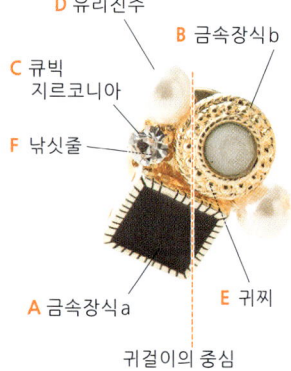

D 유리진주
C 큐빅
지르코니아
B 금속장식 b
F 낚싯줄
A 금속장식 a
E 귀찌
귀걸이의 중심

※ 과정사진에서는 검정 낚싯줄로 바꾸어
만들었습니다.

7

C 큐빅 지르코니아

큐빅 지르코니아 한 개를 끼우고, 낚싯줄을 벌집판 표시된 구멍으로 끼워 고정한다.

↓

8

D 유리진주

낚싯줄을 벌집판 표시된 구멍으로 빼내어, 유리진주 한 개를 끼워 표시된 구멍으로 넣어 고정한다.

↓

9

D 유리진주

낚싯줄을 벌집판 표시된 구멍으로 빼내서, 유리진주 한 개를 끼워 표시된 구멍으로 넣어 고정한다.

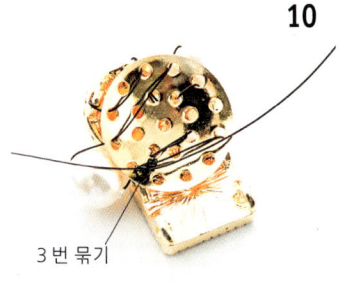

10

3번 묶기

낚싯줄을 모아 뒤에서 세 번 묶는다.

↓

11

이쑤시개로 매듭에 접착제를 바르고 나머지 부분을 가위로 자른다.

마무리

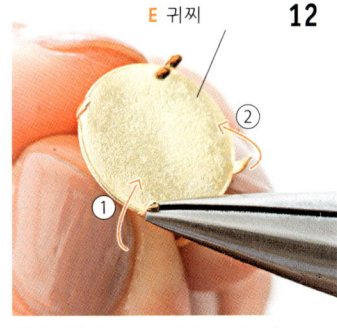

E 귀찌

12

벌집판을 귀찌 고정판에 고정시킨다. (⇨ P.186-14) 먼저 평집게로 귀찌 고정발 두 개를 눌러 눕힌다.

13

눕힌 발 아래로 벌집판 파츠를 밀어 넣는다. 중심을 맞추고 파츠의 기울기를 조절한다.

↓

14

남은 고정발도 평집게를 이용해 눌러준다. 이때 벌집판에 흠집이 나지 않게 천이나 두꺼운 비닐시트를 끼우고 누른다. 좌우대칭이 되도록 다른 한쪽 귀걸이도 만든다.

POINT

귀걸이 액세서리는 좌우대칭이 기본

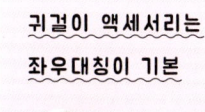

반대쪽 귀걸이는 좌우대칭이 되도록 만듭니다. 낚싯줄을 벌집판 구멍에 끼울 때, 사진을 참고하면서 대칭이 되도록 만드세요.

03 깃 털 귀 걸 이

▷ P. 87

금 계

파 츠 만 들 기

1

심 0.5㎝

A 깃털

깃털 뿌리 부분의 0.5㎝ 털을 제거하고 심을 보이게 한다.

↓

2

E 고정캡

1번 과정에서 만든 깃털 파츠 2장을 어긋나게 배치한 후 고정캡으로 마감한다. (▷P.185- 11)

↓

3

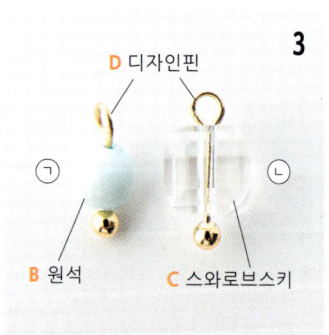

D 디자인핀

ㄱ

ㄴ

B 원석

C 스와로브스키

원석, 스와로브스키에 디자인핀을 끼운 후, 빠져나온 핀의 끝부분인 와이어를 말아 ㄱㄴ파츠를 만든다. (▷P.180- 3)

파 츠 연 결 하 기

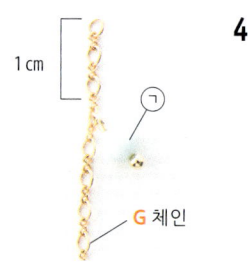

4

1㎝

ㄱ

G 체인

체인 끝에서 1㎝ 떨어진 곳에서 3번에서 만든 ㄱ파츠 고리를 열어 연결한다. (▷P.180- 1).

↓

5

ㄴ

G 체인

F 귀걸이 포스트

귀걸이 포스트의 고리 부분을 열어 2번 고정캡, 4번 체인, 3번 ㄴ파츠의 고리 순서대로 걸어 연결한다. 다른 한쪽도 같은 방법으로 만든다.

A R R A N G E

깃털과 원석 컬러를 맞춰 만들자!

파츠를 바꿀 때는 깃털과 원석의 컬러를 같은 계열 색으로 맞추면 깔끔한 디자인 완성!

완성 사이즈 : 길이 8㎝

사 용 하 는 재 료

[금계]

A 깃털 (4㎝·금계) ──────── 4장

B 원석(라운드·4㎜·민트 그린 제이드) ──────── 2개

C 스와로브스키 (#5601·4㎜·투명) ──────── 2개

D 디자인핀 (0.6×30㎜·골드) ──────── 4개

E 고정캡 (2㎜·골드) ──────── 2개

F 귀걸이 포스트 (U자훅·골드) ──────── 1세트

G 체인 (골드) ──────── 8㎝×2개

사 용 하 는 도 구

평집게 / 9자말이집게 / 니퍼

F 귀걸이 포스트

C 스와로브스키

E 고정캡

D 디자인핀

B 원석

A 깃털

G 체인

꿩

1 깃털 두 장을 겹쳐 고정캡으로 마감한다.

2 샤무드끈을 반으로 접은 후, 접힌 부분을 고정캡으로 마감한다. (⇨ P.185- [11])

3 원석 a 를 9핀으로 루핑하여 6개 파츠를 만들어 서로 연결하고 (⇨ P.180- [3]) , 와이어 루핑하여 만든 원석 b를 끝부분에 연결한다. (⇨ P.181- [4])

4 귀걸이 포스트의 고리를 열어서 2→1→3 순서대로 끼워 연결한다. 다른 한쪽도 같은 방법으로 만든다.

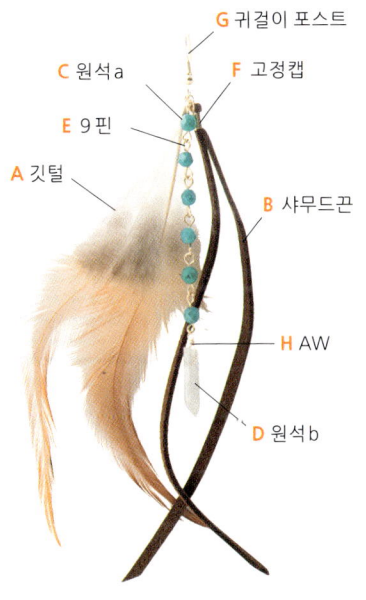

G 귀걸이 포스트
C 원석 a
F 고정캡
E 9핀
A 깃털
B 샤무드끈
H AW
D 원석 b

완성 사이즈 : 길이 26cm

사용하는 재료

[꿩]

A 깃털 (10cm·꿩) ——— 4장
B 샤무드끈 (3mm폭·갈색)
——— 26cm×2개
C 원석 a (터키석·라운드·4mm)
——— 12개
D 원석 b (수정·스틱·10mm)
——— 2개
E 9핀 (0.6×20mm·골드)
——— 12개
F 고정캡 (4mm·골드)
——— 2개
G 귀걸이 포스트 (U자 훅·쓸느)
——— 1세트
H AW [아티스틱 와이어] (#25·Non-Tarnish Brass)
——— 5cm×2개

공작 새

1 깃털 두 장을 겹쳐 고정캡으로 마감한다. (⇨ P.185- [11]).

2 원석, 스와로브스키에 디자인핀을 끼우고 빠져나온 와이어를 말아 파츠를 한 개씩 만든다 (⇨ P.180- [3])

3 메탈파츠의 와이어에 O링을 연결한다.

4 후프 귀걸이에 2→1→3 순서대로 끼운다. 다른 한쪽도 같은 방법으로 만든다.

H 후프 귀걸이
G 고정캡
F O링
D 금속장식
A 스와로브스키
B 원석
E 디자인핀
C 깃털

완성 사이즈 : 길이 10cm

사용하는 재료

[공작새]

A 스와로브스키 (#5328·4mm·다크 인디고) ——— 2개
B 원석 (블루 레이스 아게이트·라운드·8mm) ——— 2개
C 깃털 (10cm·공작새) ——— 4개
D 금속장식 (와이어볼·10mm·골드) ——— 2개
E 디자인핀 (0.6×30mm·골드) ——— 4개
F O링 (0.5×4mm·골드) ——— 2개
G 고정캡 (2mm·골드) ——— 2개
H 후프 귀걸이 (20mm·골드) ——— 1세트

04 볼드 네크리스 목걸이

▷ P.88

파츠 만들기

A 아크릴a   **B** 아크릴b   **C** 아크릴c   **D** 아크릴d   **E** 아크릴e   **J** 우드a

Q 9핀a

ㄱ×10개   ㄴ×8개   ㄷ×6개   ㄹ×1개   ㅁ×1개   ㅂ×3개

비즈에 9핀a를 끼우고 끝을 9자말이 집게로 둥글게 말아 파츠 ㄱ 10개, ㄴ 8개, ㄷ 6개, ㄹ 1개, ㅁ 1개, ㅂ 3개를 만든다. (▷ P.180-③)

B 아크릴비즈b   **Q** 9핀a

A 아크릴비즈a

O O링b

E 아크릴비즈e

P O링c

K 우드비즈b

L 우드비즈c

T 체인

C 아크릴비즈c

H 아크릴비즈h

T 체인

D 아크릴비즈d

J 우드비즈a

I 아크릴비즈i

M 금속장식

N O링a

S 랍스터클래습

F 아크릴비즈f

R 9핀b

O O링b

G 아크릴비즈g

완성 사이즈 : 목걸이 길이 88㎝

사용하는 재료

A 아크릴비즈a
(라운드·8㎜·카키) —————— 11개

B 아크릴비즈b
(라운드·10㎜·카키) —————— 8개

C 아크릴비즈c
(라운드·12㎜·카키) —————— 6개

D 아크릴비즈d
(라운드·12㎜·핑크) —————— 1개

E 아크릴비즈e
(너겟·13㎜·라이트 토파즈) — 1개

F 아크릴비즈f
(너겟·17㎜·그린) —————— 1개

G 아크릴비즈g
(너겟·19×20㎜·아이보리) — 1개

H 아크릴비즈h
(다각형·24×16㎜·베이지) — 1개

I 아크릴비즈i
(오벌·33×19㎜·핑크) —————— 1個

J 우드비즈a
(코인·11㎜·라운드) —————— 3개

K 우드비즈b
(링·25㎜·라운드) —————— 1개

L 우드비즈c
(링·32㎜·라운드) —————— 1개

M 금속장식
(25㎜·앤틱 골드) —————— 1개

N O링a (0.8×4㎜·골드)
—————————————————— 2개

O O링b (1.0×5㎜·골드)
—————————————————— 33개

P O링c (1.2×12㎜·신주 버니쉬)
—————————————————— 10개

Q 9핀a (0.7×20㎜·골드)
—————————————————— 30개

R 9핀b (0.7×40㎜·골드)
—————————————————— 4개

S 랍스터 클래습 (골드)
—————————————————— 1개

T 체인 (골드) ————— 11.5㎝×1개、
16.5㎝×1개、5개(낱개)

사용하는 도구

평집게 / 9자말이 집게 / 니퍼

---

m e m o   「파츠를 만들어 연결하기」과정만으로 만들 수 있습니다. 만들기 쉬운 것에 비해 돋보이는 디자인으로, 처음 만드는 분들에게 추천합니다.

CLASS
⑤
주말을 위한 볼드 액세서리

목걸이

귀걸이 · 귀찌

팔찌

반지

헤어 액세서리

브로치

2

Ⓢ

R 9핀 b

Ⓞ

Ⓩ

Ⓒ

I 아크릴 i

H 아크릴 h

G 아크릴 g

F 아크릴 f

비즈에 9핀 a를 끼운 후, 끝을 구자말이 집게로 둥글게 말아 파츠 Ⓢ Ⓞ Ⓩ Ⓒ을 1개씩 만든다.

3

A 아크릴 a

ㅋ

작게 말기

아크릴 비즈 a에 9핀 a를 끼우고 와이어를 둥글게 말아 파츠 ㅋ 1개를 만든다. 다른 파츠보다 작게 루핑을 한다.

4

K 우드 b

L 우드 c

P O링 c ×2개

P O링 c ×3개

P O링 c ×2개

T 체인

P O링 c ×3개

사진과 같이, 우드 비즈 b, c를 O링 c와 체인으로 연결한다.

파츠 연결하기

T 체인 11.5 cm

T 체인 16.5 cm

ㄱ

ㄱ

ㄴ

ㅂ

S 랍스터 글래숍

ㅂ

ㄴ

ㄷ

ㅅ

ㄴ

ㅊ

ㅂ

O O링 b

ㅅ

4번 파츠

N O링 a

T 체인 1개

ㄷ

M 금속장식

ㅇ

ㄷ

ㄷ

T 체인 1개

ㅈ

ㅊ

ㄷ

5

사진을 참고하여, 1~4번 파츠를 O링으로 (★부분) 연결한다. 금속장식은 O링 a와 체인으로 연결한다. 끝부분 양쪽에 체인을 연결한 후, 한쪽은 O링 b로 랍스터 클래숍과 연결한다. 또 다른 한쪽은 ㅋ파츠를 연결한다.

memo 비즈의 색상, 디자인, 형태를 바꾸어 만들면 다른 이미지로 만들 수 있습니다. 꼭 도전해보세요.

097

02 투톤 드롭 스톤 & 코튼펄 귀걸이

⇨ P.86

파츠 만들기

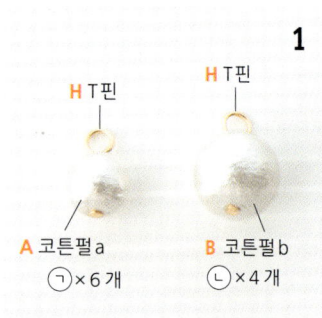

1

H T핀
H T핀

A 코튼펄a
ㄱ × 6 개

B 코튼펄b
ㄴ × 4 개

코튼펄 a, b에 T핀을 각각 끼우고 핀이 나온 부분을 둥글게 말아 ㄱ 6개, ㄴ개의 파츠를 만든다. (⇨ P.180-③)

↓

2

G 삼각링
G 삼각링

C 원석a
ㄷ × 1 개

D 원석b
ㄹ × 1 개

원석 a, b에 각각 삼각링을 연결하여 ㄷ ㄹ파츠를 한 개씩 만든다.

파츠 연결하기

3

F O링
E 메탈링
ㄴ
ㄴ
ㄷ
ㄹ

1, 2번에서 만든 ㄴㄷㄹ파츠를 O링에 끼워 메탈링에 연결한다.

4

I 귀걸이 포스트

귀걸이 포스트의 고리를 열어 메탈링과 연결한다.

↓

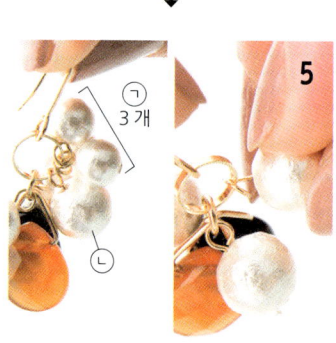

5

ㄱ
3 개
ㄴ

1 번 과정에서 만든 ㄱ, ㄴ파츠의 고리를 열어 메탈링에 연결한다. O링 오른쪽에 ㄴ 1 개, ㄱ 3 개 순서로 연결한다.

↓

6

O링 왼쪽도 5 번 같은 방법으로 ㄴ 파츠 1 개, ㄱ 파츠 3 개를 연결한다. 다른 한 쪽 귀걸이도 같은 방법으로 완성한다.

완성 사이즈 : 길이 3.7 ㎝

사용하는 재료

A 코튼펄a
(라운드·6㎜·화이트) —— 12개

B 코튼펄b
(라운드·8㎜·화이트) —— 8개

C 원석a
(카넬리안·드롭컷·12×10㎜) – 2개

D 원석b
(오닉스·드롭컷·12×10㎜) — 2개

E 메탈링
(라운드·7㎜·골드) —— 2개

F O링
(0.5×4.5㎜·골드) —— 2개

G 삼각링
(0.8×8㎜·골드) —— 4개

H T핀
(0.6×20㎜·골드) —— 20개

I 귀걸이 포스트
(U자 혹 형·골드) —— 1세트

사용하는 도구

평집게 / 9자말이 집게 / 니퍼

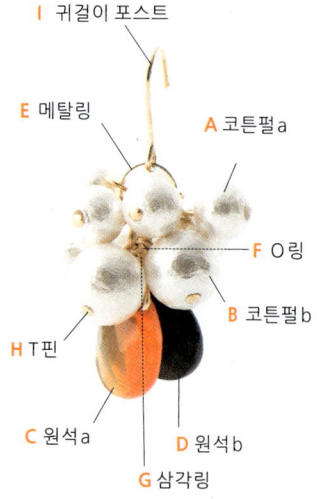

I 귀걸이 포스트

E 메탈링

A 코튼펄a

F O링

B 코튼펄b

H T핀

C 원석a

D 원석b

G 삼각링

05 아크릴 비즈 캔디 팔찌

⇨ P. 88

비즈 끼우기

1

F 우드 비즈a
와이어 비딩 구슬 바늘
J 팔찌용 우레탄줄 중심

와이어 비딩 구슬 바늘에 우레탄줄을 중심까지 끼워 두 줄로 만들어 비즈를 끼운다.

2

끼우기

과정 사진을 참고하여 비즈를 순서대로 끼운다.

시작

[레드]

C 아크릴비즈c

D 아크릴비즈d

B 아크릴 비즈b

E 아크릴비즈e

매듭짓기

3

본매듭

비즈를 모두 끼운 후, 두 줄의 중심을 자르고 와이어 비딩 구슬 바늘을 뺀다. 줄을 잡아당겨 본매듭을 짓는다. (⇨ P. 188- 17)。

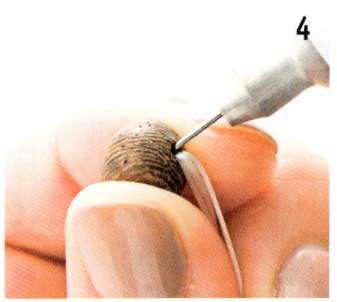

4

처음 끼웠던 우드 비즈 a의 구멍으로 매듭을 넣고 접착제를 바른다. 끝부분이 바늘로 된 타입의 비즈 전용 접착제를 사용하면 깨끗하게 마무리할 수 있다.

5

접착제가 마르면, 남은 줄은 비즈 끝에 맞춰 자른다. 니퍼를 비즈에 바짝 붙여서 자르면 구멍에 맞춰 자를 수 있다.

완성 사이즈 : 손목 둘레 16㎝

사용하는 재료

[그린]

A 아크릴비즈a (라운드컷·15×15㎜· 화이트) ——————— 1개
B 아크릴비즈b (너겟·19×20㎜· 화이트) ——————— 1개
C 아크릴비즈c(너겟·19×20㎜·그린) ——————————— 1개
D 아크릴비즈d (다각형·24×16㎜· 옐로) ——————— 1개
E 아크릴비즈e (너겟·30×21㎜· 오렌지) ——————— 1개
F 우드비즈a (코인·11㎜·브라운) ——————————— 2개
G 우드비즈b(오벌·30×20㎜·브라운) ——————————— 2개
H 론델볼 (8㎜·크리스탈×골드) ——————————— 1개
I 금속장식 (데이지·5×1.5㎜·골드) ——————————— 8개
J 팔찌용 우레탄줄 ——————— 80㎝×1개

※ [레드]를 만들 경우에는 B 새먼핑크, C 보르도, D 베이지, E 보르도 칼라로 바꿔 만든다.

사용하는 도구

와이어 비딩 구슬 바늘 / 니퍼 / 접착제

F 우드비즈a
A 아크릴비즈a
J 팔찌용 우레탄줄
[그린]
C 아크릴비즈c
I 금속장식
D 아크릴비즈d
H 론델볼
F 우드비즈a
B 아크릴 비즈b
E 아크릴비즈e
G 우드 비즈b

⇨ P.89

파츠 만들기

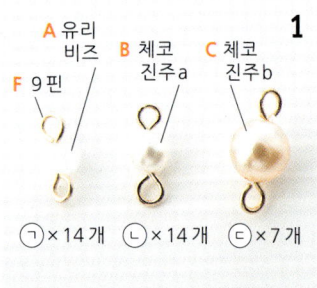

1

A 유리비즈
F 9핀
B 체코진주a
C 체코진주b

㉠×14개 ㉡×14개 ㉢×7개

9핀에 비즈을 끼우고 와이어를 말아 파츠㉠ 14개, ㉡ 14개,㉢ 7개를 만든다. (⇨P.180·③)

↓

2

★×2개
㉡ ㉠ ㉡ ㉠ ㉡

♥×2개
㉡ ㉠ ㉢ ㉠ ㉡ ㉠ ㉡

▲×1개
㉡ ㉡ ㉠ ㉢ ㉠ ㉡ ㉡

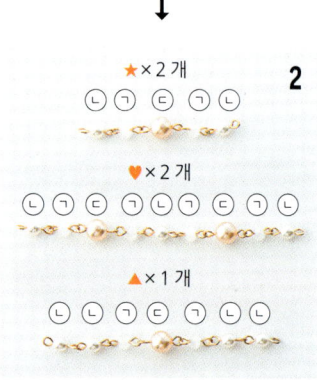

1번에서 만든 파츠의 9핀을 열어 연결하고, 파츠★ 2개, ♥ 2개, ▲ 1개를 만든다.

목 부분 연결하기

3

♥
D 참a   K 체인 5cm

★
K 체인 11cm

2번 ♥의 9핀 고리를 열어 참 a를 연결한다. 반대쪽은 5cm 체인을 연결한다. 5cm 체인에 2번 ★의 9핀 고리를 열어서 연결한다. ★반대쪽에 11cm 체인을 연결한다.

4

3번에서 참 a를 연결했던 고리의 옆 고리에도, 3번 과정과 동일하게 파츠와 체인을 연결한다.

Y자 부분 연결하기

5

H O링b
E 참b

참a의 아래쪽 고리에 2번 과정에서 만든▲의 9핀 고리를 열어 연결한다. ▲의 반대쪽에는 O링b를 이용해 참b을 연결한다.

마감장식 연결

6

G O링a
I 랍스터 클래습
G O링a
J 연장체인

3, 4번 과정에서 연결한 11cm 체인에 O링 a로 각각 랍스터 클래습과 연장체인을 연결한다.

완성 사이즈 : 목걸이 길이 60cm

사용하는 재료

A 유리비즈 (론델·4mm·화이트 오팔) – 14개

B 체코진주a (라운드·4mm·화이트) — 14개

C 체코진주b (라운드·6mm·베이지) — 7개

D 참a (3고리형 메달·골드) — 1개

E 참b (십자가·골드) — 1개

F 9핀 (0.6×3mm·골드) — 35개

G O링a (0.6×4mm·골드) — 2개

H O링b (0.6×5mm·골드) — 1개

I 랍스터 클래습 (골드) — 1개

J 연장체인 (골드) — 1개

K 체인 (골드) — 5cm×2개、11cm×2개

사용하는 도구

평집게 / 9자말이 집게 / 니퍼

11cm
I 랍스터 클래습
★
K 체인   G O링a
5cm   11cm
5cm
C 체코진주b
A 유리비즈
♥   G O링a
B 체코진주a
J 연장체인
D 참a
▲   F 9핀
H O링b
E 참b

07   에스닉 물방울 귀걸이

⇨ P.89

파츠 만들기

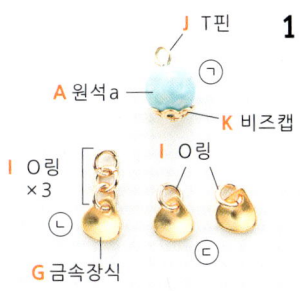

1

J T핀
A 원석 a ㉠
K 비즈캡
I O링 ×3 ㉡
I O링 ㉢
G 금속장식

T핀에 비즈캡과 원석 a를 끼우고 와이어로 말아 고리를 만들어 파츠 ㉠을 1 개 만든다. O링을 3 개 연결한 금속장식 파츠 ㉡ 1 개, O링을 1 개 연결한 파츠 ㉢을 2 개 만든다.

AW 와이어 루핑

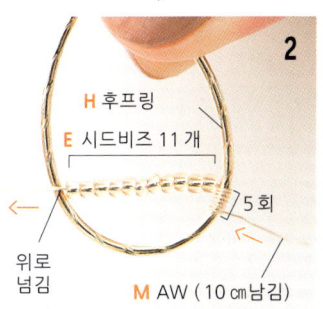

2

H 후프링
E 시드비즈 11 개
5회
위로 넘김
M AW (10 ㎝ 남김)

사진과 같이, 와이어를 10cm 남기고 5 회 감는다. 와이어 1 열에 시느비즈 11 개를 통과시켜 후프링 위에 걸친다.

↓

3

아래로 넘김
5 회 감기

후프링에 와이어를 5 회 감아 후프링 아래쪽으로 넘긴다.

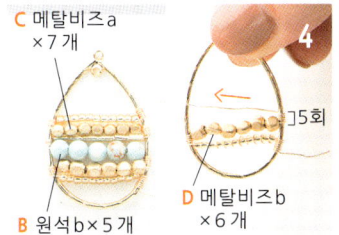

4

C 메탈비즈 a ×7 개
B 원석 b × 5 개
D 메탈비즈 b ×6 개
5회

2 열에 메탈 비즈 b를 6 개 끼우고 와이어를 반대편 후프링 위로 오도록 넘겨 5 회 감는다. 같은 방법으로 「비즈 끼우기 + 5 회 감기」를 반복하며 3~6 번째 열에도 후프링에 감아 비즈를 고정한다. 세 번째 열에는 원석 b 5 개, 네 번째 열에는 막대비즈 6 개, 다섯빈 째 열에는 메탈 비즈 a 7 개, 여섯 번째 열에는 시드 비즈 11 개를 끼운 후, 와이어를 5 회 감는다.

↓

5

남은 와이어는 후프링 측면에서 니퍼로 자르고 평집게로 눌러 정리한다.

전체 연결하기

6

L 귀걸이 포스트
㉠ ㉢ ㉡

사진과 같이, 1 번에서 만든 파츠 ㉠~㉢을 연결하고 평집게로 후프링 고리에 귀걸이 포스트를 연결한다.

완성 사이즈 : 모티브 길이 3.4 ㎝

사용하는 재료

A 원석 a (터키석·라운드·6㎜) ──────── 2개
B 원석 b (터키석·라운드·4㎜) ──────── 10개
C 메탈비즈 a (스퀘어·2㎜·골드) ──────── 14개
D 메탈비즈 b (스퀘어·3㎜·골드) ──────── 12개
E 원형 시드비즈 (골드) ──────── 44개
F 막대비즈 (짧은 막대·골드) ──────── 12개
G 금속장식 (6×5㎜·매트 골드) ──────── 6개
H 후프링 (물방울 고리형·34×24㎜·골드) ──────── 2개
I O링 (0.7×3.5㎜·골드) ──────── 10개
J T핀 (0.6×2.0㎜·골드) ──────── 2개
K 비즈캡 (6㎜·골드) ──────── 2개
L 귀걸이 포스트 (U자 훅형·골드) ──────── 1세트
M AW [아티스틱 와이어] (#28·골드) ──────── 50㎝×2개

사용하는 도구

평집게 / 구자말이 집게 / 니퍼

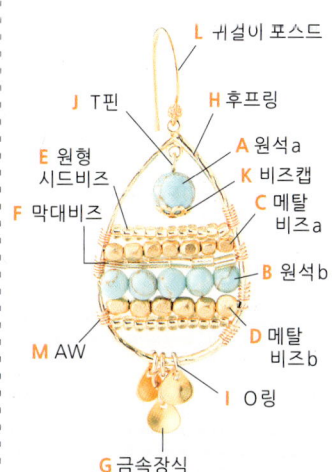

L 귀설이 포스드
J T핀
H 후프링
E 원형 시드비즈
A 원석 a
K 비즈캡
F 막대비즈
C 메탈 비즈 a
B 원석 b
M AW
D 메탈 비즈 b
I O링
G 금속장식

⇨ P. 90

비즈 꿰기

1

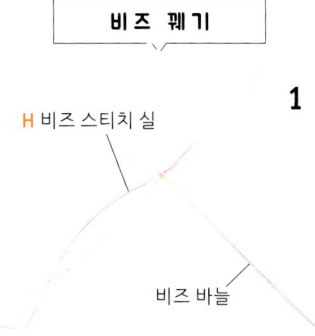

H 비즈 스티치 실

비즈 바늘

비즈 바늘에 비즈 스티치 실을 끼워 두 줄로 만들어 사용한다.

↓

2

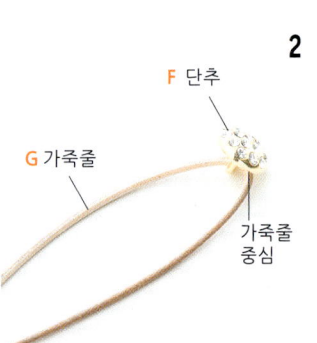

F 단추

G 가죽줄

가죽줄 중심

가죽줄 중심에 단추를 끼우고, 가죽줄을 반으로 접는다.

3

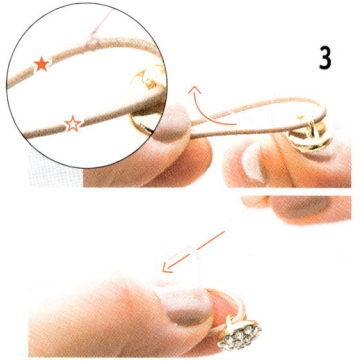

가죽줄 (★) 에 1번 실을 단추 옆쪽으로 묶는다. 실의 중심을 가죽줄 사이 아래로 넣어 만든 고리에 위에서 바늘을 통과시켜 실을 당긴다.

↓

4

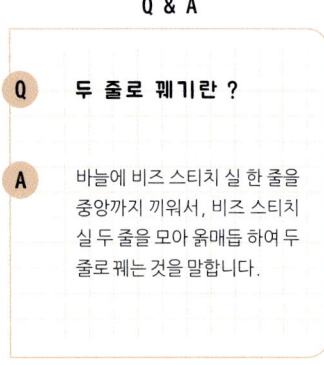

B 하프 틸라비즈a

하프 틸라비즈 a 의 한쪽 구멍에 바늘을 넣어 실을 끼우고, 가죽줄 (☆) 아래로 뺀다.

완성 사이즈 : 길이 약 54㎝

사용하는 재료

A 델리카비즈 (골드) ─────── 42개
B 하프 틸라비즈a
　(5×2.3×1.9㎜·매트 아이보리)
　───────────── 28개
C 하프 틸라비즈b
　(5×2.3×1.9㎜·화이트)
　───────────── 28개
D 아크릴진주 (라운드·3㎜·화이트)
　───────────── 42개
E 메탈비즈 (3×2㎜·골드)
　───────────── 20개
F 단추 (11㎜·실버) ─────── 1개
G 가죽줄 (1.5㎜·베이지)
　──────────── 140㎝×1개
H ビ비즈 스티치 실 (#40·흰색)
　──────────── 260㎝×3개

사용하는 도구

비즈 바늘 / 가위 / 접착제
이쑤시개

Q & A

Q 두 줄로 꿰기란 ?

A 바늘에 비즈 스티치 실 한 줄을 중앙까지 끼워서, 비즈 스티치 실 두 줄을 모아 옭매듭 하여 두 줄로 꿰는 것을 말합니다.

C 하프 틸라비즈b

B 하프 틸라비즈a

H 비즈 스티치 실

E 메탈비즈

D 아크릴진주

G 가죽줄

F 단추

A 델리카비즈

CLASS

⑤ 주말을 위한 볼드 액세서리

목걸이

귀걸이 · 귀찌

팔찌

반지

헤어 액세서리

브로치

실 교체하기

5

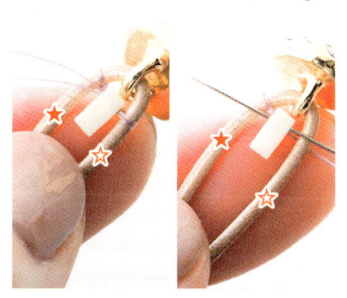

가죽줄 (☆) 의 위로 바늘을 비즈 구멍에 넣어 끼운 후, 가죽줄 (★) 의 위로 실을 빼서 당긴다.

↓

6

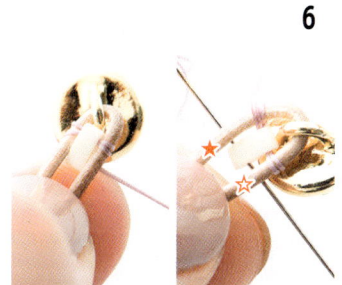

가죽줄 (★) 의 아래로 하프 틸라비즈 a 의 한쪽 구멍에 넣어 끼운 후, 가죽줄(☆) 아래로 실을 빼서 당긴다.

7

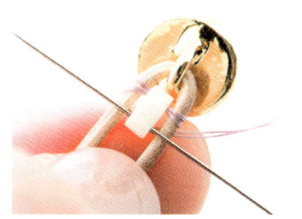

가죽줄 (☆) 의 위로 6 번과 같은 비즈 구멍에 바늘을 넣어 끼운 후, 가죽줄 (★) 의 위로 실을 빼서 당긴다.
4~7 번과 같은 방법으로 하프 틸라비즈 a→b→a→b→a 순서로 총 5 개를 엮는다.

↓

8

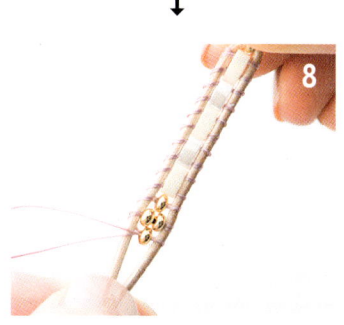

아래 사진의 패턴을 참고로 하여 엮는다. 구멍이 1 개의 비즈도 같은 방법으로 엮는다. 비즈 사이즈가 다른 경우에는 무리해서 당기지 말고 같은 힘으로 당겨 엮어준다.

9

▲의 네번째 도중에 두번째 비즈 스티치 실로 바꾼다. 하프 틸라비즈 b의 한쪽 구멍을 엮은 후 바늘을 실에서 빼고, 실을 가죽줄☆위아래로 나눈다.

↓

10

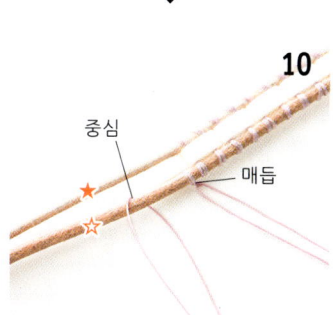

중심

매듭

뒤로 실을 묶어 매듭짓고 그대로 둔다. 두 번째 실 중심을 가죽끈 (☆) 에 걸쳐 두 줄을 바늘에 끼운다.

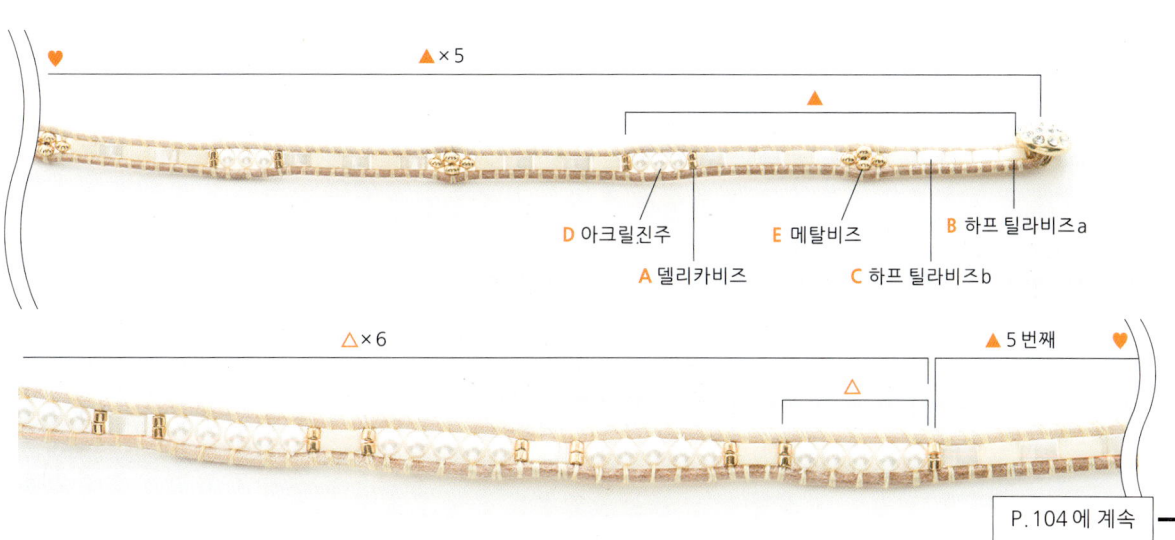

♥   ▲×5   ▲

D 아크릴진주   E 메탈비즈   B 하프 틸라비즈a
A 델리카비즈   C 하프 틸라비즈b

△×6   △   ▲ 5 번째   ♥

P.104 에 계속 →

m e m o 틸라비즈처럼 구멍이 두 개가 아닌 진주처럼 구멍이 하나인 비즈도 같은 방법으로 엮을 수 있습니다.

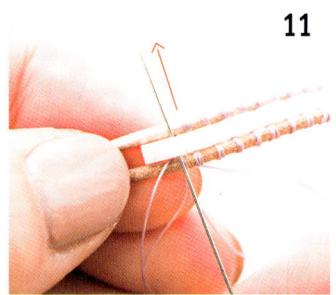

11

9번에서 마지막에 끼운 하프 틸라비즈 b의 구멍에 바늘을 끼우고 같은 방법으로 비즈를 엮는다. 남은 실이 모자라면 이와 같은 방법으로 실을 교체한다.

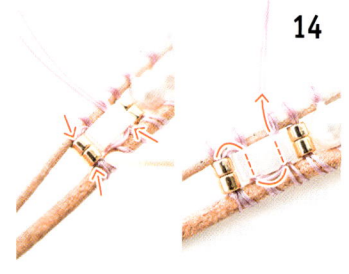

14

사진과 같이 하프 틸라비즈에 바늘을 넣어 실을 빼고, 화살표가 표시된 세 군데에 이쑤시개를 이용해 접착제를 발라준다. 남은 실은 비즈에 바짝 붙여 자른다.

가죽줄 매듭짓기

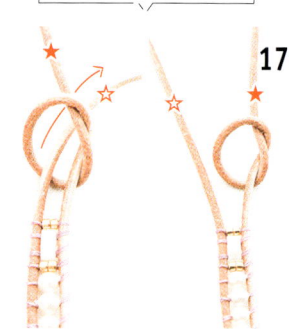

17

가죽줄을 묶는다. 가죽줄 (★) 을 묶을 때 생긴 매듭 고리에 가죽줄 (☆) 을 끼운다.

↓

실 정리하기

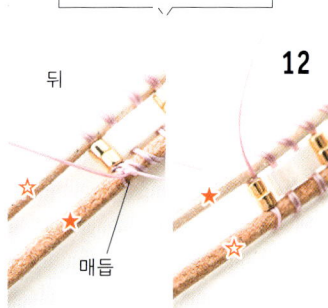

12

모든 비즈를 엮은 후 바늘을 실에서 빼고, 실은 가죽줄 (★) 위아래로 나누고 뒤에서 단단히 묶는다.

↓

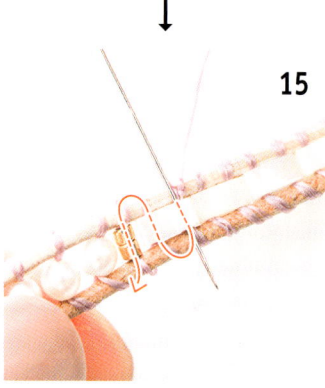

15

교체 후 남은 실은 마지막에 한꺼번에 정리한다. 새 실에 꿴 비즈에 사진과 같이 끼운다.

↓

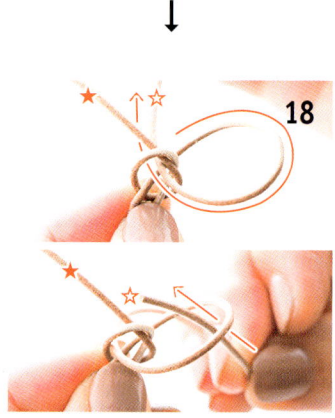

18

가죽줄 (☆) 을 사진과 같이 끼워 잡아당긴다. 매듭이 마지막에 끼운 비즈 바로 옆에 오도록 정리한다.

↓

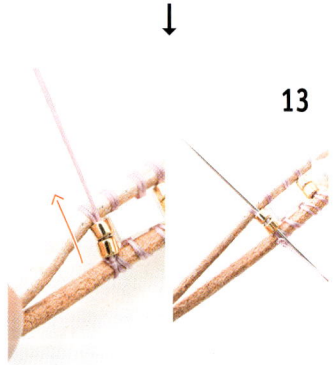

13

다시 실을 바늘에 꿰어 마지막에 끼운 델리카비즈에 바늘을 넣어 실을 끼운 후, 실을 잡아당겨 12번에서 묶은 매듭을 델리카비즈 구멍에 끌어넣는다.

↓

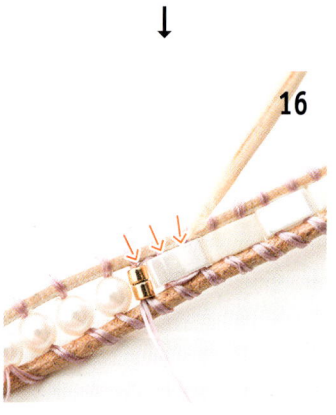

16

화살표가 표시된 세 군데에 접착제를 바르고, 남은 실은 비즈에 바짝 붙여 자른다.

↓

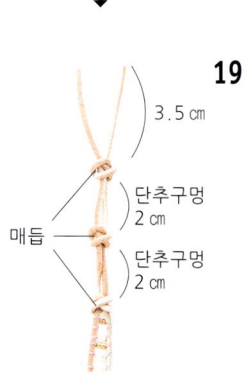

19

사진과 같이, 두 줄을 모아 두 번 매듭지어 단추 구멍을 만든다. 마지막으로 가죽줄을 3.5cm 남기고 가위로 자른다.

09 시드비즈 프린지 귀걸이

⇨ P. 90

파츠 만들기

ㄱ×2개 ㄴ×2개 ㄷ×2개 ㄹ×1개 ㅁ×7개 ㅂ×1개 **1**

B 원형비즈a
C 원형비즈b
A 시드비즈
D 원형비즈c
F 메탈비즈
E 막대비즈
H 볼핀
G 나뭇잎 모양 참
I 9핀

9핀, 볼핀에 비즈를 끼우고 와이어를 둥글게 말아 파츠를 만든다 (⇨ P.180-③). 파츠 ㄱ, ㄴ, ㄷ, ㄹ은 원형비즈 a를 1~4개로 변경하여 만든다. 파츠 ㅂ은 둥글게 만 아래쪽 고리 가 세로가 되도록 만든다.

완성 사이즈 : 모티브 길이 6cm

사용하는 재료

A	시드비즈 (네이비)	58개
B	원형비즈a (브론즈)	46개
C	원형비즈b (실버라인)	30개
D	원형비즈c (민트그린)	30개
E	막대비즈 (짧은 막대·골드)	28개
F	메탈비즈 (라운드·2mm·골드)	44개
G	나뭇잎 모양 참 (골드)	2개
H	볼핀 (0.6×30mm·골드)	14개
I	9핀 (0.6×30mm·골드)	18개
J	귀걸이 포스트 (훅형·골드)	1세트
K	체인 (골드)	5cm×2개

사용하는 도구

평집게 / 9자말이 집게 / 니퍼

파츠 연결하기

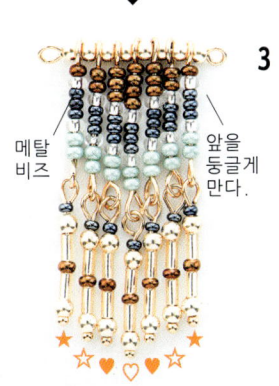

2

★ ☆
ㄱ ㄴ
ㅁ ♥ ♡ ㅁ
ㄷ ㄹ
ㅁ ㅁ

1번 과정에서 만든 파츠 ㄱ, ㄴ, ㄷ, ㄹ 의 고리를 열어서 파츠 ㅁ을 각각 연결한 다.

↓

3

메탈비즈
앞을 둥글게 만다.

★ ☆ ♥ ♥ ☆

9핀에 메탈비즈와 2번에서 연결한 파 츠를 번갈아 끼우고 둥글게 만다.

K 체인

4

3번의 9핀의 고리를 열어 체인을 연결 한다. 같은 방법으로 체인의 다른 쪽도 9 핀에 연결한다.

부자재 연결하기

5

J 귀걸이 포스트
고리 중심
ㅂ

귀걸이 포스트의 고리를 열어 1번의 파 츠 ㅂ과 체인 중심에 연결한다. 다른 한 쪽도 같은 방법으로 만든다.

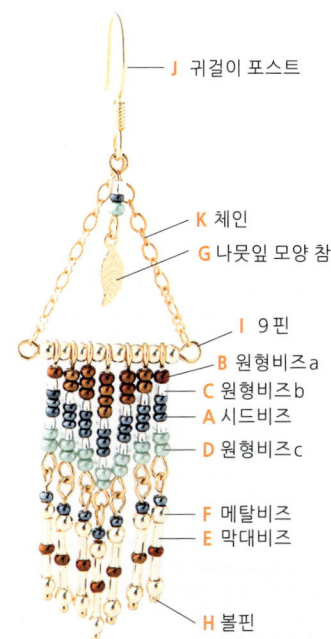

J 귀걸이 포스트
K 체인
G 나뭇잎 모양 참
I 9핀
B 원형비즈a
C 원형비즈b
A 시드비즈
D 원형비즈c
F 메탈비즈
E 막대비즈
H 볼핀

memo 프린지 귀걸이는 길이, 프린지 개수, 비즈의 크기에 따라 다른 분위기를 연출할 수 있습니다.

10   빅 플라워 귀찌

⇨ P. 91

펠트 자르기

1

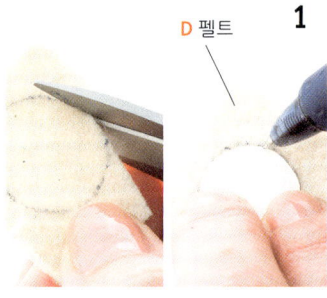

D 펠트

패턴을 복사한 후 가위로 자른다. 펠트 위에 패턴을 얹고 볼펜 또는 초크로 표시하고 가위로 잘라 펠트 파츠를 만든다.

스팽글 달기

2

(겉)

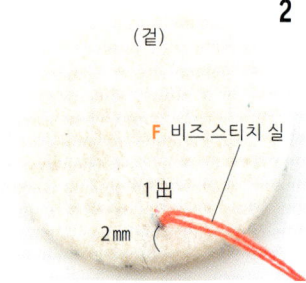

F 비즈 스티치 실

1出

2mm

비즈 스티치 실을 두 줄로 끼운다. 매듭을 짓고 펠트 가장자리에서 2㎜ 떨어진 위치에서 뒤에서 바늘을 넣어 앞으로 뺀다. (1出)

3

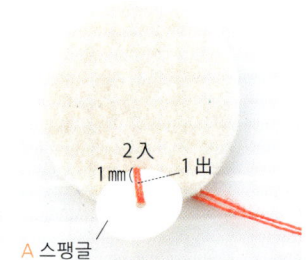

2入
1mm 1出

A 스팽글

스팽글을 끼우고, 2번 과정에서 나온 곳에서 펠트의 중심 방향으로 1mm 위치에 바늘을 꽂아 넣는다. (2入)

4

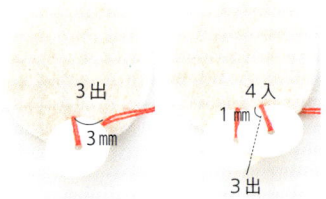

3出
3mm   4入
1mm
3出

스팽글 가장자리로 바늘을 넣은 구멍 위치보다 3mm 옆에서 바늘을 빼낸다 (3出). 3번과 같이 스팽글을 끼우고, 바늘이 나온 곳에서 펠트의 중심 방향으로 1mm 위치에 바늘을 꽂아 넣는다(4入).

↓

5

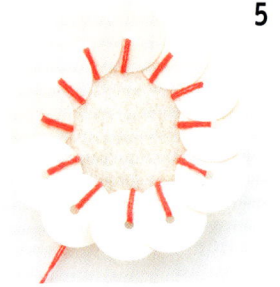

4번 과정을 똑같이 반복하여 오른쪽으로 한 바퀴 스팽글을 단다. 12~15개 정도의 스팽글을 단다. 겹쳐지는 정도에 따라 전체 디자인 스타일이 달라지므로 취향대로 조절한다.

↓

6

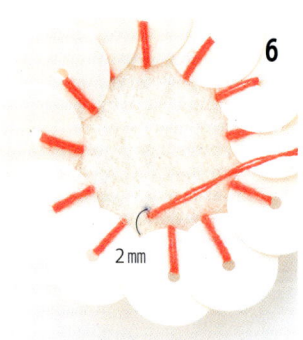

2mm

두 번째 바퀴는 첫 번째 바퀴 안쪽으로 단다. 첫 번째 한 바퀴 스팽글 사이에서 2㎜ 위로 바늘을 뺀다.

완성 사이즈 : 모티브 지름 3㎝

사용하는 재료

A 스팽글 (플랫 라운드·6㎜·베이지)
———————————— 40 ~ 54개
B 시드비즈 (레드화이트 스트라이프)
———————————————— 56개
C 귀걸이 귀찌 (원터치 클립·원판·골드) ———————————— 1세트
D 펠트 (두께 2㎜·생지)
————————————— 2×2㎝×2매
E 스웨이드 (두께 2㎜·그린)
————————————— 2×2㎝×2장
F 비즈 스티치 실 (#40·화이트)
———————————————— 적당량

사용하는 도구

비즈 스티치 바늘 / 가위
접착제 / 이쑤시개
볼펜 또는 초크

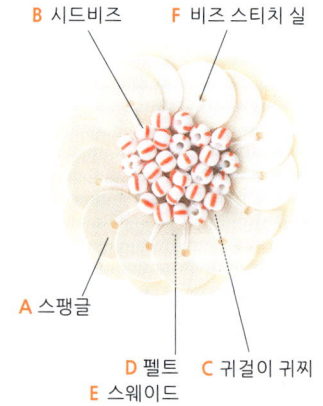

B 시드비즈   F 비즈 스티치 실

A 스팽글

D 펠트   C 귀걸이 귀찌
E 스웨이드

패턴

※ 과정 사진에서는 빨간 실로 바꿔 사용하였습니다.

CLASS
⑤ 주말을 위한 볼드 액세서리

목걸이

귀걸이·귀찌

팔찌

반지

헤어 액세서리

브로치

7

스팽글을 끼우고, 첫 번째 스팽글 한 바퀴 돌린 것과 같은 방법으로 두 번째 줄을 돌려 단다. 두 번째 줄은 8~12개 정도 스팽글을 단다.

비즈 바느질하기

8

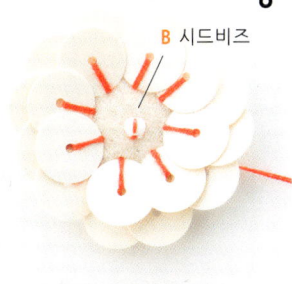

B 시드비즈

중심에 시드 비즈 1개를 단다. 뒤에서 바늘을 꽂아 앞으로 실을 빼내 비즈를 끼운 후, 같은 곳으로 바늘을 끼워 넣어 단다.

↓

9

8번 과정과 같이, 같은 방법으로 중심부를 채우듯이 28개의 비즈를 달아준다. 실은 뒤에서 매듭지어 정리한다.

10

펠트 뒷면을 이쑤시개로 접착제를 바른다.

↓

11

E 스웨이드

스웨이드 중앙에 파츠를 붙인다.

↓

12

접착제가 마르면, 펠트 모양에 따라 스웨이드를 가위로 자른다.

13

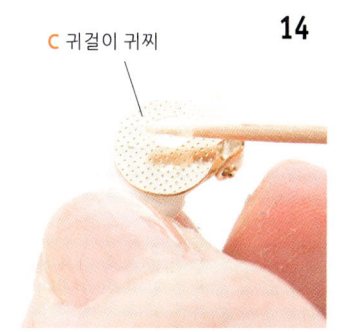

동전 모양으로 잘라낸 모습. 가위로 모양을 정리한다.

↓

14

C 귀걸이 귀찌

귀걸이 귀찌의 원판에 이쑤시개로 접착제를 펴 바른다.

↓

15

13번에서 완성한 파츠의 스웨이드 부분에 귀걸이 귀찌를 붙인다. 다른 쪽 귀걸이도 동일하게 만든다.

11 컬러풀한 플라워 귀찌

⇨ P.91

펠트 자르기

1 D 펠트

패턴을 복사한 후 가위로 오린다. 펠트 위에 패턴을 얹고 볼펜 또는 초크로 표시 하고 가위로 잘라 펠트 파츠를 만든다.

스팽글 달기

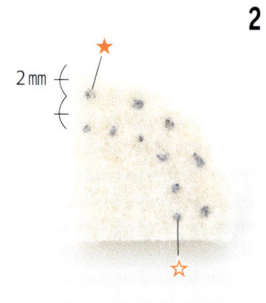

2

2mm ★

바깥쪽에 다섯 군데, 안쪽은 여섯 군데, 동일한 간격으로 볼펜이나 초크로 표시 한다.

[블루×핑크]
델리카비즈……핑크
스팽글……클리어블루

※델리카 비즈와 스팽 글의 색상을 바꾸기만 하면 컬러 베리에이션 완성!

3

1 出   B 스팽글

(겉)

F 비즈 스티치 실

바늘에 비즈 스티치 실을 두 줄로 끼운다. 매듭을 짓고 2 번 과정에서 표시한 ★위 치 뒤에서 앞으로 바늘을 빼내어 스팽글 을 통과시킨다 (1 出).

↓

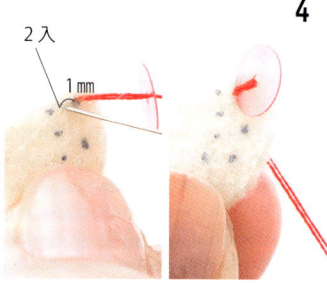

4

2 入

1 mm

3 번 과정에서 바늘이 나온 곳에서 펠트 중심을 향하여 1mm 이동하여 바늘을 넣는다 (2 入). 실을 당기면, 스팽글이 살짝 일어선다.

[엘로우×그레이]
델리카비즈……그레이
스팽글……엘로우

[그린×퍼플]
델리카비즈……퍼플
스팽글……그린

완성 사이즈 : 세로 1.7 × 가로 2.3 ㎝

사용하는 재료

[블루×핑크]

A 델리카비즈 (블루) ——— 48개
B 스팽글 (플랫 라운드·6㎜·핑크)
——— 22개
C 귀걸이 귀찌 (원터치 클립·원판·골드) ——— 1 세트
D 펠트 (두께 2㎜·생지)
——— 1.5×1.5 ㎝×2 매
E 스웨이드 (두께 2㎜·그린)
——— 1.5×1.5 ㎝×2 장
F 비즈 스티치 실 (#40·화이트)
——— 적당량

사용하는 도구

비즈 스티치 바늘 / 가위 / 접착제
이쑤시개

[블루×핑크]

A 델리카비즈

D 펠트
E 스웨이드

F 비즈 스티치 실

B 스팽글   C 귀걸이 귀찌

패턴

※ 과정 사진에서는 빨간 실로 바꿔 사용하였습니다.

CLASS
⑤
주말을 위한 볼드 액세서리

목걸이

귀걸이·귀찌

팔찌

반지

헤어 액세서리

브로치

델리카비즈 바느질하기

5

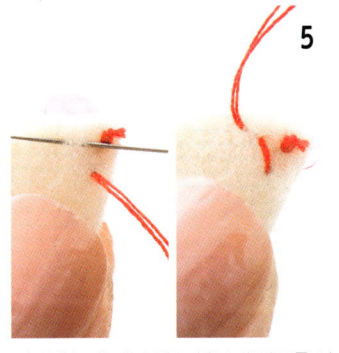

뒷면에 눈에 띄지 않는 부분에 펠트를 실로 작게 한 땀 뜬다. 빈 땀을 뜨는 것만으로 고정하는 강도가 더해진다.。

↓

6

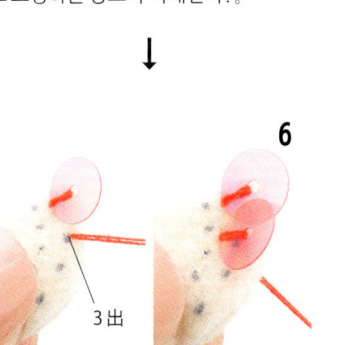

3出

옆의 표시된 곳으로 바늘을 빼내어, 4번 과정과 같이 스팽글을 꿰맨다. 스팽글은 앞쪽에 겹치면서 단다.

↓

7

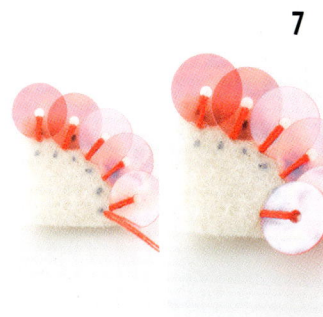

두 번째 줄은 2번에서 표시한 ☆로 바늘을 빼내어, 동일한 방법으로 스팽글을 꿰맨다.

8

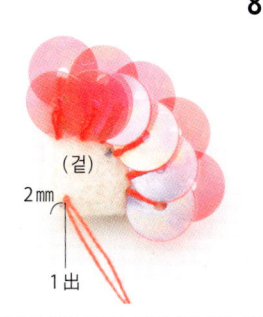

(겉)
2 mm
1出

표시된 부분까지 바느질이 끝나면, 펠트 모서리부터 2 ㎜ 떨어진 위치에서 바늘을 뒤에서 넣어 앞으로 빼낸다 (1 出).

↓

9

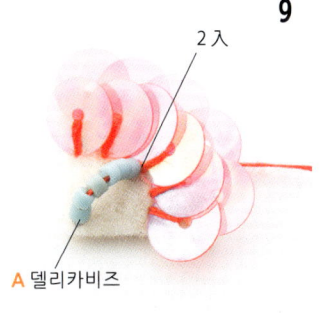

2入

A 델리카비즈

델리카비즈 6 개를 끼워 스팽글 사이로 바늘을 넣는다 (2 入).

↓

10

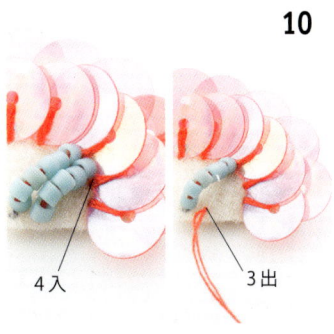

4入   3出

8번 과정에서 바늘을 빼낸 자리 (1出) 옆에서 바늘을 빼낸다 (3出). 델리카비즈를 5 개 끼워 스팽글 사이로 바늘을 넣는다 (4入).

11

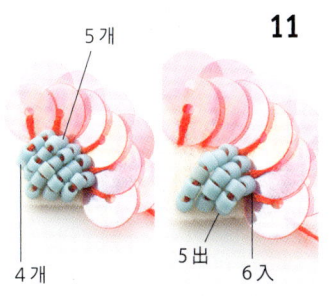

5 개
4 개   5出   6入

10번 과정에서 바늘을 빼낸 자리 옆에서 바늘을 빼낸다. 델리카 비즈 4 개를 끼워 스팽글 사이로 바늘을 넣는다 (6 入). 반대쪽도 같은 방법으로 5 개, 4 개의 비즈를 꿰맨다. 실은 뒤에서 매듭지어 마무리한다.

↓

12

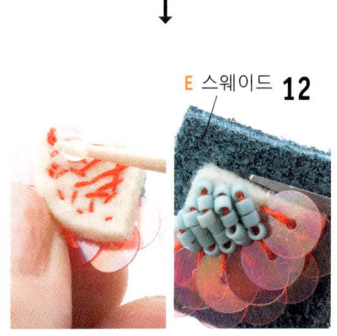

E 스웨이드

펠트의 뒷면을 이쑤시개로 접착제를 바르고, 스웨이드를 붙인다 접착제가 마르면 펠트 모양에 따라 가위로 자른다.。

↓

13

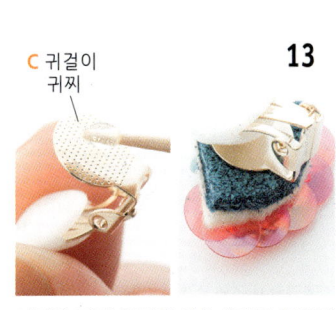

C 귀걸이 귀찌

귀걸이 귀찌 원판에 이쑤시개로 접착제를 바른 후, 스웨이드에 붙인다. 다른 쪽 귀걸이도 같은 방법으로 만든다.

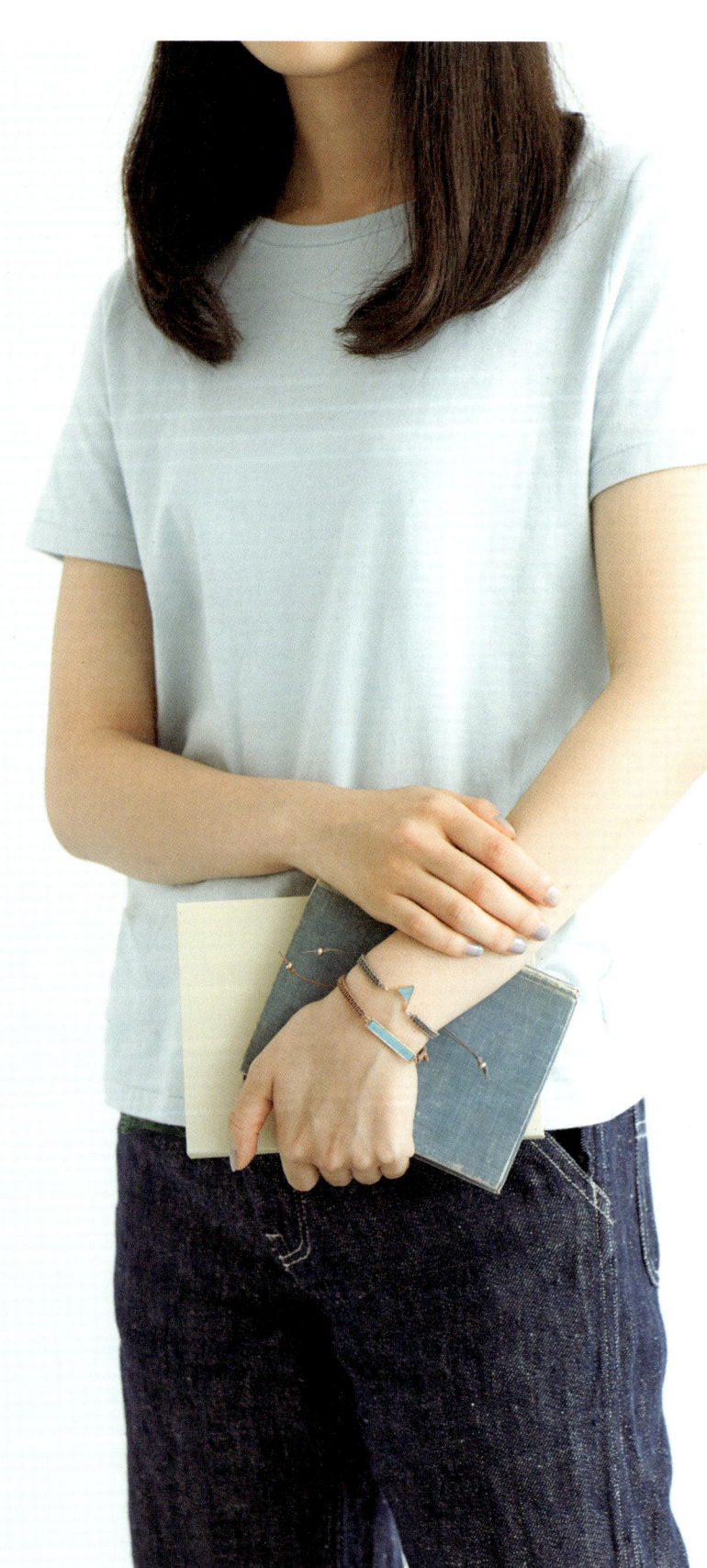

기본 아이템에
유니크함을 더하는
리본 & 끈 액세서리

패브릭, 끈, 리본 등
서로 다른 소재를 믹스 매치한
감각적인 스타일링

01 ⏱ 60 分 매듭짓기

터키석
평매듭 팔찌

폴리 매듭실로 만드는
심플하고 섬세한 팔찌.
시계 또는 뱅글 팔찌를 레이어드하면
평매듭의 시크함이 더욱 돋보입니다.

HOW TO MAKE P.116-117

CLASS

⑥ 기본아이템에 유니크함을 더하는 **리본 & 끈 액세서리**

목걸이

귀걸이 · 귀찌

팔찌

반지

헤어 액세서리

브로치

02 🕒 30分 〔붙이기〕

달과 석양 머리핀

원과 다각형 모양의 가죽으로 만든
개성있는 디자인 머리핀.
도형 모티브가 매력포인트.

HOW TO MAKE P.118

03 🕒 60分 〔바느질〕 〔붙이기〕

벨 벳
진주 머리핀

캐주얼한 코튼펄과
벨벳을 매치하여 클래식하게 연출하세요.
간단하게 바늘과 실로 만들 수 있습니다.

HOW TO MAKE P.119

04

05

04 ⏱ 60 分 [엮기] [끼우기] [연결하기]

진주 & 세 줄 땋기
매 듭 팔 찌

같은 톤의 진주를 끼우고
왁스 코드를 세 줄 땋기 매듭으로
만드는 귀여운 팔찌.

HOW TO MAKE P.120

05 ⏱ 30 分 [바느질] [붙이기]

단 추 & 리 본
핀 브 로 치

클래식 리본으로 빈티지 단추와
레이어드하여 만들면 완성.
스카프나 모자에 스타일링해보세요.

HOW TO MAKE P.121

06 ⏱ 120 分 [끼우기] [바느질]

패브릭 랩핑 목걸이

그라데이션 된 패브릭에
비즈를 한 알씩 감싸서 만든 목걸이.
간단한 방법으로 만들 수 있어
초보자에게 추천하는 아이템입니다.

HOW TO MAKE P.122-123

목걸이

귀걸이 · 귀찌

팔찌

반지

헤어 액세서리

브로치

07 🕐 30 分 연결하기

미니 리본 귀걸이

소녀 같은 작은 리본에
체코 비즈로 성숙미를 더해
가는 체인으로 엘레강스하게.

HOW TO MAKE P.124

08 🕐 30 分 바느질 붙이기

새틴 프릴
귀걸이

새틴 리본에 주름을 잡으면
우아하면서 귀여운 이미지.
가벼운 외출 시 꼭 착용해보세요.

HOW TO MAKE P.125

09 ⏱ 60 分 [엮기] [연결하기]

트위스트 매듭팔찌

파스텔 톤 실로
두 가지 매듭법으로 만든 팔찌를 모아
메탈 파츠를 달아 화려하게.

HOW TO MAKE P.126-127

10 ⏱ 30 分 [엮기]

줄란 팔찌

줄란에 코드를 엮어 만든
심플한 팔찌.
화려한 금속 장식이 포인트.

HOW TO MAKE P.128

11 ⏱ 15 分 [붙이기]

양모과 진주를 채운
돔 귀걸이

글래스 돔에 실이나 파츠를 채우면
귀여운 액세서리가 됩니다.
양모를 넣어 따뜻한 느낌의 디자인.

HOW TO MAKE P.129

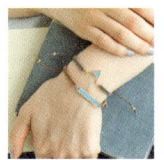

⇨ P.110

01   터키석 평매듭 팔찌

평매듭 만들기

1

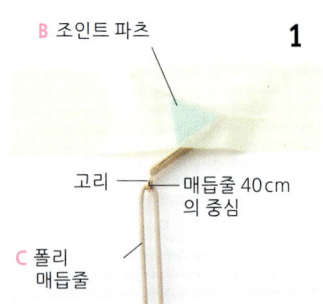

B 조인트 파츠

고리

매듭줄 40cm
의 중심

C 폴리
매듭줄

작업대에 조인트 파츠를 마스킹테이프
로 고정하고, 한쪽 고리에 40cm 폴리 매
듭줄을 끼운 후, 중심에 맞춰 반을 접어
두 줄로 만든다.

↓

2

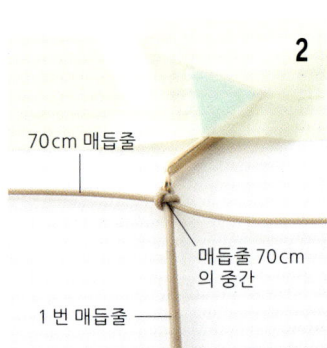

70cm 매듭줄

매듭줄 70cm
의 중간

1번 매듭줄

1번 과정의 매듭실에 70cm 매듭실 중
간을 한 번 묶는다.

↓

3

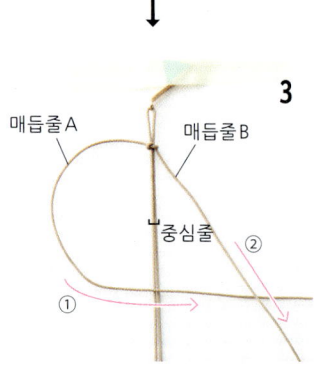

매듭줄 A

매듭줄 B

중심줄

②

①

1번의 줄을 중심줄로 놓고, 70cm 매듭
줄을 엮어 평매듭 (⇨P.187-[17]) 을 짓
는다. 중심줄에 매듭줄 A를 올리고 그
위 매듭줄 B를 올린다.

4

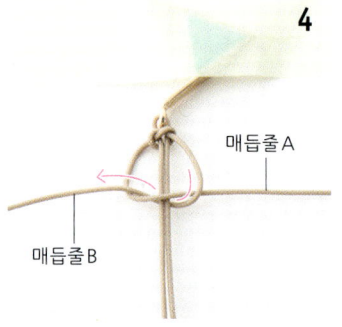

매듭줄 A

매듭줄 B

매듭줄 B를 중심줄 아래로 통과시켜 왼
쪽 고리 부분으로 꺼낸다.

↓

5

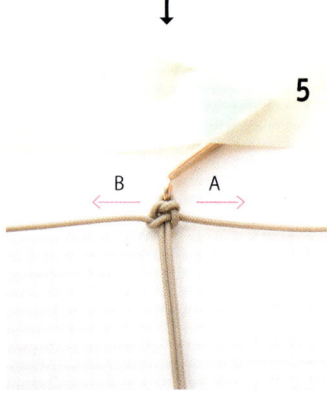

B   A

매듭줄 A·B를 양옆으로 잡아당겨 준다.
여기까지 평매듭 1/2 세트.

↓

6

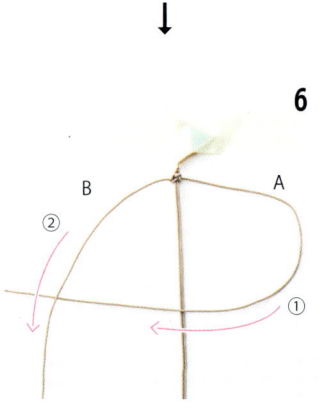

B   A

②

①

이어서 중심줄에 매듭줄 A를 올리고, 그
위에 매듭줄 B를 올린다.

완성 사이즈 :
손목 둘레 길이 13cm~조정 가능

사용하는 재료

[삼각형]

A 메탈비즈 (통과형·4mm·매트 골드)
————————— 2개

B 조인트 파츠 (삼각형·터키석×골드)
————————— 1개

C 폴리 매듭줄 (0.7mm·다크 브라운)
————————— 30cm×1줄,
40cm×2줄、70cm×2줄

[직사각형]

A 메탈비즈 (통과형·4mm·매트 골드)
————————— 2개

B 조인트 파츠(직사각형·터키석×골드)
————————— 1개

C 폴리 매듭줄 (0.7mm·브라운)
————————— 30cm×1줄,
40cm×2줄、70cm×2줄

사용하는 도구

가위 / 라이터 / 마스킹테이프

[삼각형]

C 폴리 매듭줄

A 메탈
비즈

B 조인트
파츠

[직사각형]

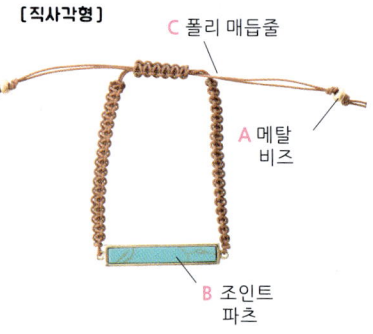

C 폴리 매듭줄

A 메탈
비즈

B 조인트
파츠

---

m e m o   7, 8번 과정에서 줄을 잡아당겨 조일 때, 매듭이 뒤집어지지 않도록 주의. 틀리면 그때그때 바르게 고쳐서 매듭을 짓는다.

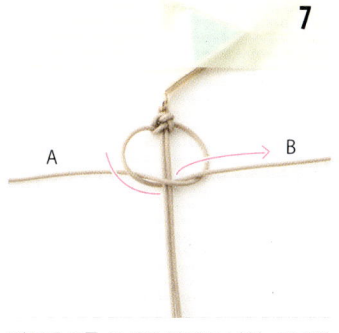

7

A   B

매듭줄 B를 중심줄 아래로 넣어, 오른쪽 고리를 통과시켜 꺼낸다.

↓

8

A   B

매듭줄 A·B를 양옆으로 잡아당겨 준다. 3~8 번까지 평매듭 1 세트.

↓

9

평매듭 21 회

3mm 길이를 남기고 매듭줄 두 줄 모두 가위로 자른다. 중심줄은 자르지 않는다.

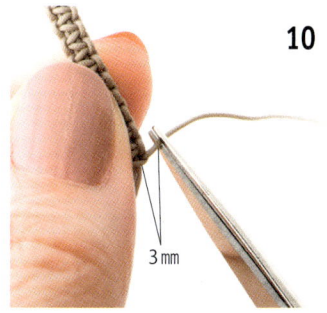

10

3㎜

3mm 길이를 남기고 두개의 매듭줄 모두 가위로 자른다. 중심줄은 자르지 않는다.

↓

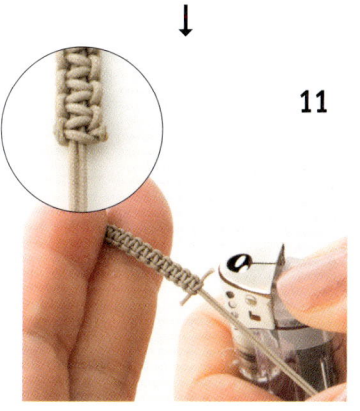

11

자른 두 줄이 지저분하지 않게 라이터 불로 지겨 녹여서 ⇨ P.188) 마무리한다. 이때, 준심줄이 불에 타지 않도록 주의한다.

↓

12

1~11 번 과정과 같이, 조인트 파츠의 반대쪽도 평매듭을 21 번 짓는다.

마 무 리

13

매듭줄 30cm의 중간

30cm 매듭줄

사진과 같이, 전체를 둥글게 만들어 중심줄을 평행하게 두고, 중심줄 4 가닥 줄에 30cm 매듭줄을 중간에 맞춰 한 번 묶는다.

↓

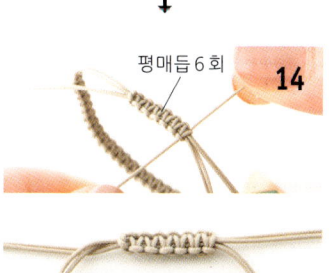

14

평매듭 6 회

30 ㎝ 줄을 매듭줄로 하여 평매듭을 6 번 짓는다(이때 중심줄은 4 줄). 매듭이 끝나면 11 번과 같은 방법으로 끝을 마무리한다.

↓

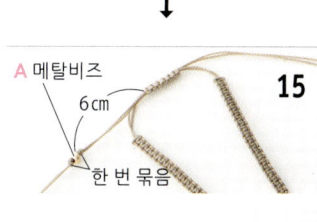

15

A 메탈비즈

6cm

한 번 묶음

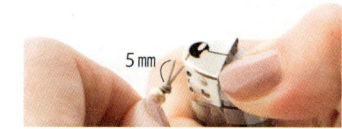

5mm

14 번 과정에서의 평매듭에서 6cm 떨어진 위치에 중심줄 두줄을 정리하여 묶고 메탈 비즈를 1 개 끼운 후 한 번 더 두 줄을 묶는다. 중심줄을 5mm 남기고 자른 후 끝부분을 불로 녹여 마무리한다. 다른 쪽 중심줄도 같은 방법으로 마무리한다.

0 2 　 달과 석양 머리핀

⇨ P.111

모티브 만들기

1

뒷면

패턴을 복사해서 자르고 가죽 뒷면에 대고 볼펜 또는 초크로 표시한 후, 패턴이 그려진 가죽을 가위로 잘라 파츠로 만든다.

↓

B 가죽b 　 A 가죽a

2

C 가죽c

동전 모양으로 가죽 a, b 파츠를 만들고, 다각형 모양으로 가죽 c 파츠를 만든다.

모티브 붙이기

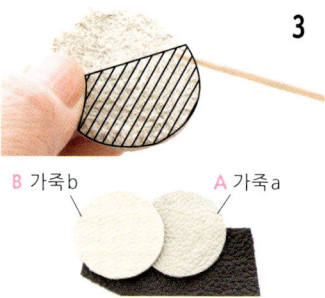

3

B 가죽b 　 A 가죽a

동전 모양 파츠 뒤에 반 정도 이쑤시개로 접착제를 바른다. 다각형 파츠 앞에 가죽 a, b 순서대로 겹쳐 붙인다.

마무리

4

D 머리핀대

머리핀대 표면에 이쑤시개로 접착제를 바르고, 3 번의 다각형 파츠 뒷부분에 붙인다.

실 물 사 이 즈 패 턴

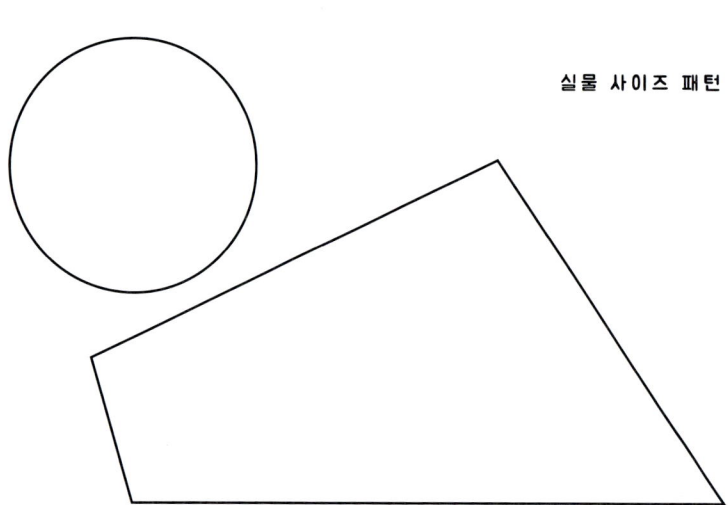

완성 사이즈 : 세로 4.8 × 가로 9.2 ㎝

사 용 하 는 재 료

[블랙]

A	가죽a (베이지)	4×4 ㎝
B	가죽b (오프화이트)	4×4 ㎝
C	가죽c (블랙)	6×10 ㎝
D	머리핀대 (1×6 ㎝ · 실버)	1 개

[오렌지]

A	가죽a (베이지)	4×4 ㎝
B	가죽b (오프화이트)	4×4 ㎝
C	가죽c (오렌지)	6×10 ㎝
D	머리핀대 (1×6 ㎝ · 실버)	1 개

[오프화이트]

A	가죽a (블랙)	4×4 ㎝
B	가죽b (베이지)	4×4 ㎝
C	가죽c (오프화이트)	6×10 ㎝
D	머리핀대 (1×6 ㎝ · 실버)	1 개

사 용 하 는 도 구

가위 / 접착제 / 이쑤시개 / 볼펜

[블랙]

A 가죽a
B 가죽b
C 가죽c
D 머리핀대

[오렌지]

[오프화이트]

　m e m o　색과 배치만 바꿔도 디자인 스타일은 무한대. 조각 가죽으로 꼭 도전해보세요.

03 벨벳 진주 머리핀

⇨ P.111

모티브 만들기

1 B 벨벳 리본

裏

裏
0.6 cm

벨벳 리본 뒷면 끝부분에 이쑤시개로 접착제를 바르고, 0.6 cm 정도 접어 붙인다. 다른 쪽도 동일하게 해준다.

진주 꿰매기

2
1 出 0.5 cm
0.5 cm

2 入 1.8 cm

실을 바늘에 끼워 두 줄로 만드나. 매듭을 지은 후, 사진에 표시된 위치로 바늘을 넣어 (1 出) 뺀 후 코튼펄을 1 개를 끼우고 1.8 cm 앞 부분에 넣는다 (2 入).

↓

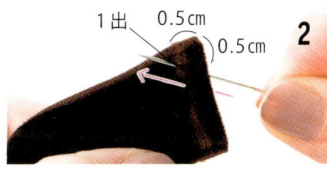

3
3 出
0.7 cm

2 번 과정에서 바늘을 넣은 곳의 0.7 cm 앞에서 바늘을 빼낸다 (3 出).

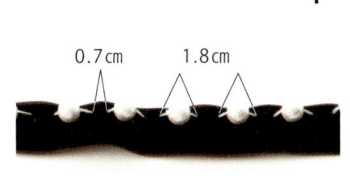

4
0.7 cm 1.8 cm

2, 3 번과 동일한 방법으로 코튼펄 7 개를 벨벳 리본에 단다. 마지막은 뒷면으로 바늘을 뺀 상태.

↓

5

실을 당겨 주름을 만든 후, 매듭지어 마무리한다.

핀대 붙이기

6
C 머리핀대

머리핀대 윗면에 이쑤시개로 접착제를 바르고 5 번에서 만든 파츠 뒷면의 윗부분 (코튼펄 뒷부분) 에 붙인다.

완성 사이즈 : 세로 2.5 × 가로 9.5 cm

사용하는 재료

[브라운]

A 코튼펄 (라운드 · 10 mm · 화이트) ─────── 7 개

B 벨벳 리본 (25 mm 폭 · 브라운) ─────── 20 cm

C 머리핀대 (80 mm · 골드) ─────── 1 개

D 손 바느질용 실 (검정) ─────── 120 cm

[네이비]

A 코튼펄 (라운드 · 10 mm · 화이트) ─────── 7 개

B 벨벳리본 (25 mm 폭 · 네이비) ─────── 20 cm

C 머리핀대 (80 mm · 골드) ─────── 1 개

D 손 바느질용 실 (검정) ─────── 120 cm

사용하는 도구

이쑤시개 / 바늘 / 패브릭 접착제

[브라운]

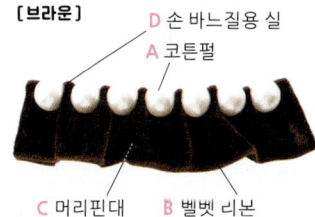

D 손 바느질용 실
A 코튼펄
C 머리핀대 B 벨벳 리본

[네이비]

※ 과정 사진에서는 흰색 실로 바꿔 사용하였습니다.

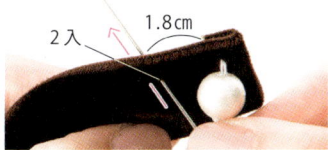
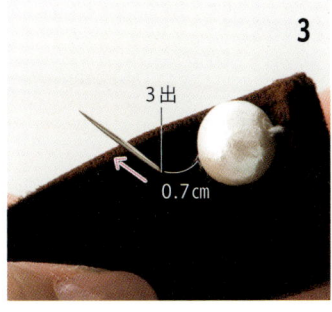

04 진주 & 세줄 땋기 매듭팔찌

⇨ P.112

파츠 만들기

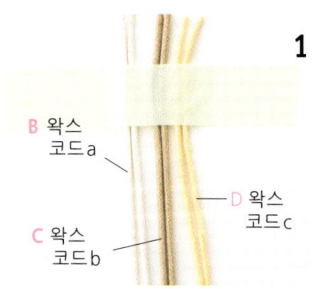

1

B 왁스
코드a

C 왁스
코드b

D 왁스
코드c

사진과 같이, 세 종류의 왁스코드를 왼쪽부터 베이지, 브라운, 옐로우 순서로 두 줄씩 놓고, 끝부분을 작업대에 마스킹 테이프로 붙여 고정한다.

코드 엮기

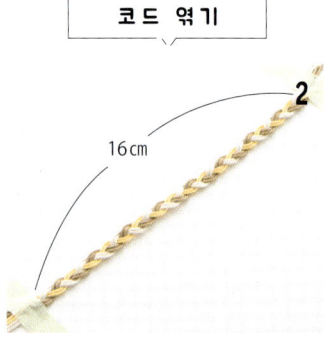

2

16cm

두 줄을 한 세트로 해서 약 16cm 세 줄로 땋는다 (⇨ P.187-17). 다 엮은 코드의 끝부분도 작업대에 마스킹 테이프로 고정한다.

↓

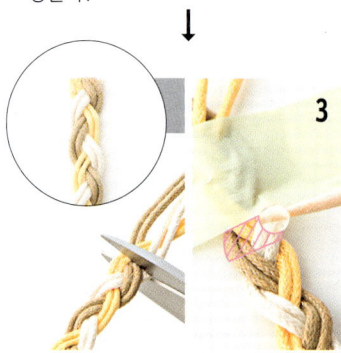

3

테이프를 붙인 옆에 매듭을 이쑤시개로 접착제를 바르고 말린다. 매듭이 풀리지 않게 양쪽 끝에 발라 고정한다. 접착제가 마른 후 테이프를 떼고 매듭 끝부분을 가위로 잘라서 정리한다.

H 레이스캡

4

매듭에 레이스 캡을 연결한다. (⇨ P.185-12). 매듭 끝을 레이스캡 안에 넣어 평집게로 꼭 눌러 정리한다. 남은 한쪽도 같은 방법으로 연결한다.

비즈 끼우기

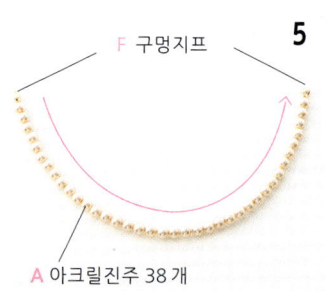

F 구멍지프

5

A 아크릴진주 38 개

와이어에 아크릴진주 38 개를 끼우고, 양 끝에 구멍지프와 고정볼로 마감한다. (⇨ P.183-9)

전체 연결하기

J 연장체인
E C링

6

I SR장식

E C링

4번 레이스캡과 5번 구멍지프를 C링에 걸고 SR장식과 연장체인을 각각 연결한다.

완성 사이즈 : 손목 둘레길이 16㎝

사용하는 재료

A 아크릴진주 (라운드·4㎜·베이지)
——————————— 38개
B 왁스코드 (1.2㎜·베이지)
——————————— 150㎝×2개
C 왁스코드b (1.2㎜·브라운)
——————————— 150㎝×2개
D 왁스코드c (1.2㎜·옐로우)
——————————— 150㎝×2개
E C링 (0.7×3.5×4㎜·골드)
——————————————— 2개
F 구멍지프 (골드) ———— 2개
G 고정볼 (골드) ————— 2개
H 레이스캡 (10㎜·골드)——— 2개
I SR장식 (골드) ————— 1개
J 연장체인 (골드) ———— 1개
K 나일론 코팅 와이어 (피아노줄)
(0.3㎜)——————— 25㎝×1줄

사용하는 도구

평집게 / 가위 / 접착제
마스킹 테이프 / 이쑤시개

J 연장체인

I SR장식

E C링

F 구멍지프
G 고정볼

H 레이스캡

A 아크릴진주

D 왁스코드c

B 왁스코드a

C 왁스코드b

K 나일론 코팅
와이어

m e m o 세줄 땋기를 느슨하게 엮으면 보기 좋지 않습니다. 단순한 작업이지만 매듭 하나하나 단단히 조여서 만드세요.

CLASS

⑥

기본아이템에 유니크함을 더하는 리본 & 끈 액세서리

목걸이

귀걸이 · 귀찌

팔찌

반지

헤어 액세서리

브로치

05   단 추 & 리 본 핀 브 로 치

⇨ P.112

모티브 만들기

5mm 겹침

A 새틴 리본a

한 땀 뜨기

1

새틴 리본을 둥글게 말아 끝을 5mm 겹친 후, 중심을 한 땀 떠서 고정한다. a 파츠 두 개, b 파츠 1개를 각각 만든다.

B 새틴 리본b

2

사진과 같이, 1번의 세개의 리본 파츠를 a→b→a 순서로 조금씩 비틀어 겹쳐 배치한다.

그로그랭 리본 꿰매기

3

리본 파츠 3개를 한꺼번에 바늘로 꿰매 중심을 고정한다.

C 그로그랭 리본

裏

4

3번 파츠의 중심에 그로그랭 리본을 한 바퀴 둘러 뒤에서 겹쳐 중심을 꿰매어 고정한다.

D 단추

5

그로그랭 리본 중심 위에 단추를 단다.

옷핀 붙이기

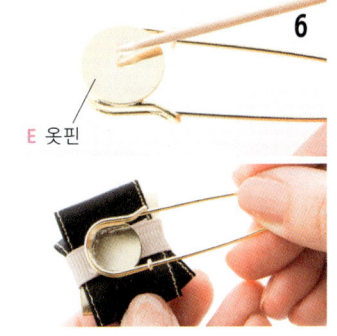

E 옷핀

6

옷핀의 원판 부분에 이쑤시개로 접착제를 바르고, 파츠 뒷면 중간에 붙인다.

완성 사이즈 :
모티브 세로 4×가로 3.5cm

사용하는 재료

A 새틴 리본a (24mm폭·블랙)
———————— 7.5cm×2줄

B 새틴 리본b (24mm폭·골드)
———————— 7.5cm×1줄

C 그로그랭 리본 (9mm폭·베이지)
———————— 8cm×1줄

D 단추 (진주 단추·1.8mm)
———————————— 1개

E 옷핀 (원판형·60mm·골드)
———————————— 1개

F 손 바느질용 실 (검정) —— 적당량

사용하는 도구

바늘 / 가위 / 접착제 / 이쑤시개

B 새틴 리본b

A 새틴 리본a

C 그로그랭 리본

D 단추

E 옷핀

※ 과정 사진에서는 빨간색 실로 바꿔 사용하였습니다.

▷ P.113

패브릭 접기

1

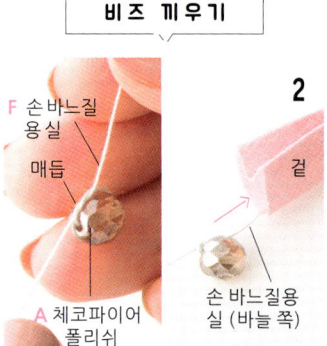

5mm
5mm

안

C 천

패브릭의 윗부분과 아랫부분 약 5mm 접어 다림질한다.

비즈 끼우기

2

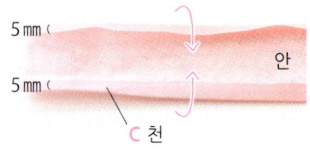

F 손 바느질용 실
매듭

겉

A 체코파이어 폴리쉬

손 바느질용 실 (바늘 쪽)

바늘에 실을 끼우고, 체코 파이어 폴리쉬를 넣은 후 실을 한 번 묶는다. 이 비즈는 보이지 않기 때문에 10mm 정도의 어떤 비즈라도 상관없다.
1번의 접은 패브릭을 세로로 절반 접어, 천 사이에 실을 끼운다. 바늘은 일단 놓아둔다.

천 바느질하기

3

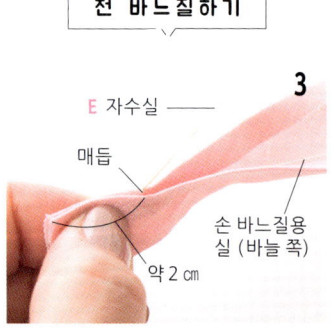

E 자수실

매듭

손 바느질용 실 (바늘 쪽)

약 2cm

손바느질용 실을 천 사이에 끼운 채, 천 뒤에서 3가닥이 꼬인 자수실 바늘에 끼워 매듭을 짓고 바느질한다.

4

약 2cm

천 끝자락에서 약 2cm 떨어진 부분에 자수실 세 바퀴를 감은 후, 한 땀 꿰매서 고정한다. 자수실은 일단 놓아둔다.

↓

5

B 우드비즈

2번에서 놓아두었던 바늘을 당겨 체코 파이어 폴리쉬를 4번에서 감아 고정한 위치까지 가져온다. 손바느질용 실에 우드비즈를 한 개 끼운다.

↓

6

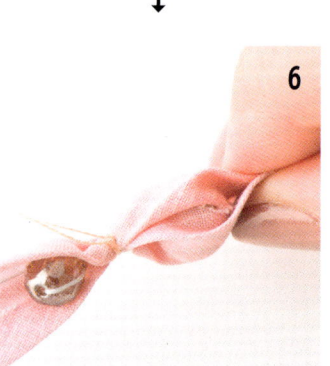

우드 비즈와 손 바느질용 실을 천으로 싼다.

완성 사이즈 : 전체 길이 140㎝

사용하는 재료

A 체코파이어폴리쉬 (10㎜·브라운)
――――――――――――― 2개
B 우드비즈 (라운드·10㎜·내추럴)
――――――――――――― 34개
C 천 (면·홀치기 염색)
――――――――― 폭6㎝×길이65㎝
D 실크시폰 리본 (브라운)
――――――――――― 95㎝×2줄
E 자수실 (#25·새먼핑크)
――――――――――――― 적당량
F 손 바느질용 실 (베이지) ―― 적당량

사용하는 도구

가위 / 다리미 / 접착제 / 바늘

D 실크시폰 리본

F 손 바느질용 실

B 우드비즈

A 체코파이어 폴리쉬

C 천

E 자수실

7

사진과 같이, 4번에 놔두었던 바늘로 우드 비즈 옆의 천 안쪽으로 바늘을 꽂아 밖으로 뺀다.

↓

8

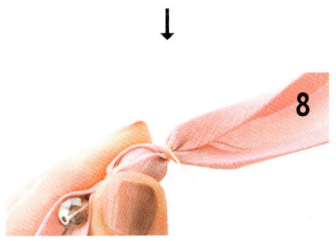

4번 과정과 같이, 실을 세 바퀴 감고 한 땀 떠서 고정한다.

↓

9

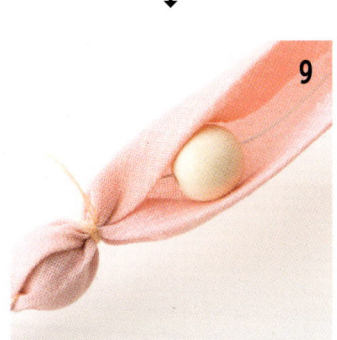

5번 과정의 바늘로 손바느질용실에 우드 비즈를 한 개 끼운다. 6~8번 과정과 같은 방법으로 비즈를 천으로 감싸고 실을 감아서 고정한다.

10

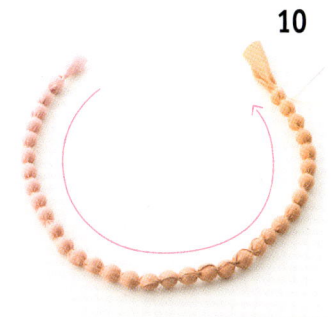

9번 과정을 반복하여, 우드비즈 34개를 천으로 싼다.

↓

11

우드 비즈를 끼운 후, 1번 과정과 같이 손바느질용 실에 체코 파이어 폴리쉬를 끼워 연결한다.

↓

12

손바느질용 실 · 자수실은 천 뒤쪽 보이지 않는 곳에서 매듭지어 마무리한다. 실은 바늘에서 빼지 않고 둔다.

13

바느질 위치

D 실크시폰 리본

실크시폰 리본을 연결한다. 실크시폰 리본으로 끝의 체코 파이어 폴리쉬를 천으로 감싸고, 실로 실크시폰 리본과 천을 꿰맨다.

↓

14

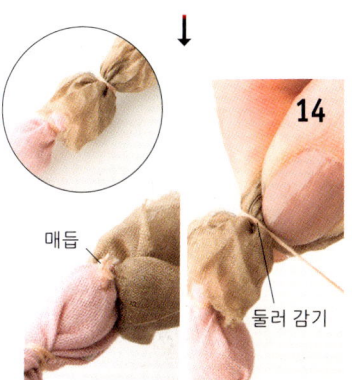

매듭

둘러 감기

실을 당겨 체코 파이어 폴리쉬 옆을 세 바퀴 감고, 실크시폰 리본을 젖혀 한 땀 꿰맨 후, 매듭지어 마무리한다.

마무리

15

남은 한쪽도 동일하게 실크시폰 리본을 연결한다. 착용 부분은 목뒤에 리본으로 묶는다.

07   미니 리본 귀걸이

⇨ P. 114

파츠 만들기

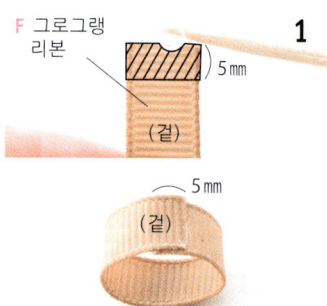

F 그로그랭 리본
5mm
(겉)
5mm
(겉)

1

그로그랭 리본 끝부분 5mm에 이쑤시
개로 패브릭 접착제를 바르고 둥글게 말
아 붙인다.

D 삼각링
A 체코비즈

2

체코비즈에 삼각링을 연결한다.
(⇨ P.180-[2])

↓

C 디자인 O링

3

2번의 삼각링에 디자인 O링을 연결하고,
평집게로 닫는다.

4

둥글게 말아놓은 그로그랭 리본을 디자
인 O링에 접어넣고 리본 모양으로 만든
다.

전체 연결하기

B O링
G 체인

5

4번의 디자인 O링에 체인을 O링으로
연결한다.

↓

E 귀걸이 포스트

6

귀걸이 포스트의 고리를 열고 체인의 또
다른 쪽과 연결한다. 다른 한쪽 귀걸이
도 같은 방법으로 만든다.

완성 사이즈 : 길이 4cm

사용하는 재료

[베이지]

A 체코비즈 (물방울 횡혈·6×10mm·
제트) ——————— 2개
B O링 (0.55×3.5×2mm·골드)
——————— 2개
C 디자인 O링 (6mm·골드)
——————— 2개
D 삼각링 (0.6×5mm·골드)
——————— 2개
E 귀걸이 포스트 (후크·골드)
——————— 1세트
F 그로그랭 리본 (9mm 폭·베이지)
——————— 4cm×2줄
G 체인 (골드) ——— 2cm×2줄

[브라운]

A 체코비즈 (물방울 횡혈·6×10mm·
아쿠아마린 세피아)——— 2개
B O링 (0.55×3.5×2mm·골드)
——————— 2개
C 디자인 O링 (6mm·골드)
——————— 2개
D 삼각링 (0.6×5mm·골드)
——————— 2개
E 귀걸이 포스트 (후크·골드)
——————— 1세트
F 그로그랭 리본 (9mm폭·브라운)
——————— 4cm×2줄
G 체인 (골드) ——— 2cm×2줄

사용하는 도구

평집게 / 9자말이 집게
패브릭 접착제 / 이쑤시개

[베이지]

E 귀걸이 포스트
[브라운]
G 체인
B O링
F 그로그랭
리본
C 디자인
O링
D 삼각링
A 체코비즈

CLASS

⑥

기본아이템에 유니크함을 더하는 **리본 & 끈 액세서리**

목걸이

귀걸이 · 귀찌

팔찌

반지

헤어 액세서리

브로치

08   새틴 프릴 귀걸이

⇨ P.114

모티프 만들기

1

C 새틴리본

새틴 리본 양 끝부분에 이쑤시개로 올이 풀리지 않게 접착제를 바른다.

↓

2

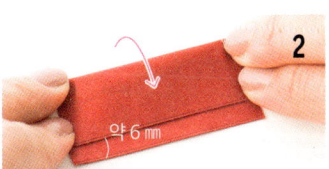
약 6 mm

접착제가 마르면 사진과 같이 약 6mm 남기고 접는다. 3등분이 되도록 위에서 다시 한번 접는다.

새틴 리본 바느질하기

3

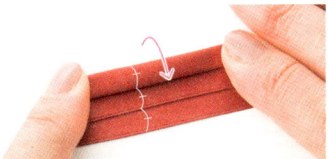
7 mm   4 mm
表

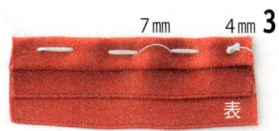
E 손바느질용 실
表

맨 위 네 겹으로 겹쳐진 부분의 중심 라인으로 바느질한다. 손바느질용 실을 바늘에 끼워 매듭짓고 끝에서 4mm 위치에서부터 바늘을 꽂아 7mm 간격으로 6땀 꿰맨다. 실을 잡아당겨 주름을 만들고 바깥쪽으로 바늘을 빼낸다.

4

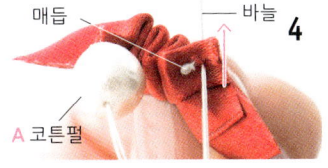
매듭   바늘
A 코튼펄

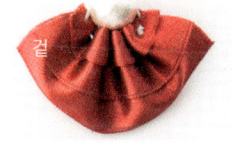
겉

코튼펄을 바늘에 끼우고 첫 매듭의 바로 옆으로 바늘을 넣는다. 실을 단단히 잡아당겨 뒷면에서 매듭을 지어 마무리한다.

파츠 붙이기

5

B 줄란

겉면 주름에 이쑤시개로 접착제를 바르고 줄란을 붙인다.

마무리

6

D 귀걸이 포스트

귀걸이 포스트 원판 부분에 이쑤시개로 접착제를 바르고, 5번 파츠 뒷면 윗부분(코튼펄 쪽)에 붙인다. 다른 한쪽 귀걸이도 같은 방법으로 만든다.

완성 사이즈 : 세로 3×가로 4.5cm

사용하는 재료

[와인레드]

A 코튼펄 (라운드·10mm·화이트)
———————————————— 2개

B 줄란 (#100·골드×크리스탈)
———————————— 2.5cm (8알) ×2줄

C 새틴 리본 (4.9cm폭·와인레드)
————————————————— 5cm×2줄

D 귀걸이 포스트 (원판·10mm·골드)
————————————————————— 1세트

E 손바느질용 실 (빨강) ——— 적당량

[네이비]

A 코튼펄 (라운드·10mm·화이트)
———————————————— 2개

B 줄란 (#100·골드×크리스탈)
———————————— 2.5cm (8알) ×2줄

C 새틴 리본 (4.9cm폭·네이비)
————————————————— 5cm×2줄

D 귀걸이 포스트 (원판·10mm·골드)
————————————————————— 1세트

E 손바느질용 실 (검정) ——— 적당량

사용하는 도구

바늘 / 가위 / 이쑤시개 / 접착제

[와인레드]

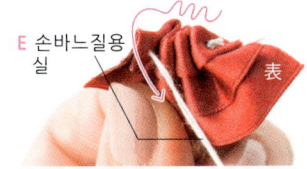
A 코튼펄
B 줄란   D 귀걸이 포스트
C 새틴 리본   E 손바느질용 실

[네이비]

※ 과정 사진에서는 흰색실로 바꿔 사용하였습니다.

09 트위스트 매듭팔찌

⇨ P.115

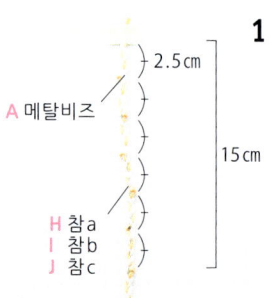

줄 매듭짓기

1

2.5cm

A 메탈비즈

15cm

H 참a
I 참b
J 참c

새틴 코드 a, b, c를 가지런히 정리하여 마스킹테이프로 작업대에 고정하고 세 줄땋기를 한다 (⇨ P.187-17).
매듭 2.5cm 마다 메탈비즈를 끼우고 전체 길이 15cm가 될 때까지 땋는다.

↓

2

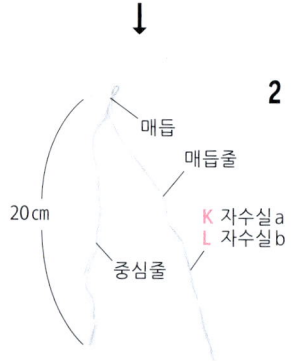

매듭
매듭줄
K 자수실 a
L 자수실 b
20cm
중심줄

사진과 같이, 자수실 a, b를 함께 맞춰 20cm 부분에서 접어서 한번 묶는다.
짧은 쪽을 중심줄, 긴 쪽을 매듭줄로 한다.

↓

3

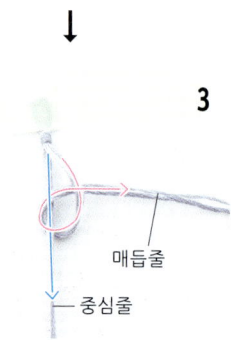

매듭줄
중심줄

자수실로 돌려 엮어 매듭을 만든다 (⇨ P.187-17). 매듭줄은 중심줄 위로 지나 오른쪽 아래로 넣어 매듭줄 위로 빼내는 형태로, 화살표 방향대로 돌려 감는다. 잡아당겨 매듭 1 세트 완성.

4

3번 과정을 여러 번 반복하여 길이 15cm를 엮어 만든다.

↓

5

접착제

매듭이 풀리지 않도록, 1번 과정에서 만든 세줄땋기 매듭줄과 4번 과정에서 만든 돌려엮기 매듭줄의 양 끝에 이쑤시개로 접착제를 바른다.

↓

6

P 레이스캡

접착제가 마르면 매듭을 가위로 잘라 정리하고, 레이스캡을 연결한다 (⇨ P.185-12). 남은 한쪽도 같은 방법으로 연결한다.

완성 사이즈 : 손목 둘레 길이 16cm

사용하는 재료

A 메탈비즈 (4mm·골드)
_____ 6개
B 참a (조개·골드) _____ 1개
C 참b (해마·골드) _____ 1개
D 참c (불가사리·골드) _____ 1개
E 참d (소라·골드) _____ 1개
F 태슬참a (핑크)
_____ 1개
G 태슬참b (퍼플)
_____ 1개
H 새틴코드a (2mm·옐로우)
_____ 25cm×1줄
I 새틴코드b (2mm·화이트)
_____ 25cm×1줄
J 새틴코드c (2mm·그린)
_____ 25cm×1줄
K 자수실a (#25·그레이)
_____ 120cm×1줄
L 자수실b (#25·블루)
_____ 120cm×1줄
M O링 (0.6×5mm·골드)
_____ 6개
N 랍스터 클래습 (골드) _____ 1개
O 연장체인 (골드)
_____ 1개
P 레이스캡 (10mm·골드)
_____ 2개

사용하는 도구

평집게 / 9자말이 집게 / 가위
접착제 / 마스킹테이프
이쑤시개

memo 트위스트 매듭은 비틀어지는 모양이 특징. 매듭이 뒤집히면 예쁜 트위스트 매듭이 나오지 않으니 확인하면서 매듭을 만들어주세요.

POINT

다양한 참이 디자인의 결정적 요소!

팔찌의 본체가 심플해서, 연결한 참의 디자인이 포인트가 됩니다. 이 작품에서는 바다 생물로 컨셉을 잡았습니다. 좀 더 심플하거나 통통 튀는 참의 디자인 종류를 바꾸어 나만의 액세서리를 만들어 보세요.

참 연결하기

7

E 참d
M O링

전체 사진을 참고하여, 매듭이 돌아가는 부분에 참 a, b, c를 O 링으로 연결한다.

마무리

8

F 태슬 참a
O 연장체인
G 태슬 참b
N 랍스터 클래습
M O링

6번의 레이스캡에 O 링으로 랍스터 클래습과 연장 체인을 연결한다. 연장 체인의 끝에는 태슬 참 a, b를 연결한다.

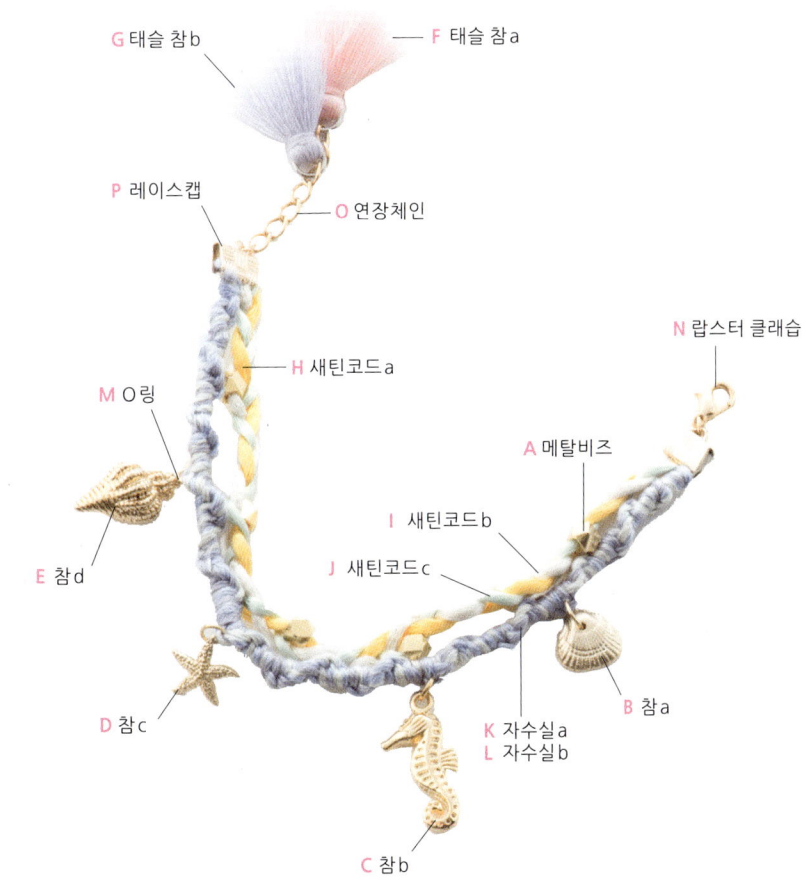

G 태슬 참 b — F 태슬 참 a

P 레이스캡 — O 연장체인

M O링 — H 새틴코드a

N 랍스터 클래습

A 메탈비즈

E 참d — I 새틴코드 b

J 새틴코드 c

D 참 c

K 자수실 a
L 자수실 b

B 참 a

C 참 b

10   줄란 팔찌

⇨ P.115

부자재 연결하기

1

E 줄란캡
D 줄란

줄란 양끝 크리스탈에 줄란캡을 연결한다. (⇨ P.185- 13)

매듭 땅기

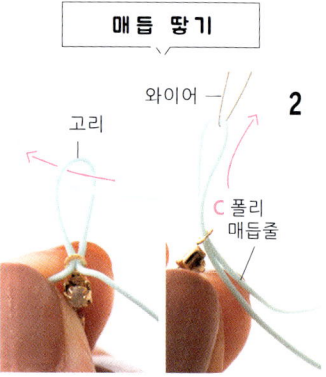

2

와이어
고리
C 폴리매듭줄

폴리매듭줄 중심에 끼운 와이어를 이용해서 줄란캡의 고리에 매듭줄을 끼우고 생긴 고리에 한쪽 끝을 넣는다.

↓

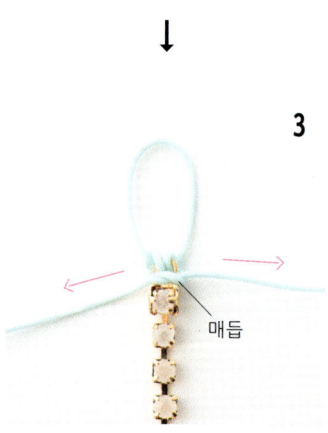

3

매듭

두 줄의 실을 줄란캡 고리 위에 한번 묶는다.

4

중심줄
매듭줄

줄란을 사이에 두고 좌우로 줄을 놓고 좌우엮기 매듭을 한다 (⇨ P.188- 17).
우선 왼쪽을 중심줄, 오른쪽을 매듭줄로 놓고 앞쪽에서 돌려 엮는다.
좌우엮기 0.5 세트.

↓

5

A 메탈비즈

4 번에서의 중심줄과 매듭줄을 반대로 두고 오른쪽을 중심줄, 왼쪽을 매듭줄로 놓고 중심줄에 매듭줄을 앞쪽에서 돌려 엮는다. 여기까지 좌우 엮기 매듭 1 세트. 4, 5 번을 여러 번 반복하여 엮는다. 완성 사진을 보면서 줄란 크리스탈 6 개에 1 개 간격으로 메탈 비즈를 끼워서 연결한다.

↓

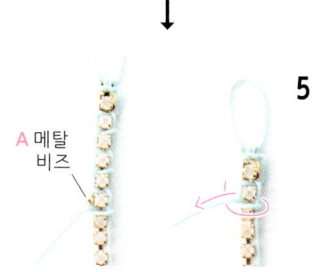

6

매듭
매듭
B 단추
고리

끝까지 매듭을 엮었으면 줄란캡 고리에 줄을 끼워 두 줄을 한번 묶어준다. 오른쪽 줄에 단추를 끼우고 한번 더 두 줄을 묶는다. 마지막은 사진과 같이 메탈 비즈 앞뒤로 매듭을 짓고 남은 줄은 가위로 자른다.

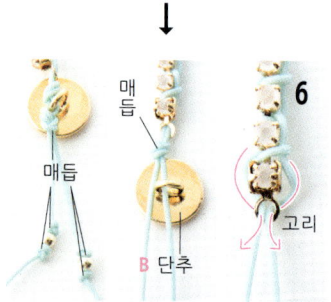

완성 사이즈 : 손목 둘레길이 16cm

사용하는 재료

[하늘색]
A 메탈비즈 (라운드·2mm·골드)
——————— 8개
B 단추 (스마일·10mm·골드)
——————— 1개
C 폴리매듭줄 (0.7mm·하늘색)
——————— 90cm×1 줄
D 줄란 (#110·밀키화이트)
——————— 15.5cm×1줄
E 줄란캡 (#110용·골드)
——————— 2개

[보라색]
A 메탈비즈 (라운드·2mm·골드)
——————— 8개
B 단추 (스마일·10mm·골드)
——————— 1개
C 폴리매듭줄 (0.7mm·보라색)
——————— 90cm×1 줄
D 줄란 (#110·크리스탈AB)
——————— 15.5cm×1 줄
E 줄란캡 (#110용·골드)
——————— 2개

사용하는 도구
평집게 / 가위 / 와이어

[하늘색]

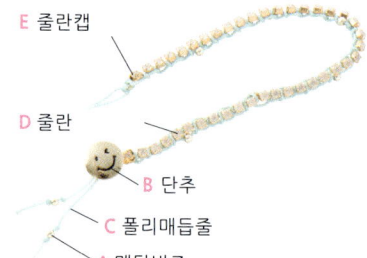

E 줄란캡
D 줄란
B 단추
C 폴리매듭줄
A 메탈비즈

[보라색]

m e m o 단추는 어떤 것이든 OK. 사진과 같이 귀여운 것이나 크리스탈이 달린 엘레강스한 것 등 취향에 따라 선택하세요.

11 양모과 진주를 채운 돔 귀걸이

⇨ P.115

⇨ P.115

파츠 넣기

1

D 줄란

줄란을 니퍼로 한 개씩 자른다. 한쪽에 5개씩 준비한다.

↓

2

A 스와로브스키
B 아크릴진주a
D 줄란
C 아크릴진주b
F 글래스돔

스와로브스키 10개, 아크릴진주a 4개, 아크릴진주b 4개, 줄란 크리스탈 5개를 비즈트레이에 담아 글래스돔에 넣는다.

↓

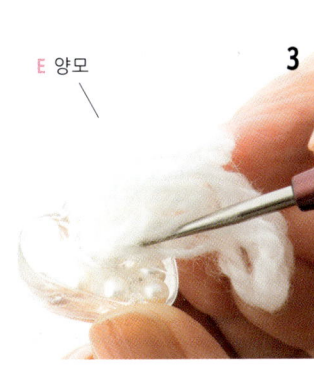

3

E 양모

양모 20㎝를 송곳을 이용해 글래스돔에 밀어 넣는다.

4

2번에서 넣은 파츠와 양모가 잘 섞이도록 송곳으로 정리한다.

비즈캡 붙이기

5

G 비즈캡

글래스돔 구멍 주위에 이쑤시개로 접착제를 바르고, 비즈캡을 붙여 닫아준다.

↓

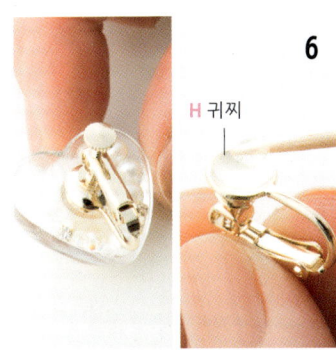

6

H 귀찌

귀찌 부착판에 접착제를 바르고, 5번의 비즈캡에 붙인다. 다른 쪽도 동일하게 만든다.

완성 사이즈 : 모티브 직경 2.2㎝

사용하는 재료

A 스와로브스키
(#5328·3㎜·크리스탈AB) ——— 20개

B 아크릴진주a
(라운드·4㎜·화이트) ——— 8개

C 아크릴진주b
(라운드·4㎜·베이지) ——— 8개

D 줄란 (#100·2㎜·크리스탈×골드) ——— 10개

E 양모 (보통 굵기·화이트)
——— 20㎝×2개

F 글래스돔
(반구형·22㎜) ——— 2개

G 비즈캡 (8㎜·골드) ——— 2개

H 귀찌
(나사형·골드) ——— 2개

사용하는 도구

니퍼 / 송곳 / 이쑤시개
비즈 트레이 / 접착제

C 아크릴진주b
B 아크릴진주a
A 스와로브스키
E 양모
F 글래스돔
D 줄란
G 비즈캡
H 귀찌

※과정 사진에서는 글래스돔의 모양을 하트로 바꿔서 사용하였습니다.

---

m e m o 글래스돔은 하트·별 모양 등 다양한 형태와 크기가 있어 드라이플라워나 비즈 이외 다른 것도 넣을 수 있습니다.

HANDMADE ACCESSORIES CLASS BOOK

CLASS → 7

그림 그려 만드는 프라반 액세서리

좋아하는 모양을 그려 굽는 것 만으로 훌륭한 파츠가 되는 프라반. 혼합 소재나 착색 방법을 연구해서 만들어 보세요.

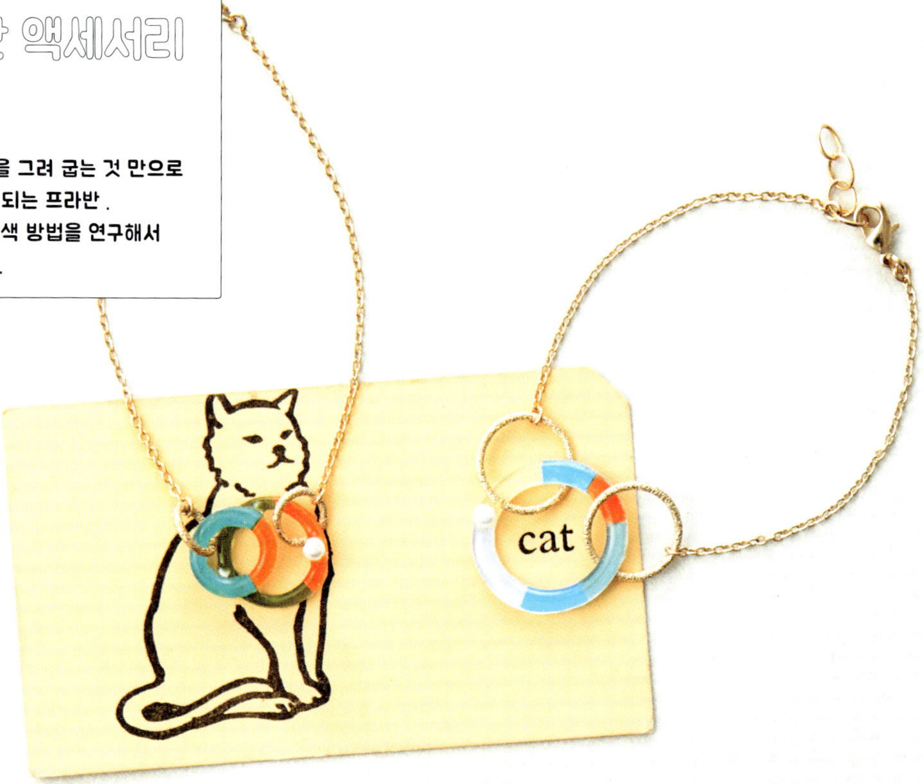

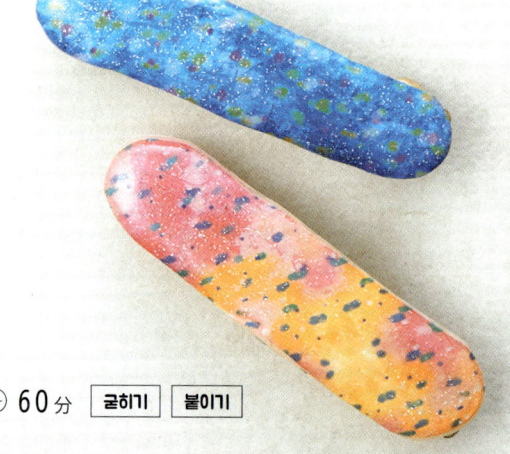

02

30分 굳히기 연결하기

링 고리 팔찌

프라반으로 만든 컬러풀한 고리에
디자인 오링을 연결한 팔찌.

HOW TO MAKE P.134-135

01

60分 굳히기 붙이기

아트 머리핀

좋아하는 패브릭도 프린트하면
나만의 액세서리로

HOW TO MAKE P.136

03 🕑 30 分 굽히기 연결하기

컬러풀한
장난감 단추 귀걸이

아이보리색 파츠나 유리비즈로
깔끔하게 정리한 귀여운 귀걸이
프라반을 구워 레진으로 보강하면
볼록하고 귀여운 느낌으로 완성.

HOW TO MAKE **P.137**

04 ⏱ 30分 [굳히기] [붙이기]

플라워 반지

레진에 파스텔을 섞어 착색시킨
투명한 색이 예쁜 반지.
몰래 숨겨놓은 듯한 반짝이와
작은 스와로브스키가 포인트.

HOW TO MAKE P.138

05 🕐 30分 붙이기

스 트 라 이 프 브 로 치

투명 프라반에 무늬를 넣은
심플해서 착용하기 편한 브로치.
어떤 패션에도 잘 매치된다.

HOW TO MAKE **P.139**

06 🕐 30分 연결하기

카 라 귀 걸 이

프라반을 구워서 비트는 것 만으로
굉장히 재미있는 모양으로 완성된다.
메탈파츠를 더해 섬세한 모양의 귀걸이로.

HOW TO MAKE **P.140**

02 링 고리 팔찌

⇨ P.130

파츠 만들기

1

G 프라반

프라반 표면에 원을 그리듯 사포로 문질러 완전히 하얗게 되면 물로 씻은 후 말린다.

↓

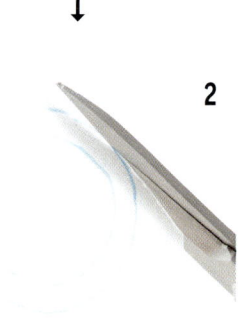

2

실물크기 도안 (⇨ P.141) 위에 프라반을 마스킹 테이프로 고정 후 옅은 색 색연필로 그림을 베껴 그린 후 가위로 자른다. 원 안쪽은 커터 칼로 도려낸다.

↓

3

1 번의 사포로 문지른 면에 색연필로 자유롭게 색칠한다.

4

[小] 는 원 2 개를 [大] 는 원 1 개를 준비해서 색칠한 면을 아래로 향하게 쿠킹시트 위에 올려 오븐토스터 (600W) 로 굽는다.

↓

5

수용성니스

색칠한 면

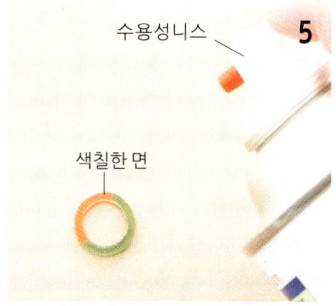

3 번 과정에서 색칠한 면, 색연필의 색이 지워지지 않도록 수용성니스 스프레이를 뿌려 완전히 말린다. 색칠한 면이 바깥쪽이 된다.

파츠 고정하기

6

A 아크릴진주

아크릴진주에 이쑤시개로 접착제를 발라 5 번에 겹치게 배치한다. UV레진을 바르고 [小] 는 2 개의 원을 겹쳐서 접착제로 고정시킨다.
UV램프를 이용해 구워서 굳혀도 ok.

완성 사이즈 :
小 / 모티브 세로 1.8 * 가로 2cm
大 / 모티브 지름 2cm

사용하는 재료

[小]

A 아크릴 진주 (라운드 3mm, 화이트)
———————————— 1개

B 오링 (0.6×3mm·골드)———— 4개

C 디자인오링 (1.2×10mm·골드)
———————————— 2개

D 랍스터 클래습 (골드)———— 1개

E 연장체인 (골드)—————— 1개

F 체인 (골드) ———— 6cm×2줄

G 프라반 (두께 0.3mm·투명)
———————————— 10×10cm

H UV레진 ——————— 적당량

[大]

A 아크릴진주 (라운드·3mm·화이트)
———————————— 1개

B 오링 (0.6×3mm·골드)
———————————— 4개

C 디자인오링 (1.2×14mm·골드)
———————————— 2개

D 랍스터 클래습 (골드) ——— 1개

E 연장체인 (골드) ————— 1개

F 체인 (골드) ———— 6cm×2줄

G 프라반 (두께 0.3mm·투명)
———————————— 5×5cm

H UV레진 ——————— 적당량

준비할 도구

평집게 / 9자말이 집게 / 가위
커터칼 / 마스킹테이프
색연필 / 이쑤시개 / UV램프
사포 (400방) / 쿠킹시트
오븐토스터 / 수용성 니스
장갑 / 누름돌 (두꺼운 책) / 접착제

※과정컷은 [小]의 제작과정입니다.

※UV레진의 경화시간은 4~5분이 기준

---

memo 프라반을 사포로 문지르면 표면에 상처가 생겨 색연필의 색이 잘 묻어나게 됩니다.

CLASS

⑦ 그림 그려 만드는 **프라반 액세서리**

목걸이

귀걸이·귀찌

팔찌

반지

헤어 액세서리

브로치

전체 연결하기

7

표면에 레진을 볼록하게 덮어 굳힌다.
원하는 두께가 될 때까지 반복한다.

8

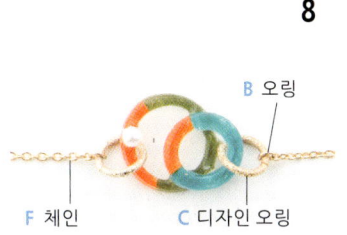

B 오링
F 체인
C 디자인 오링

7번 파츠에 디자인 오링과 오링으로 체
인을 연결한다.

9

D 랍스터 클래습   E 연장체인
B 오링

체인의 끝부분은 오링으로 각각 랍스터
클래습, 연장체인과 연결시킨다.

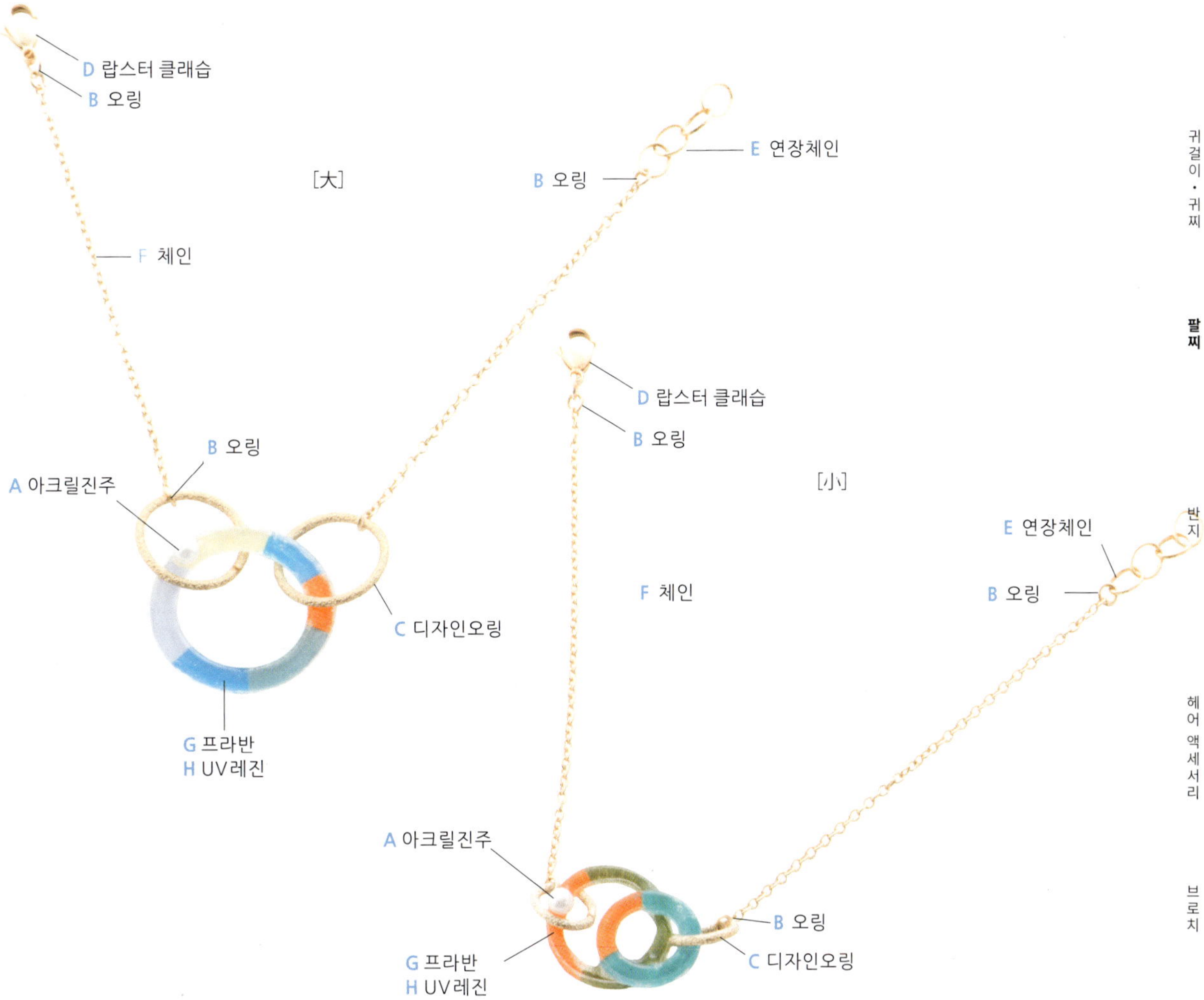

[大]

D 랍스터 클래습
B 오링

F 체인

B 오링   E 연장체인

B 오링
A 아크릴진주

C 디자인오링

D 랍스터 클래습
B 오링

[小]

F 체인

E 연장체인
B 오링

G 프라반
H UV레진

A 아크릴진주

G 프라반
H UV레진

B 오링
C 디자인오링

01 아트 머리핀

⇨ P.130

형태 만들기

A 프라반

1

프린트용 프라반에 미리 준비해둔 좋아하는 도안을 프린터기로 프린트한다. 프라반은 수축하면 색이 진해지기 때문에 살짝 옅게 프린트 한다. 도안에 맞춰 가위로 자른다.

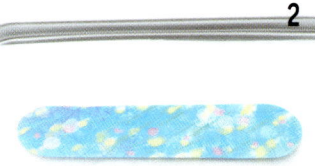

2

프린트 면을 위로 보이게하고 쿠킹시트에 올려 오븐토스터(600w)로 굽는다.

3

D 일반 자동 핀대

장갑을 끼고 프라반이 4분의 1까지 줄어들면 재빨리 꺼내 일반 자동 핀대에 얹어 커브에 맞춰 곡선모양으로 성형한다.

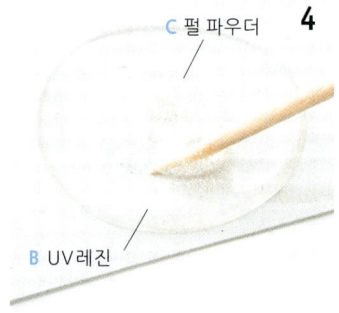

C 펄 파우더

4

B UV레진

UV레진을 클리어 파일에 올려놓고 펄파우더를 섞는다.

형태 굳히기

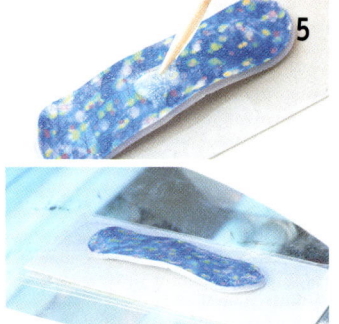

5

4번 UV레진을 3번 프라반 인쇄면에 이쑤시개를 이용해 채워 올리고 UV램프로 구워 굳힌다. 원하는 두께가 될 때까지 반복한다.

핀대 붙이기

6

일반 자동 핀대에 이쑤시개로 접착제를 발라 5번의 프라반을 붙인다.

완성 사이즈 : 세로 1 × 가로 6㎝

사용할 재료

[블루, 핑크 공통]

A 프라반 (두께 0.3㎜·프린트용)
　　　　　　　　　　　　　— 5×20㎝
B UV레진 (하드)───────── 적당량
C 펄 파우더 (실버)───────── 적당량
D 일반 자동 핀대 (8×60㎜·골드)
　　　　　　　　　　　　　──── 1개

사용할 도구

가위 / 클리어 파일 / 이쑤시개
UV램프 / 쿠킹시트
오븐토스터 / 장갑
누름돌(두꺼운 책) / 접착제 / 프린터

[블루]

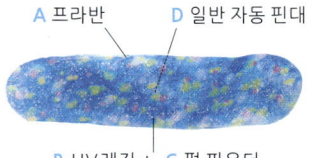

A 프라반　　　　D 일반 자동 핀대

B UV레진 + C 펄 파우더

[핑크]

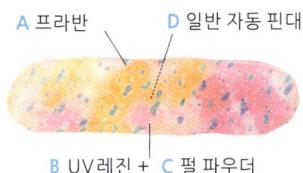

A 프라반　　　　D 일반 자동 핀대

B UV레진 + C 펄 파우더

POINT

프린트할 수 있는 프라반이란?

일반적인 가정용 프린터로 인쇄할 수 있는 특별한 프라반. 그림에 자신 없는 사람에게 추천.

※UV레진의 경화시간은 4~5분이 기준

---

03   컬러풀한 장난감 단추 귀걸이

▷ P.131

형태 만들기

1

실물크기 도안 (▷ P.141) 위에 프라반을 마스킹테이프로 고정하고 그림대로 유성펜으로 베껴 그린다. 윤곽은 유성펜, 무늬는 포스카 마카로 그린다.

↓

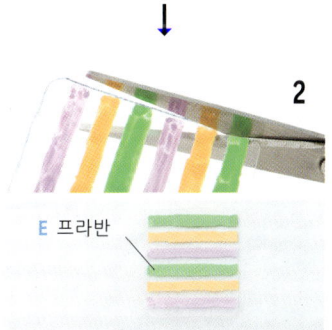

2

E 프라반

마스킹테이프를 떼어낸 후, 1번의 유성펜 윤곽 안쪽의 검정색 부분이 남지 않도록 가위로 자른다. 색칠한 면을 아래로 해서 쿠킹시트에 올려 오븐토스터 (600W)로 굽는다.

↓

3

프라반은 1 장씩 굽고, 굽는 동안은 계속 지켜볼 것. 프라반이 3 분의 1 정도로 줄어들면, 장갑을 끼고 쿠킹시트의 양끝을 잡고 꺼내 두꺼운 책을 올려 30 초 정도 기다린다.

형태 굳히기

4

구운 프라반 색칠한 면에 이쑤시개로 UV레진을 볼록하게 채워 올린 후, UV램프로 구워 굳힌다. 원하는 두께가 될 때까지 반복한다.

↓

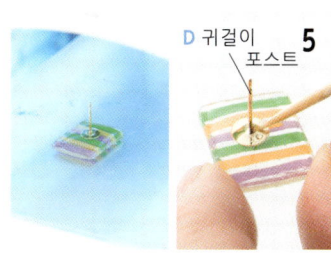

5

D 귀걸이 포스트

4 번의 뒷면에도 레진을 발라 귀걸이포스트의 평평한 부분을 붙여 굳힌다. 평평한 부분이 레진에 잠길 정도로 많이 발라 안정시킨다. 한번 더 바깥쪽과 같이 전체에 레진을 발라 굳히고 원하는 두께를 만든다.

귀걸이 클러치 연결

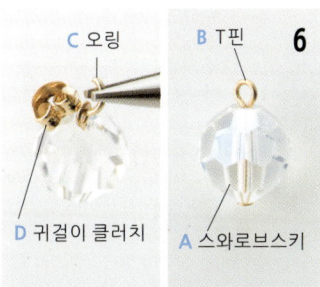

6

C 오링

B T핀

D 귀걸이 클러치

A 스와로브스키

T핀에 비즈를 끼운 후 끝을 둥글게 말아 파츠를 만든다 (▷ P.180-③).
귀걸이클러치에 오링으로 파츠를 연결한다. 다른 한 쪽 부분도 똑같이 만든다. ※ [라운드]는 5 번 과정 다음에 진주 클러치를 끼워 넣는다.

완성 사이즈 :
스퀘어 / 세로 2.5×가로 2 ㎝
라운드 / 지름 2.5 ㎝

사용할 재료

[스퀘어(보라색)]

A 스와로브스키 (라운드·12 ㎜· 크리스탈) ———————— 2 개

B T핀 (0.7×20 ㎜·골드) ———————————— 2 개

C 오링 (0.7×4 ㎜·골드) ———————————— 2 개

D 귀걸이포스트 (판형·6 ㎜·골드) ———————————— 1 세트

E 프라반 (두께 0.3 ㎜·투명) ———————————— 10×10 ㎝

F UV레진 (하드) ———— 적당량

※ [노란색]으로 할 경우 A를 아이보리로 바꿔 제작한다.

[라운드]

A 귀걸이포스트 (판형·6 ㎜·골드) ———————————— 1 세트

B 귀걸이클러치 (진주·화이트) ———————————— 1 세트

C 프라반 (두께 0.3 ㎜·투명) ———————————— 10×10 ㎝

D UV레진 (하드) ———— 적당량

사용할 도구

평집게 / 9자말이 집게 / 니퍼
가위 / 마스킹테이프 / 유성펜
포스카 마카 / 이쑤시개
UV램프 / 쿠킹시트
오븐토스터 / 장갑
누름돌 (두꺼운 책)

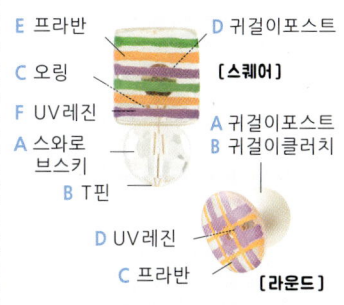

E 프라반
C 오링
F UV레진
A 스와로브스키
B T핀
D 귀걸이포스트
[스퀘어]
A 귀걸이포스트
B 귀걸이클러치
D UV레진
C 프라반
[라운드]

※UV레진의 경화시간은 4~5분이 기준

---

04 플라워 반지

⇨ P.132

형태 만들기

B 프라반

실물크기도안 (⇨ P.141) 위에 프라반을 마스킹테이프로 고정하고 유성펜으로 베껴 그린다.
마스킹테이프를 떼어낸 후, 유성펜 윤곽 안쪽의 검정색 부분이 남지 않도록 가위로 자른다.

↓

2

쿠킹시트에 올려 오븐토스터(600W)로 굽는다.

↓

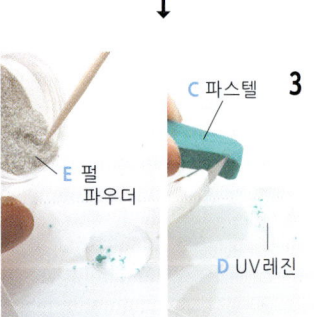

C 파스텔

3

E 펄 파우더

D UV레진

클리어파일에 UV레진을 올려 디자인커터로 파스텔을 갈아서 넣고 섞는다. 한 번 더 펄 파우더도 섞어, 원하는 색으로 조정한다. 형태를 굳힌다.

형태 굳히기

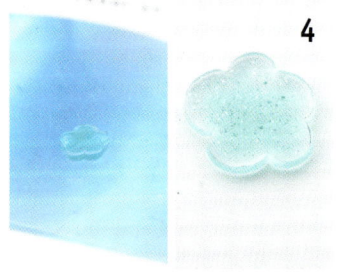

4

2번에서 구운 파츠 전체면에 3번을 이쑤시개를 이용해 채워 올리고 UV램프로 구워 굳힌다. 원하는 두께가 될 때까지 반복한다.

반지대 붙이기

F 반지대

5

4번 뒷면에 이쑤시개로 접착제를 바르고, 반지대의 평평한 부분을 배치한다. UV레진을 발라 UV램프로 구워 굳혀도OK。

↓

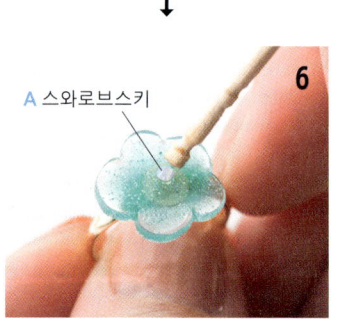

A 스와로브스키

6

5번의 중심에 이쑤시개로 접착제를 소량 발라 스와로브스키를 배치한다. 중심에 위치하도록 이쑤시개를 사용해 조정한다.
UV레진을 사용해도 OK。

완성 사이즈 : 지름1.4㎝, 3호

사용할 재료

[그린]

A 스와로브스키 (#2028·SS5·화이트진주) ─── 1개
B 프라반 (두께0.2㎜·투명)
─── 5×5㎝
C 파스텔(그린) ─── 적당량
D UV레진(하드) ─── 적당량
E 펄 파우더(실버) ─── 적당량
F 반지대 (판형·5㎜·3호·골드)
─── 1개

※ **[핑크]**를 만드는 경우 A를 민트 앨러배스터, C를 핑크로 한다.
[연핑크]를 만드는 경우 A를 민트 앨러배스터, C를 연핑크로 한다.

사용할 도구

가위 / 디자인커터
마스킹테이프 / 클리어 파일
이쑤시개 / 유성펜
UV램프 / 쿠킹시트
오븐토스터 / 장갑
누름돌(무거운 책) / 접착제

[그린]

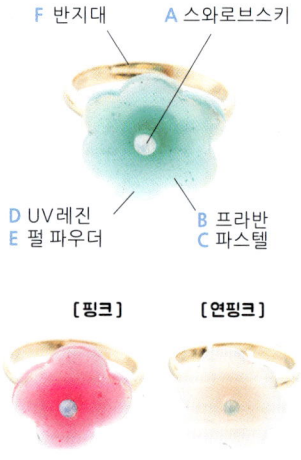

F 반지대   A 스와로브스키

D UV레진   B 프라반
E 펄 파우더   C 파스텔

[핑크]   **[연핑크]**

※UV레진의 경화시간은 4~5분이 기준

CLASS ⑦

그림 그려 만드는 **프라반 액세서리**

목걸이

귀걸이 · 귀찌

팔찌

반지

헤어 액세서리

브로치

05 스트라이프 브로치

⇨ P.133

형태 만들기

A 프라반

실물크기도안 (⇨ P.141) 위에 프라반을 마스킹테이프로 고정하고, 그림대로 유성펜으로 베껴 그린다. 마스킹테이프를 떼어낸 후, 유성펜의 윤곽 안쪽 검은 부분이 남지 않도록 가위로 잘라낸다

↓

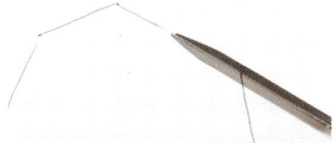

1 cm

1 번에 마스킹테이프를 1cm간격으로 붙여 좋아하는 무늬를 만든다.

↓

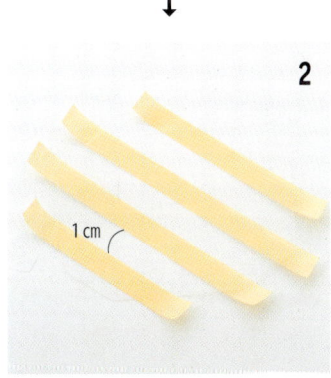

수용성니스(윤기제거용)

쿠킹시트 위에 2번을 올린 후 위에서 수용성니스(윤기제거용)를 뿌리고 완전히 말린다.

4

마르면 마스킹테이프를 벗긴다.

↓

5

수용성니스(윤기제거용)를 뿌린 면을 위로 향하게 쿠킹시트에 올리고, 오븐토스터(600W)로 굽는다. 다 구워지면, 수용성니스를 뿌린 부분은 불투명한 유리무늬가 나타난다.

브로치 핀대 붙이기

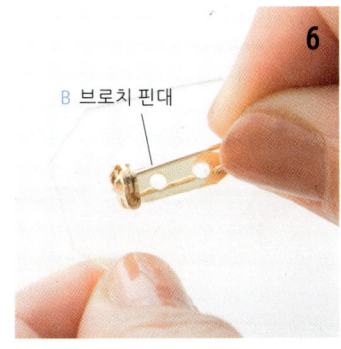

6

B 브로치 핀대

브로치 핀대에 접착제를 이쑤시개로 바르고, 5번 스프레이를 뿌린 면의 반대쪽에 붙인다.

완성 사이즈 : 세로 2.5×가로 3cm

사용할 재료

[세로, 가로 스트라이프 공통]

A 프라반 (두께 0.2mm·투명) ─── 10×8cm

B 브로치 핀대 (20mm·골드) ─── 1개

사용할 도구

가위 / 마스킹테이프 (1cm폭)
유성펜 / 쿠킹시트
수용성 니스(윤기제거용)
오븐토스터 / 장갑
누름돌(무거운 책)/접착제/이쑤시개

[세로, 가로 스트라이프 공통]

A 프라반

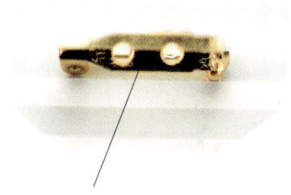

B 브로치 핀대

※UV레진의 경화시간은 4~5분이 기준

ARRANGE

위에 칼라를 입혀 산뜻한 느낌으로 정리

수용성 니스(윤기 제거용)를 스프레이 한 부분 위에 포스카 마카로 색을 칠하면 산뜻한 스트라이프 완성.

06 카라 귀걸이

⇨ P.133

형태 만들기

A 프라반

1

실물크기 도안 (⇨ P.141) 프라반을 마스킹테이프로 고정하고, 그림대로 유성펜으로 베껴 그린다. 마스킹테이프를 떼어낸 후, 유성펜의 윤곽 안쪽 검은 부분이 남지 않도록 가위로 잘라낸다

↓

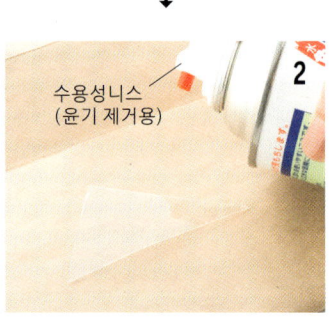

수용성니스
(윤기 제거용)

2

1번 윗면에 수용성니스 (윤기 제거용)를 스프레이하고 완전히 말린다.

↓

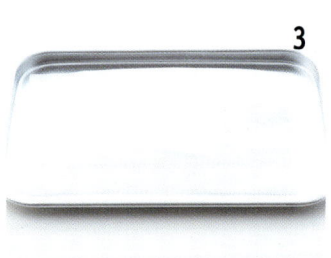

3

수용성니스(윤기제거용)를 뿌린 면을 위로 향하게 쿠킹시트에 올리고, 오븐토스터(600W)로 굽는다. 다 구워지면, 수용성니스를 뿌린 부분은 불투명한 유리무늬가 나타난다.

4

프라반이 뜨거워지면 목장갑을 끼고 오븐토스터에서 꺼내 손끝으로 가볍게 잡고 원하는 모양으로 구부린다.

↓

0.3㎝ ── 핀 바이스

5

4번의 프라반 끝부분을 핀 바이스로 구멍을 뚫는다. 너무 가장자리 쪽으로 뚫으면 깨지는 경우가 있으므로 0.3㎝ 정도 띄어 두고 만드는 것이 좋다.

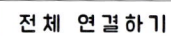
전 체 연 결 하 기

E 귀걸이 후크
C 오링a
D 오링b
B 메탈파츠

6

5번의 구멍에 오링b를 끼워 넣어 메탈파츠와 연결시킨다. 또 다시 오링b에 오링a로 귀걸이 후크를 연결시킨다. 다른 한쪽도 동일하게 만든다.

완성 사이즈 : 모티브 길이 4cm

사용할 재료

A 프라반 (두께0.2㎜·투명)
──────────────── 10×10㎝
B 메탈 파츠 (양쪽 구멍 스틱형·22×6㎜·골드) ──────── 2개
C 오링a (0.5×4㎜·골드)
──────────────────── 2개
D 오링b (0.5×4㎜·골드)
──────────────────── 2개
E 귀걸이 후크 (후크식·골드)
──────────────────── 1세트

사용할 도구

가위 / 핀 바이스
마스킹테이프
쿠킹시트 / 유성펜
수용성니스 (윤기 제거용)
오븐토스터 / 장갑
누름돌 (두꺼운 책)

E 귀걸이 후크
C 오링a
D 오링b
A 프라반
B 메탈파츠

　m e m o　프라반은 뜨거울 때 비틀면 바로 형태가 바뀝니다. 반듯하게 마무리하고 싶을 때는 다룰 때 주의가 필요합니다.

실물크기 도안

[스퀘어]

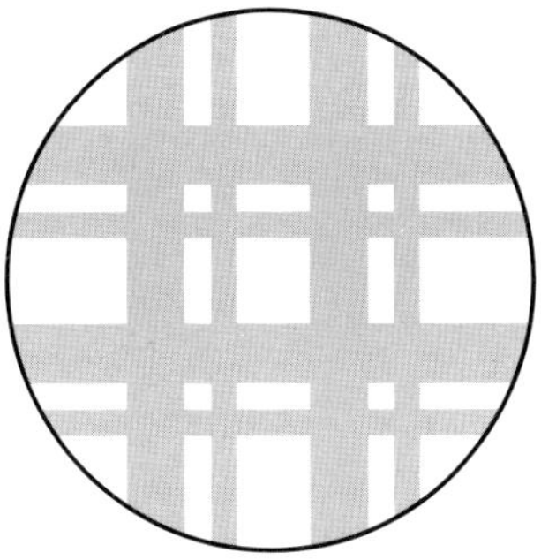

[라운드]

03
컬러풀한 장난감
단추 귀걸이
▷ P.137

04
플라워 반지
▷ P.138

[핑크]

[연핑크]

[그린]

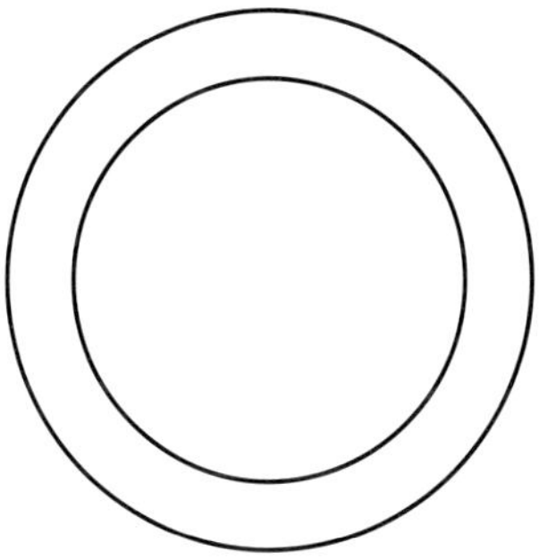

02
링 고리 팔찌
▷ P.134

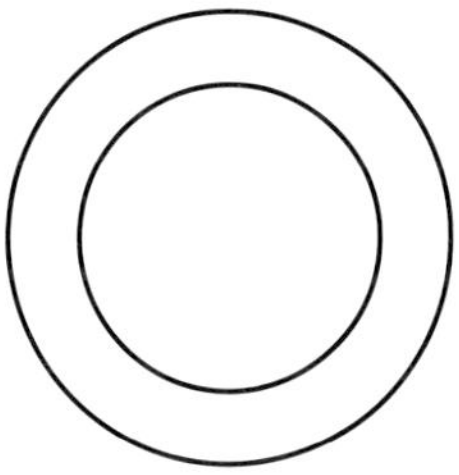

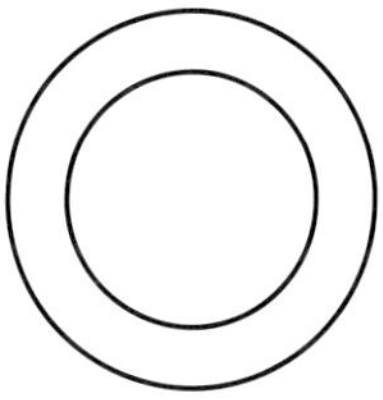

[大]

[小]

05
스트라이프 브로치
▷ P.139

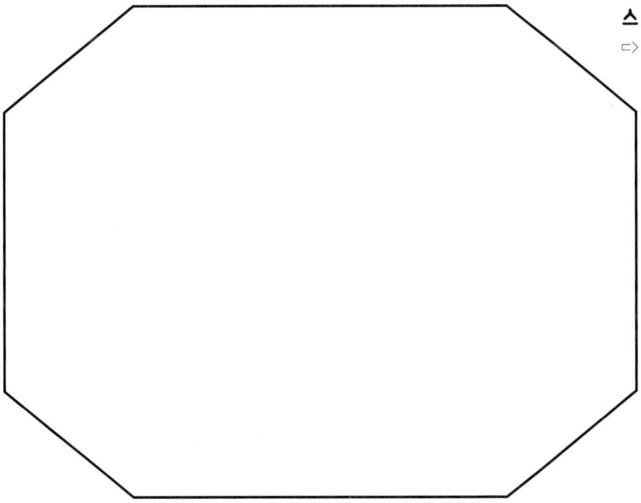

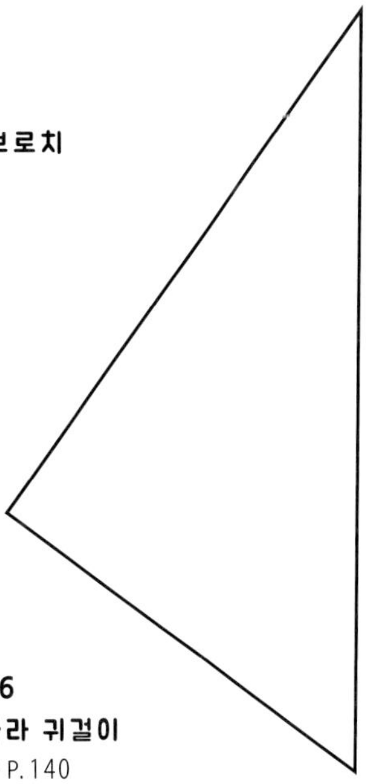

06
카라 귀걸이
▷ P.140

좋아하는 것을 넣어 굳혀 만드는
레진 액세서리

원형이나 삼각형, 사각형 등
전용 몰드에 좋아하는 파츠를 채워
넣으세요. 레진으로 굳히면 완성!

01 ⏱ 30分 | 굳히기 |

플라워 돔 귀걸이

실리콘 몰드 안에
좋아하는 드라이플라워를 채워 넣으세요.
레진을 넣어 굳히면
활짝 핀 플라워 액세서리의 완성.

HOW TO MAKE P.146

CLASS

⑧

좋아하는 것을 넣어 굳혀 만드는 레진 액세서리

목걸이

귀걸이 · 귀찌

팔찌

반지

헤어액세서리

브로치

02 ⏱ 30分 [굳히기]

트라이앵글 쉘 귀걸이

여름을 느끼게 해주는 쉘은
2가지 칼라를 조합해서 화려하게.
상큼한 칼라를 즐기세요.

HOW TO MAKE **P.147**

03 ⏱ 30分 [굳히기]

야구소년 귀걸이

작은 피규어를 채워 넣은
독특한 세계관을 뽐내는 귀걸이.
반짝이 펄을 넣어 튀는 스타일로.

HOW TO MAKE **P.148**

04 ⏱ 30分 [굳히기]

구슬 귀걸이 & 반지

연기같은 음영이
코디에 액센트를 주네요.
나른한 듯한 디자인이 매력.

HOW TO MAKE P.149

05 ⏱ 30分 [굳히기]

미니 타일
서클 귀걸이

메탈파츠에 물방울을 떨어뜨린 것
같은 부드러운 분위기의 귀걸이는
미니 타일로 사랑스럽게.

HOW TO MAKE P.150

06 ⏱ 30分 [굳히기] [연결하기]

마블 비쥬
귀걸이

수제 비쥬를 사용한 귀걸이.
레진이 있으면 개성있는 파츠도
간단하게 만들 수 있다.

HOW TO MAKE P.151

05

06

07 ⏱ 60分 [굳히기] [연결하기]

수국
귀걸이 & 목걸이

시간이 멈춰버린 듯, 작고 섬세한 꽃은
레진으로 굳히고 가는 체인을 사용해
가녀리고 여성스러운 분위기로.

HOW TO MAKE P.152

08 ⏱ 30分 [굳히기] [연결하기]

흔들리는 꽃잎 귀걸이

움직일 때마다 흔들리는 꽃잎이
섹시한 디자인의 귀걸이.
꽃잎은 채도가 높은 것을 골라 화려하게.

HOW TO MAKE P.153

01   플 라 워 돔 귀 걸 이

⇨ P.142

파츠 굳히기

A 드라이 플라워 a
G UV레진

B 드라이 플라워 b

1

드라이 플라워 a, b의 표면 전체에 붓으로 UV레진을 바르고 UV램프로 구워 굳힌다. 꽃잎 사이사이 꼼꼼하게 잘 바르면, 기포가 생기기 어려워진다.

↓

2

실리콘 몰드

실리콘 몰드의 절반 위치까지 레진을 부어 1번의 드라이 플라워 a 2개, b 1개를 바깥쪽으로 꽃잎 앞면이 향하도록 핀셋으로 배치하면서 이쑤시개로 기포를 제거한다.

↓

3

몰드에 가득 찰 때까지 UV레진을 부어 굳힌다.

4

몰드에서 꺼내 튀어 나온 여분의 UV레진은 디자인 커터로 깎는다. 凹凸(요철)이 있는 부분에는 붓으로 UV레진을 발라 굳힌다. 凹凸(요철)이 없어 질 때까지 몇 번 반복한다.

포스트 붙이기

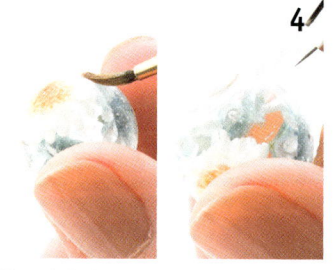

D 귀걸이 포스트

5

4번의 바닥에 UV레진을 바르고 귀걸이 포스트의 평평한 부분을 붙여 굳힌다. UV레진을 구워 굳힐 때 실리콘 몰드에 올리면 안정적인 상태가 된다.

↓

C 유리돔
F 글래스브리온

E 귀걸이 클러치

6

유리돔에 글래스브리온을 원하는 양만큼 넣어 귀걸이 클러치에 레진을 바르고 유리돔에 끼워 굳힌다. 5번과 함께 사용한다. 다른 한쪽 귀걸이 분량도 동일하게 만든다.

완성 사이즈 : 모티브 1.5×1.5㎝

사용할 재료

A 드라이 플라워 a
　（약 1㎝ · 블루）———————— 4개
B 드라이 플라워 b
　（약 1㎝ · 화이트）——————— 2개
C 유리돔 (10㎜) ———————— 2개
D 귀걸이포스트
　（판형 · 3㎜ · 골드）————— 1세트
E 귀걸이 클러치
　（유리돔 용 · 골드）————— 1세트
F 글래스브리온 (블루) ——— 적당량
G UV레진 (하드) —————— 적당량

사용할 도구

UV램프 / 실리콘 몰드 (1.5㎝ · 돔 형)
붓 / 이쑤시개 / 디자인 커터 / 핀셋

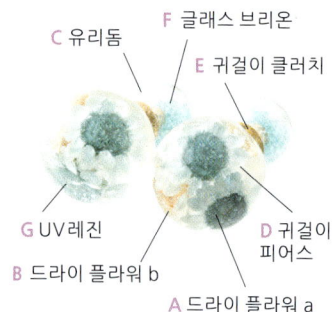

C 유리돔
F 글래스 브리온
E 귀걸이 클러치
G UV레진
B 드라이 플라워 b
D 귀걸이 피어스
A 드라이 플라워 a

※ UV레진의 경화 시간은 4~5분 기준.

ARRANGE

드라이 플라워를 바꿔 안을 채워보세요.

말린 꽃의 색감이 밝은 색감이라면 건강한 이미지를.
베이직한 모노톤이라면 성숙한 이미지를 연출할 수 있습니다
그 날의 기분에 맞추어 바꿔보세요.

02 트라이앵글 쉘 귀걸이

⇨ P.143

형태 만들기

1

E UV레진

실리콘 몰드의 절반 위치까지 UV 레진을 부어 UV램프로 구워 UV 레진을 굳힌다.

↓

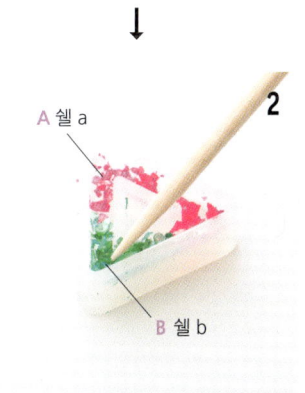

2

A 쉘 a
B 쉘 b

쉘 a, b를 이쑤시개로 조금씩 집어 1번 위에 올린다.

파츠 굳히기

3

실리콘 몰드가 가득 찰 때까지 UV레진을 부어 굳힌다.

4

실리콘 몰드에서 꺼내 거친 부분을 디자인 커터로 깎는다.

포스트 붙이기

5

D 귀걸이 포스트

4번 뒷면에 UV 레진을 바른 후, 귀걸이 포스트의 평평한 부분을 붙인다. 평평한 부분이 레진에 잠길 성노로 닉닉하게 비르면 안정적인 상태가 된다.

↓

6

UV램프로 구워 UV 레진을 굳힌다. 귀걸이클러치를 세트로 사용한다. 다른 한쪽 귀걸이 분량도 동일하게 만든다. ※ 다른 한쪽 귀걸이는 쉘 a와 쉘 c를 사용하여 제작한다.

완성 사이즈 :
세로 1.7 × 가로 1.5 × 두께 0.5㎝

사용할 재료

[핑크]

A	쉘 a (핑크)	적당량
B	쉘 b (그린)	적당량
C	쉘 C (연핑크 & 화이트)	적당량
D	귀걸이포스트 (판형·3㎜·골드)	1세트
E	UV레진 (하드)	적당량

사용할 도구

UV램프 / 실리콘 몰드(삼각형) / 붓 / 이쑤시개 / 디자인 커터

[핑크]

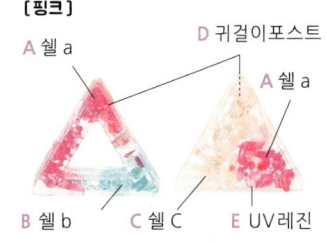

A 쉘 a   D 귀걸이포스트
                         A 쉘 a
B 쉘 b   C 쉘 C   E UV레진

[블루]

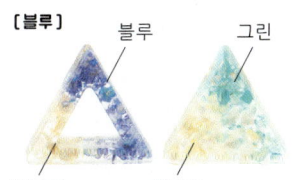

블루   그린
옐로우   옐로우

※ [블루]로 하는 경우 블루, 옐로우, 그린 쉘을 사진처럼 올린다.

[퍼플]

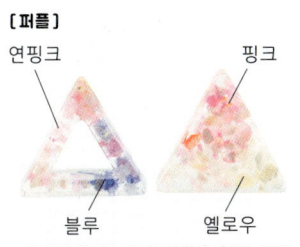

연핑크   핑크
블루   옐로우

※ [퍼플]로 하는 경우 연핑크, 블루, 핑크, 옐로우 쉘을 사진처럼 올려 놓는다.

※ UV 레진의 경화 시간은 4 ~ 5분 기준.

03   야구소년 귀걸이

⇨ P.143

파츠 굳히기

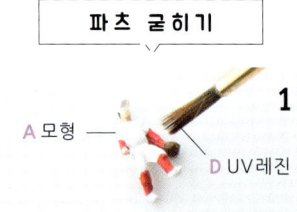

1

A 모형

D UV레진

모형에 붓으로 UV레진을 바르고 UV 램 프로 구워 굳힌다. 틈새에 꼼꼼히 바르 면 기포가 생기지 않는다.

↓

2

실리콘 몰드의 3 분의 1 깊이까지 UV 레 진을 부어 굳힌다.

↓

3

2 번에 1 번 모형을 아래로 향하게 배치 (바닥 부분이 파츠 앞면이 됨) 하여 위에 서부터 몰드의 3 분의 2 깊이까지 UV 레 진을 부어 굳힌다.

4

B 펄

펄을 섞는다

페트병 뚜껑에 UV레진을 붓고 펄을 섞 는다. 원하는 농도가 되면, 3 번 위에서 부터 몰드가 가득 찰 때까지 부은 후 굳 힌다.

↓

5

몰드에서 꺼낸후 튀어나온 여분의 레진 을 디자인 커터로 깎는다.

포스트 붙이기

6

C 귀걸이 포스트

5 번 뒷면에 UV 레진을 바르고 포스트의 평평한 부분을 붙인 후 굳힌다. 평평한 부분이 레진에 묻히는 정도로 넉넉하게 바르면 OK. 귀걸이 클러치를 세트로 사 용. 다른 한쪽도 동일하게 만든다.

완성 사이즈 : 모티브 지름 1.5㎝

사 용 할 재 료

A 모형 (야구소년·높이 10㎜)
──────────────── 2개
B 펄 (블루) ──────── 적당량
C 귀걸이 포스트 (판형·3㎜·골드)
──────────────── 1세트
D UV레진 (하드) ────── 적당량

사 용 할 도 구

UV램프 / 실리콘 몰드 (정사각형)
붓 / 이쑤시개 / 디자인 커터
페트병 뚜껑

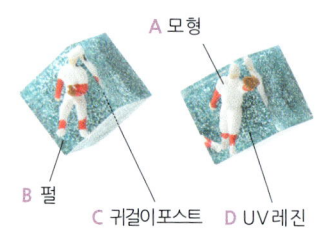

A 모형

B 펄   C 귀걸이포스트   D UV 레진

※ UV 레진의 경화 시간은 4 ~ 5 분 기준.

04 구슬 귀걸이 & 반지

⇨ P. 144

CLASS

(8)

좋아하는 것을 넣어 굳혀 만드는 레진 액세서리

목걸이

귀걸이·귀찌

팔찌

반지

헤어 액세서리

브로치

형태 만들기

1

A 레진 착색제 a

B 레진 착색제 b

클리어 파일에 UV레진을 올리고 레진 착색제 a, b를 각각 이쑤시개로 섞어 칼라 레진을 만든다.

↓

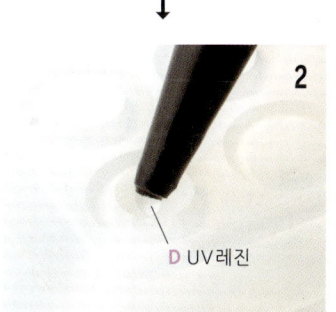

2

D UV레진

실리콘 몰드의 80 퍼센트 깊이까지 UV 레진을 부어서 채운다

↓

3

1번의 칼라 레진(블랙)을 이쑤시개에 소량 덜어, 2번에 넣고 섞는다. 또 다른 칼라 레진(핑크)도 같은 방법으로 넣어 기포가 들어가지 않도록 부드럽게 섞는다.

형태 굳히기

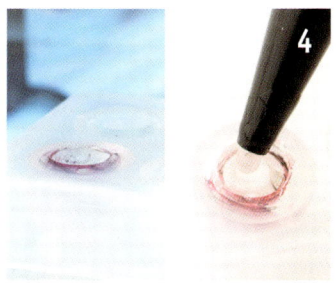

4

3번 위에 실리콘 몰드가 가득 찰 때까지 UV 레진을 부은 후 UV램프로 구워 굳힌다.

↓

5

실리콘 몰드에서 꺼내 거친 부분이 있으면 디자인 커터로 깎는다. 요철(凹凸)이 있는 부분에 붓으로 레진을 바르고 굳힌다. 요철(凹凸)이 없어질 때까지 여러 번 반복한다.

포스트 붙이기

C 귀걸이 포스트

6

5번 뒷면에 UV레진을 바르고 포스트의 평평한 부분을 붙인 후 굳힌다. 평평한 부분이 레진에 묻히는 정도로 넉넉하게 바르면 OK. 귀걸이 클러치를 세트로 사용. 다른 한 쪽도 동일하게 만든다.

※ [반지]의 경우는 반지대를 5번의 뒷면에 붙인다.

완성 사이즈 : 모티브 지름 1.5㎝

사용할 재료

[귀걸이]

A 레진 착색제 a (핑크)
　　　　　　　　　　 적당량
B 레진 착색제 b (블랙)
　　　　　　　　　　 적당량
C 귀걸이 포스트
　 (판형·3㎜·골드) ──── 1세트
D 귀걸이 클러치 (구슬형·골드)
　　　　　　　　　　 1세트
E UV레진 (하드) ──── 적당량

[반지]

A 레진 착색제 a (핑크) ── 적당량
B 레진 착색제 b (블루) ── 적당량
C 반지대
　 (판형·3㎜·골드) ──── 1개
D UV레진 (하드) ──── 적당량

사용할 도구

UV램프 / 실리콘 몰드
(구슬형) / 클리어 파일 / 붓
이쑤시개 / 디자인 커터

[귀걸이]

C 귀걸이 포스트　　D 귀걸이 클러치

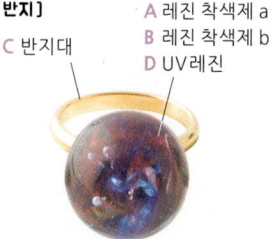

A 레진 착색제 a
B 레진 착색제 b
E UV레진

[반지]

A 레진 착색제 a
B 레진 착색제 b
C 반지대　　　D UV레진

※ 과정 사진은 [귀걸이]를 제작한 것 입니다.

※ UV 레진의 경화 시간은 4 ~ 5 분 기준.

⇨ P.144

파츠 굳히기

1

B 메탈 링a
E UV레진

메탈 링 a에 마스킹 테이프를 붙여 클리어 파일 위에 놓는다. 메탈 링a를 고정시켜 UV레진을 링 표면 가득 부어 UV램프로 구워 굳힌다.

↓

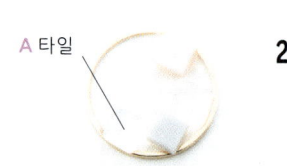

2

A 타일

1번을 마스킹 테이프에서 분리시킨다. 1번의 표면에 UV 레진을 얇게 바르고 타일 4개를 배치하여 굳힌다.

↓

3

타일에 걸리지 않도록 주의하면서 레진을 중앙에서부터 부어 표면이 부풀어 오르도록 하여 굳힌다.

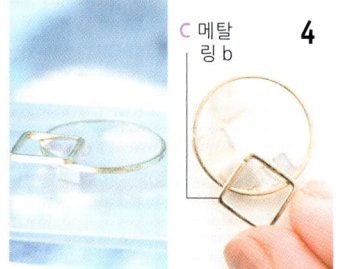

4

C 메탈 링 b

뒷면에 UV레진을 바르고 메탈 링 b를 배치한 후 굳힌다.

포스트 붙이기

5

D 귀걸이 포스트

뒷면에 UV 레진을 바르고 포스트의 평평한 부분을 붙인 후 굳힌다. 평평한 부분이 레진에 묻히는 정도로 넉넉하게 바르면 OK.

↓

6

뒷면에도 레진을 부풀어 오르듯 부어 굳힌다. 귀걸이 클러치를 세트로 사용. 다른 한 쪽도 동일하게 만든다.

완성 사이즈 : 세로 2.5×가로 2 ㎝

사용할 재료

A 타일
  (5㎜·파스텔 핑크, 파스텔 블루,
  그레이 등 원하는 색상) ────── 8개
B 메탈 링a
  (라운드·20㎜·골드) ────── 2개
C 메탈 링b
  (스퀘어·10㎜·골드) ────── 2개
D 귀걸이 포스트
  (판형·3㎜·골드) ────── 1세트
E UV레진 (하드) ────── 적당량

사용할 도구

UV램프 / 클리어 파일
이쑤시개 / 마스킹 테이프

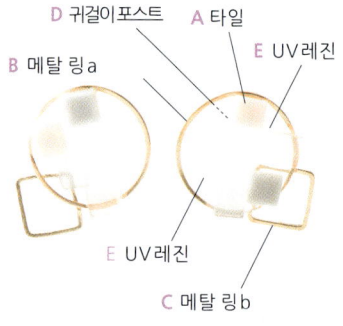

D 귀걸이 포스트
A 타일
B 메탈 링a
E UV레진
E UV레진
C 메탈 링 b

※ UV 레진의 경화 시간은 4~5분 기준.

memo   미니타일은 레진 판매 전문점에서 구입할 수 있는 종류가 많습니다. 가급적 동일한 두께의 것을 골라 사용합시다.

06 마블 비쥬 귀걸이

⇨ P.144

파츠 굳히기

G UV레진
C 레진 착색제

1

클리어 파일에 UV레진을 붓고 레진 착색제을 섞어 칼라레진을 만든다. 너무 많이 섞으면 굳지 않기 때문에 상태를 보면서 섞는다.

↓

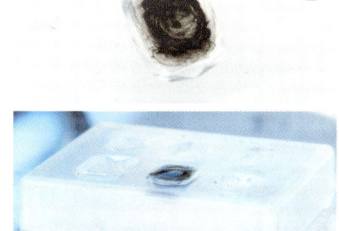

2

실리콘 몰드가 가득 찰 때까지 레진을 붓고 UV 램프로 구워 굳힌다.

↓

3

D 스톤캡

몰드에서 꺼낸 후 튀어나온 부분이 있으면 디자인 커터로 깎는다. 스톤캡에 끼우고 평집 게로 4개의 물림 발을 안쪽으로 기울이면서 고정시킨다.
(⇨ P.186-15)

F 귀걸이 포스트

4

스톤캡 뒷면에 UV 레진을 바르고 포스트의 평평한 부분을 붙인 후 굳힌다. 평평한 부분이 레진에 묻히는 정도로 넉넉하게 바르면 OK.

↓

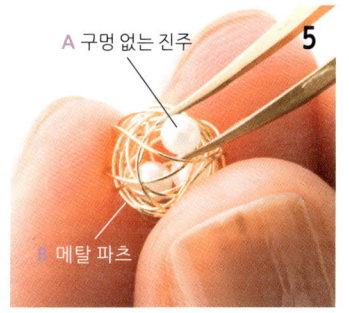

A 구멍 없는 진주

5

B 메탈 파츠

메탈 파츠의 와이어 사이에 핀셋으로 구멍 없는 진주를 밀어 넣는다.
총 4개를 넣는디.

포스트 연결하기

E 오링

6

5번의 메탈파츠 와이어 부분을 4번의 스톤캡 고리와 오링으로 연결한다. 귀걸이 클러치를 세트로 사용. 다른 한 쪽도 동일하게 만든다.

완성 사이즈 : 길이 2.5㎝

사용할 재료

A 구멍 없는 진주
　(라운드·3㎜·화이트) ───── 8개
B 메탈 파츠
　(와이어 볼·2㎝·골드) ───── 2개
C 레진 착색제
　(블랙) ───────── 적당량
D 스톤캡 (스퀘어 고리형
　9×12㎜·골드) ───── 2개
E 오링 (0.7×3㎜·골드)
　───────────── 2개
F 귀걸이 포스트 (판형·3㎜·골드)
　───────────── 1세트
G UV레진 (하드) ───── 적당량

사용할 도구

UV램프 / 실리콘 몰드
(스퀘어 비쥬) / 이쑤시개
클리어 파일 / 평집게
핀셋 / 디자인 커터

C 레진 착색제
G UV레진
F 귀걸이 포스트

E 오링
D 스톤캡

B 메탈 파츠
A 구멍 없는 진주

※ UV 레진의 경화 시간은 4~5분 기준.

⇨ P. 145

07   수국 귀걸이 & 목걸이

━ 귀걸이 ━

파츠 굳히기

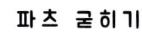

B 드라이 플라워 b
A 드라이 플라워 a

F UV레진 **1**

드라이 플라워 a, b를 붓으로 UV레진을 얇게 바르고 UV램프로 구워 굳힌다. 겉과 안 각각 1회씩 구워 굳힌다.

↓

2

C 메탈 파츠

메탈 파츠에 이쑤시개로 UV레진을 바르고 1번의 드라이 플라워 a를 1개 배치해서 굳힌다.

↓

3

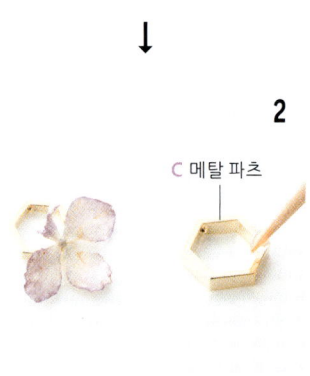

드라이 플라워 b도 2번와 동일하게 배치하여 굳힌다.

4

뒷면에 UV레진을 바르고 굳힌다. 메탈 파츠와 드라이 플라워 틈새를 채우듯이 바르면 안정적인 상태가 된다.

파츠 연결하기

5

D 삼각 펜던트 고리

E 드롭귀걸이

메탈 파츠와 드롭귀걸이를 삼각 펜던트 고리로 연결한다. (⇨ P.180-2) 다른 한쪽도 동일하게 만든다.

━ 목걸이 ━

6

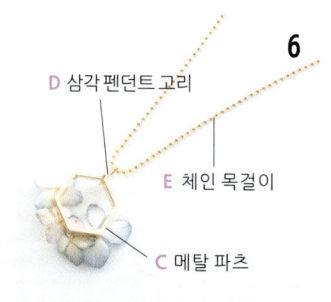

D 삼각 펜던트 고리

E 체인 목걸이

C 메탈 파츠

귀걸이 만드는 방법을 참고하여 드라이 플라워 4개를 위에 올려 파츠를 만든다. 메탈 파츠와 체인 목걸이를 삼각 펜던트 고리로 연결시킨다.

완성 사이즈 : 귀걸이 길이 5㎝
목걸이 길이 45㎝

사용할 재료

[귀걸이]

A 드라이 플라워 a
(수국·퍼플) ─── 2개
B 드라이 플라워 b
(수국·블루) ─── 2개
C 메탈 파츠 (육각형·10㎜·골드) ─── 2개
D 삼각 펜던트고리
(0.6×5㎜·골드) ─── 2개
E 드롭귀걸이 (3㎝·골드) ─── 1세트
F UV레진 (소프트) ─── 적당량

[목걸이]

A 드라이 플라워 a
(수국·퍼플) ─── 1개
B 드라이 플라워 b
(수국·블루) ─── 3개
C 메탈 파츠 (육각형·15㎜·골드) ─── 1개
D 삼각 펜던트 고리
(0.8×8㎜·골드) ─── 1개
E 체인 목걸이
(45㎝·골드) ─── 1개
F UV레진 (소프트) ─── 적당량

사용할 도구

UV램프 / 붓 / 이쑤시개
클리어 파일 / 평집게 /
9자말이 집게

※ UV 레진의 경화 시간은 4~5분 기준.

[귀걸이]   **[목걸이]**

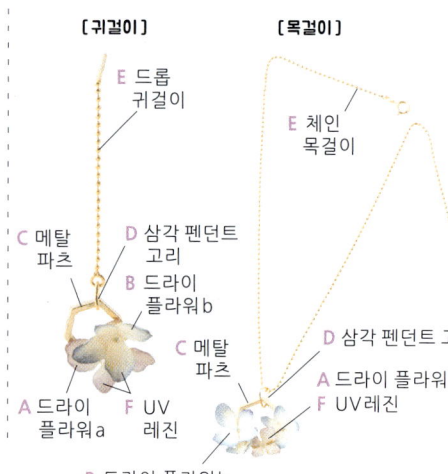

E 드롭 귀걸이
E 체인 목걸이
C 메탈 파츠
D 삼각 펜던트 고리
B 드라이 플라워 b
C 메탈 파츠
A 드라이 플라워 a
F UV 레진
B 드라이 플라워 b
D 삼각 펜던트 고리
A 드라이 플라워
F UV레진

08 흔들리는 꽃잎 귀걸이

⇨ P.145

파츠 굳히기

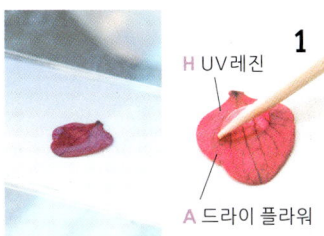

1
- H UV 레진
- A 드라이 플라워

드라이 플라워 꽃잎을 가위로 잘라 분리한 후 양쪽 귀걸이 분량의 합계, 총 3 장을 준비한다. 꽃잎에 UV 레진 (소프트)을 이쑤시개로 얇게 바르고 UV 램프로 구워 굳힌다. 앞면, 뒷면 각각 1 회씩 구워 굳힌다.

↓

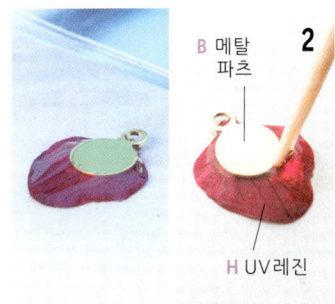

2
- B 메탈 파츠
- H UV 레진

뒷면에 UV 레진 (소프트)을 바르고 메탈 파츠를 붙여 굳힌다.

↓

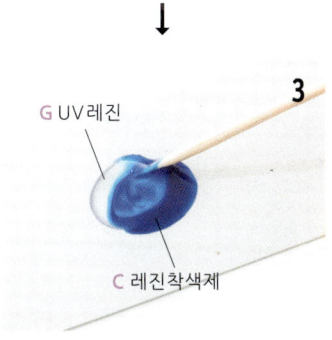

3
- G UV 레진
- C 레진 착색제

클리어 파일에 UV 레진 (하드)를 붓고 레진 착색제를 섞어 칼라 레진을 만든다. 너무 많이 섞으면 굳지 않으므로 상태를 보면서 섞는다.

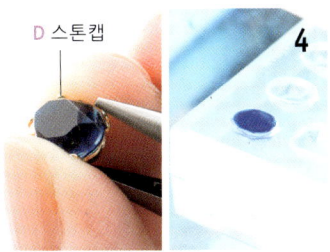

4
- D 스톤캡

실리콘 몰드가 가득 찰 때까지 3 번의 칼라 레진을 부어 굳힌다. 틀에서 꺼낸 다음 튀어나온 부분을 디자인 커터로 깎는다. 스톤캡에 끼우고 평집게로 4 개의 물림발을 기울여 고정한다. (⇨ P.186- 15)

포스트 연결하기

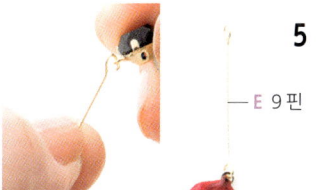

5
- E 9 핀

9 핀 끝을 9 자말이 집게로 말면서 (⇨ P.180- 3), 2 번의 파츠를 연결한다. 반대쪽도 고리를 열어 4 번의 스톤캡 고리와 연결시킨다.

6
- F 귀걸이 포스트

스톤캡 뒷면에 UV 레진을 바르고 포스트의 평평한 부분을 붙인 후 굳힌다. 평평한 부분이 레진에 묻히는 정도로 넉넉하게 바르면 OK. 귀걸이 클러치를 세트로 사용. 다른 한 쪽도 동일하게 만든다.
※다른 한쪽 귀걸이는 5 번 파츠를 2 개 만든다.

완성 사이즈 : 모티브 길이 5.2㎝

사용할 재료

- A 드라이 플라워
  (수국·레드) ——————— 1 개
- B 메탈 파츠
  (원형 펜던트·4㎜·골드) —— 3 개
- C 레진 착색제 (블루) ——— 적당량
- D 스톤캡
  (타원 고리형·7×9㎜·골드) — 2 개
- E 9 핀
  (0.7×35㎜·골드) ————— 3 개
- F 귀걸이 포스트
  (판형·3㎜·골드) ————— 1 세트
- G UV 레진 (하드) ———— 적당량
- H UV 레진 (소프트) ———— 적당량

사용할 도구

UV램프 / 실리콘 몰드
(타원 스톤형) / 이쑤시개
클리어 파일 / 평집게
9자말이 집게 / 가위 /
디자인 커터

- D 스톤캡
- C 레진 착색제
- G UV 레진
- F 귀걸이 포스트
- E 9 핀
- B 메탈 파츠
- A 드라이 플라워
- H UV 레진
- A 드라이 플라워
- H UV 레진

※ UV 레진의 경화 시간은 4 ~ 5분 기준.

CLASS
⑧ 좋아하는 것을 넣어 굳혀 만드는 레진 액세서리

목걸이

귀걸이 · 귀찌

팔찌

반지

헤어 액세서리

브로치

자유로운
형태의
점토 액세서리

다양한 종류가 있어서 질감을
즐길 수 있는 점토 액세서리.
좋아하는 모양으로 만들어보세요.

01 ⓘ 100分 | 굽기 | 붙이기 |

작은 새 브로치

바람을 타고 찾아온 새는
차분한 칼라로 어른스러운 느낌을.
골드 아크릴 물감으로
꾸며보세요.

HOW TO MAKE P.158

CLASS

⑨

자유로운 형태의 점토 액세서리

목걸이

귀걸이·귀찌

팔찌

반지

헤어 액세서리

브로치

02 🕐 100 分 굽기 연결하기

벚꽃 잎 귀걸이

경쾌하고 밝은 봄이
얼굴 주변을 벚꽃색으로 물들여요.
작은 꽃잎을 모은 것 같은 귀걸이.

HOW TO MAKE P.159

03 🕐 100 分 굽기 연결하기 붙이기

하얀 꽃 귀걸이

상쾌한 하얀 꽃 귀걸이
귀걸이 클러치에 잎을 붙이세요.

HOW TO MAKE P.160

04 🕐 100 分 굽기 붙이기

빨간 꽃 머리끈

강렬한 느낌의 빨간 꽃은
정성스럽게 만든 꽃잎이 포인트.

HOW TO MAKE P.162

04

03

05 🕐 120 分 굽기 붙이기

모자이크 머리핀

희미하게 보이는 모자이크 무늬에
스와로브스키를 곁들여 호화롭게.
경쾌한 파스텔 톤이 악센트가 되어
머리를 부드러운 분위기로 장식해요.

HOW TO MAKE P.163-165

06 ⏱ 60分 굳히기

스와로브스키 펜던트 브로치

반짝반짝 빛나지만 품위가 느껴지는 것은 작은 진주를 넣었기 때문이죠. 나란히 평행으로 아름답게.

HOW TO MAKE P.168

07 ⏱ 60分 굳히기

북유럽 트라이앵글 머리끈

징심긱형 노란색 모티브가 헤어스타일 원 포인트.

HOW TO MAKE P.166

08 ⏱ 60分 굳히기

스트라이프 트라이앵글 미니 브로치

귀여운 삼각모티브는 네이비 스트라이프로 산뜻하게 .

HOW TO MAKE P.167

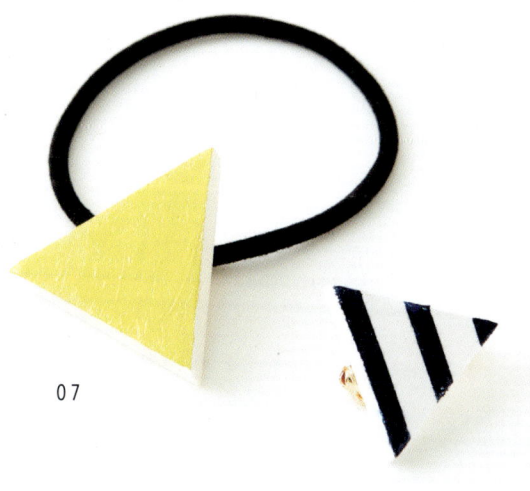

07

08

01 작은 새 브로치

⇨ P.154

형태 만들기

1

A 폴리머 클레이

〡 2mm

폴리머 클레이를 잘 반죽한 후, 타일 위에 올려 밀대로 누르면서 밀어 2mm 두께로 만든다.

↓

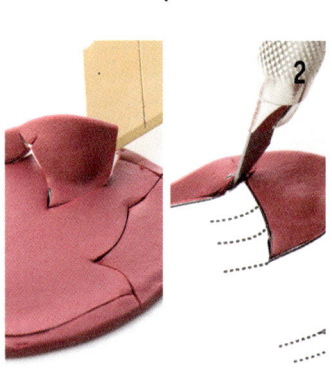

2

실물크기 도안을 복사한 후, 가위로 자르고 1번 위에 놓는다. 실물크기 도안에 맞춰 디자인 커터로 폴리머 클레이를 자른다. 남은 여분은 커터날을 사용하여 제거한다.

↓

3

자른 후 모서리를 손가락으로 가볍게 만져 윤곽을 부드럽게 한다.

형태 굽기

4

B 스와로브스키

D 피모 리퀴드

이쑤시개로 날개에 모양을 그린다. 눈 위치에 피모 리퀴드를 묻혀 스와로브스키를 놓은 후, 이쑤시개의 머리부분을 이용해 수직으로 밀어 넣는다. 각 타일 마다 110℃의 오븐에서 20분간 굽는다.

↓

5

E 아크릴 물감

완전히 식으면 4번에서 그린 선 위에 이쑤시개를 사용하여 아크릴 물감을 칠한다.

핀대 붙이기

6

C 브로치 핀대

브로치 핀대 뒷면을 이쑤시개로 접착제를 바르고 5번 뒷면에 붙인다. 튀어나온 부분이 있으면 디자인 커터로 깎는다.

완성 사이즈 : 가로 4.6×세로 3.3cm

사용할 재료

[보르도]

A 폴리머 클레이
　(피모 프로페셔널·
　보르도(포도주색) / 23) ──── 5g
B 스와로브스키 (#2028·SS6·
　Lt.콜로라도 토파즈) ──────── 1개
C 브로치 핀대 (25mm·
　골드) ───────────────── 1개
D 피모 리퀴드 ──────────── 적당량
E 아크릴 물감 (골드) ──────── 적당량

※ **[화이트]**는 A 폴리머 클레이 (피모 이펙트·스톤컬러마블 / 003 (※ 2017년 이후 중단된 색상)) , **[블루]**는 A를 폴리머클레이 (피모 프로패셔널·마린 블루 / 34) 를 사용해서 만든다.

사용할 도구

가위 / 타일 (없으면 내열 접시)
밀대 / 디자인 커터
커터 칼날 / 이쑤시개 / 접착제
오븐

[보르도]

A 폴리머 클레이
E 아크릴 물감
B 스와로브스키
D 피모 리퀴드
C 브로치 핀대

[화이트]　　**[블루]**

실물크기 도안

※ 폴리머 클레이는 수지 점토의 일종입니다. 취급 방법과 굽는 시간 등 제품 주의사항을 꼭 지켜주세요.

---

02   벚꽃 잎 귀걸이

⇨ P.155

형태 만들기

1

A 폴리머 클레이a
B 폴리머 클레이b

마블무늬로
반죽한다.

폴리머 클레이 a를 반으로 나누어 한쪽에 폴리머 클레이 b를 넣어 잘 반죽한다. 나머지 절반은 그 상태로 잘 반죽한다. 반죽한 두 종류를 한 번 더 합쳐서 마블 무늬가 되도록 가볍게 반죽한다.

↓

2

≒1mm

타일 위에서 밀대로 밀어 두께 1mm로 만든다.

↓

3

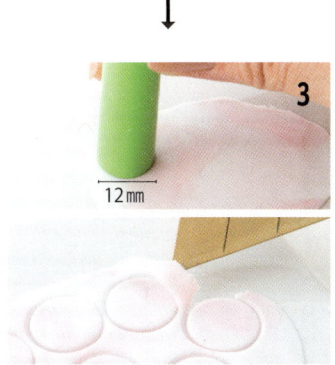

12mm

펜 뚜껑을 이용하여 지름 12mm의 원형을 찍어낸다. 총 16개(양쪽 귀걸이 분량)을 만든다. 원형 파츠는 손으로 만지지 않고 칼날을 사용하여 남은 부분을 제거한다.

형태 굽기

4

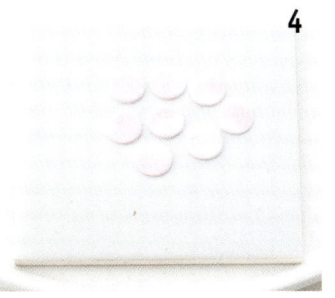

각 타일을 110℃의 오븐에서 20분간 굽는다.

↓

5

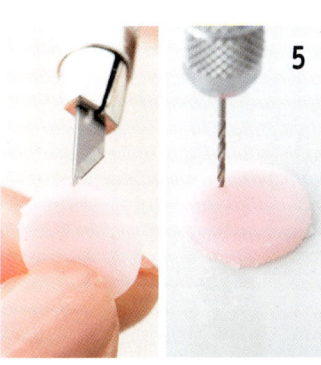

완전히 식으면 파츠의 가장자리를 핀바이스로 구멍을 뚫는다. 16장 모두 뚫고, 튀어나온 부분이 이 있으면 디자인 커터로 깎는다.

파츠 연결하기

6

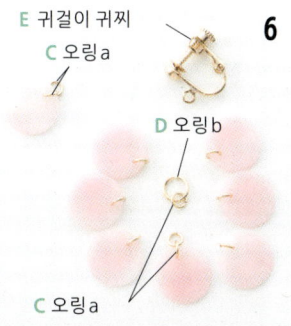

E 귀걸이 귀찌
C 오링a
D 오링b
C 오링a

5번에서 뚫은 구멍에 오링 a를 연결한다. 8개 모두 연결하면, 오링 b에 연결하고 한 번 더 귀걸이 귀찌에 연결한다. 다른 쪽 귀걸이도 똑같이 만든다.

완성 사이즈 : 모티브 길이 1.4cm

사용할 재료

A 폴리머 클레이a
　(피모 이펙트·
　반투명 화이트 / 014) ——— 8g
B 폴리머 클레이b
　(피모 이펙트·
　반투명 레드 / 204) ——— 0.2g
C 오링a (0.7×4mm·골드)
　　　　　　　　　　　 22개
D 오링b (1.2×7mm·골드)
　　　　　　　　　　　 2개
E 귀걸이 귀찌 (논피어싱(나사형)
　고리형·골드) ——— 1개

사용할 도구

평집게 / 9자말이 집게
타일 (없으면 내열 접시)
밀대 / 커터 칼날 / 핀바이스
펜 뚜껑 (지름12mm)
오븐 / 디자인 커터

E 귀걸이 귀찌
C 오링a
D 오링b

A 폴리머 클레이a
B 폴리머 클레이b

※ 폴리머 클레이는 수지 점토의 일종입니다. 취급 방법과 굽는 시간 등 제품 주의사항을 꼭 지켜주세요.

03 하얀 꽃 귀걸이

⇨ P.155

形태 만들기

1

꽃술a

꽃잎   꽃술b   잎

폴리머 클레이를 섞어 잘 반죽해서 색을 만든다.
꽃잎은 화이트 4g과 샴페인 1.5g을 섞는다. 꽃술 a는 화이트 1g과 리프 그린 1.6g을 섞는다. 꽃술 b는 샴페인 0.5g과 퓨어 옐로우 0.1g을 섞는다. 잎은 화이트 0.5g과 리프 그린 0.1g을 섞는다.

↓

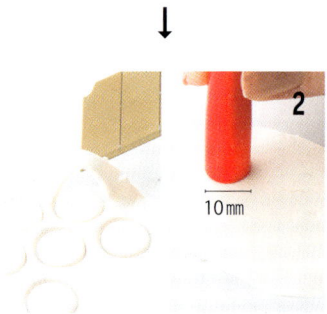

2

10mm

꽃잎 폴리머 클레이를 타일 위에서 밀대로 밀어 1mm 두께로 만들고 펜 뚜껑을 이용하여 지름 10mm의 원형을 찍어낸다. 총 6개(양쪽 귀걸이 분량)을 만든다. 원형 파츠는 손으로 만지지 않고 칼날을 사용하여 남은 부분을 제거합니다.

↓

3

2번의 파츠와 타일 사이에 칼날을 넣어 파츠를 들어 올려 3장의 꽃잎 파츠를 사진과 같이 약 3mm 가량 겹쳐 꽃을 만든다.

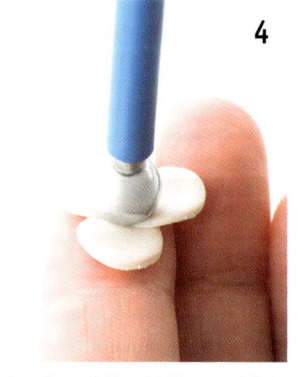

4

3번의 꽃을 손에 들고 볼 툴로 중심을 눌러 홈을 만든다.

↓

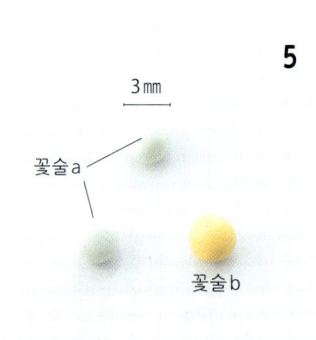

5

3mm

꽃술a

꽃술b

꽃술 폴리머 클레이를 둥글게 굴려 지름 3mm의 공 모양을 만든다. 꽃술 a 4개, 꽃술 b 2개(양쪽 귀걸이 분량)를 만든다.

↓

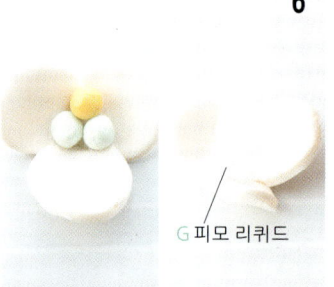

6

G 피모 리퀴드

4번에서 만든 꽃의 홈에 피모 리퀴드를 붓고, 5번의 꽃술 공을 사진과 같이 배치한다.

완성 사이즈 : 세로 1.6 × 가로 1.8㎝

사용할 재료

A 폴리머 클레이a
　 (피모 프로페셔널·화이트 / 0)
　　　　　　　　　　　　　 5.5g

B 폴리머 클레이b
　 (피모 프로페셔널·샴페인 / 02)
　　　　　　　　　　　　　 2g

C 폴리머 클레이c (피모 프로페셔널·
　 트루 옐로우 / 100)
　　　　　　　　　　　　　 0.1g

D 폴리머 클레이d (피모 프로페셔널·
　 트루 옐로우 / 57)
　　　　　　　　　　　　　 1.7g

E 오링 (0.5×3.5㎜·골드)
　　　　　　　　　　　　　 4개

F 귀걸이포스트 (반구멍침(펜싱형)·
　 골드)　　　　　　　　 1세트

G 피모 리퀴드　　　　　　 적당량

사용할 도구

평집게 / 9자말이 집게
타일 (없으면 내열 접시)
밀대 / 볼 툴 (Ball tool), 구슬 정도의 공 /
헤라 / 커터 칼날
이쑤시개 / 핀바이스
펜 뚜껑 (지름 10㎜)
접착제 / 오븐 / 가위
디자인 커터

A 폴리머 클레이a
B 폴리머 클레이b
A 폴리머 클레이a
D 폴리머 클레이d
B 폴리머 클레이b
C 폴리머 클레이c
E 오링
F 귀걸이포스트
G 피모 리퀴드
A 폴리머 클레이a
D 폴리머 클레이d

실물크기도안

※ 폴리머 클레이는 수지 점토의 일종입니다. 취급 방법과 굽는 시간 등 제품 주의사항을 꼭 지켜주세요.

7

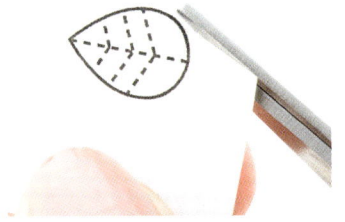

실물크기도안을 복사해서 가위로 자른
다.

↓

8

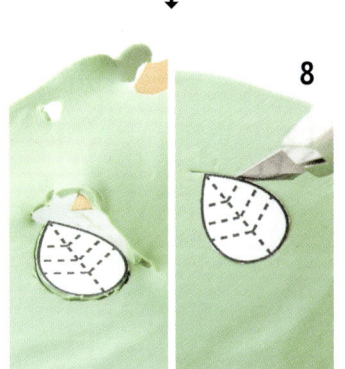

잎 폴리머 클레이를 타일 위에서 밀대로
밀어 1mm두께로 만든다.
실물크기도인욜 위에 대고 모양을 따라
디자인 커터로 잘라낸다. 칼날을 사용하
여 남은 부분을 제거한다.

↓

9

종이를 제거하고 헤라로 줄기를 그린다.

형 태 굽 기

10

같은 방법으로 양쪽 귀걸이 분량을 제작
(사진은 한쪽 귀걸이 분량), 각 타일마다
110℃의 오븐에서 20분간 굽는다

마 무 리

11

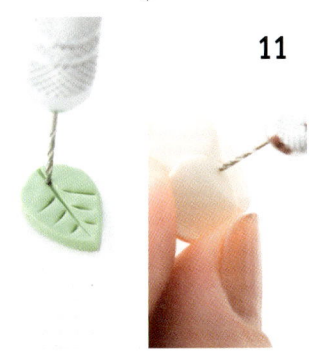

완전히 식으면, 꽃의 뒷면과 잎의 상단
에 핀바이스로 구멍을 뚫는다.

클러치 연결하기

F 귀걸이 포스트 (클러치) **12**

E 오링

잎을 오링으로 클러치와 연결시킨다.

포스트 붙이기

13

F 귀걸이 포스트
(펜싱형)

귀걸이 포스트에 이쑤시개로 접착제를
바른다. 침 부분까지 꼼꼼히 바른다

↓

14

11번에서 뚫은 꽃의 구멍에 귀걸이 포
스트의 침 부분을 끼워 넣어 접착시킨다.

↓

15

12번의 클러치와 함께 사용한다. 다른
한쪽 귀걸이 분량도 똑같이 만든다.

04 빨간 꽃 머리끈

⇨ P.155

형태 만들기

1

A 폴리머 클레이a

3mm 7mm

꽃술을 만든다. 폴리머 클레이a를 둥글게 굴려 지름 3㎜의 공 6개와 7㎜ 공 1개를 만든다.

↓

2

B 폴리머 클레이b

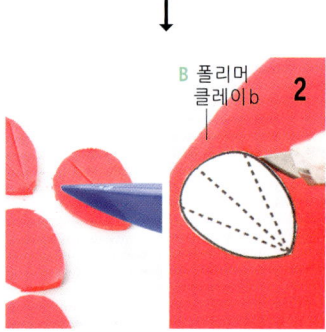

실물크기 도안을 복사해서 가위로 자른다. 폴리머 클레이b를 잘 반죽한 후 타일 위에서 밀대로 밀어 1mm 두께로 만든다. 실물크기 도안을 위에 대고 모양을 따라 디자인 커터로 잘라낸다. 칼날을 사용하여 남은 부분을 제거합니다. 종이를 제거하고 헤라로 꽃잎 모양을 그린다.

↓

3

D 피모 리퀴드

2번 꽃잎을 타일 사이에 칼날을 넣어 들어 올려 3장을 사진과 같이 겹치지 않게 배치한다. 중심에 피모 리퀴드를 떨어뜨리고 똑같은 방법으로 만든 3장을 꽃잎 사이에 포개어 겹쳐 놓는다.

4

3번 꽃 중심을 볼 툴로 눌러 홈을 만든다. 피모 리퀴드를 바르고 1번 꽃술을 사진과 같이 배치한다.

형태 굽기

5

꽃잎의 가장자리를 살짝 손끝으로 들어 올린다. 각 타일마다 110℃의 오븐에서 20분간 굽는다.

머리끈 붙이기

6

C 원판 머리끈

완전히 식으면 이쑤시개로 원판 머리끈의 평평한 부분에 접착제를 바른 후 꽃의 뒷면에 붙인다.

완성 사이즈 : 모티브 지름 4㎝

사용할 재료

A 폴리머 클레이a
(피모 이펙트·펄 블랙 / 907)
————————————————— 1g

B 폴리머 클레이b
(피모 프로페셔널·카민 / 29)
————————————————— 8g

C 머리끈 (원판고무줄·12㎜·골드)
————————————————— 1개

D 피모 리퀴드 ————————— 적당량

사용할 도구

타일 (없으면 내열 접시)
밀대 / 볼 툴(Ball tool) 또는 구슬 정도 크기의 공 / 헤라
커터 칼날 / 이쑤시개 / 접착제
오븐 / 디자인 커터

A 폴리머 클레이a

D 피모 리퀴드   C 원판 고무줄

B 폴리머 클레이b

실물크기도안

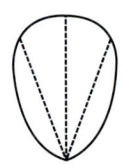

※ 폴리머 클레이는 수지 점토의 일종입니다. 취급 방법과 굽는 시간 등 제품 주의사항을 꼭 지켜주세요.

05   모자이크 머리핀

⇨ P.156

형태 만들기

1

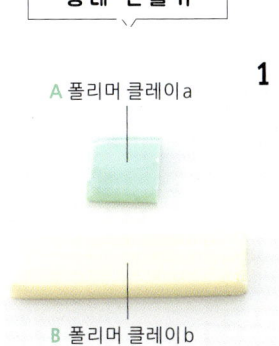

A 폴리머 클레이 a

B 폴리머 클레이 b

바탕색을 만든다. 폴리머 클레이 a와 b 를 섞어 반죽한다.

↓

2

A 폴리머 클레이 a
B 폴리머 클레이 b

타일 위에 1번을 올려 밀대로 밀어 평평 하게 만든다.

↓

3

] 3 mm

3mm두께 직사각형이 될 때까지 늘린다.

4

D 폴리머 클레이 d

C 폴리머 클레이 c

폴리머 클레이 c,d를 각각 잘 반죽한 후, 타일 위에 올려 밀대로 밀어 두께 0.8mm 로 만든다.

↓

5

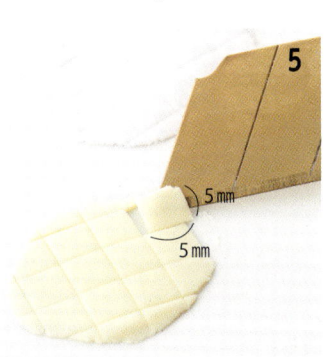

5 mm

5 mm

커터 칼날을 사용해 5mm정사각형 모 양으로 작게 썬다.

↓

6

칼날을 사용하여 들어올려 3번 위에 모 자이크 모양으로 자유롭게 배치한다.

P.164 에 계속 ➡

완성 사이즈 :
모티브 세로 1.5 × 가로 7 ㎝

사용할 재료

[그린]

A 폴리머 클레이 a
 (피모 이펙트·제이드 / 506)
 ——————————— 3 g

B 폴리머 클레이 b
 (피모 이펙트·토파즈 / 106)
 ——————————— 8 g

C 폴리머 클레이 c
 (피모 이펙트·토파즈 / 106)
 ——————————— 0.8 g

D 폴리머 클레이 d
 (피모 이펙트·글리터 화이트 / 052)
 ——————————— 0.8 g

E 스와로브스키 a (#2028·SS4·
 크리스탈) ——————— 1개

F 스와로브스키 b (#2028·SS6·
 Lt.콜로라도 토파즈) ——— 1개

G 자동 머리핀대 (60×7.5㎜·실버)
 ——————————— 1개

H 피모 리퀴드——————— 적당량

I 아크릴 물감 (골드)
 ——————————— 적당량

※ [핑크]를 만드는 경우 A를 폴리머 클 레이 a (피모 이펙트·반투명화이트 / 014) 8 g, B를 폴리머 클레이 b (피모 이펙트·반투명 레드 / 204) 0.2 g로 바 꾸어 만든다.

사용할 도구

타일 (없으면 내열 접시)
밀대 / 헤라 / 커터 칼날
이쑤시개 / 종이호일
접착제 / 오븐 / 가위

※ 폴리머 클레이는 수지 점토의 일종입니다.
 취급 방법과 굽는 시간 등 제품 주의사항
 을 꼭 지켜주세요.

7

6번 위에 종이호일를 올리고 밀대로 가볍게 밀어 모자이크를 잘 붙게 만든다.

↓

8

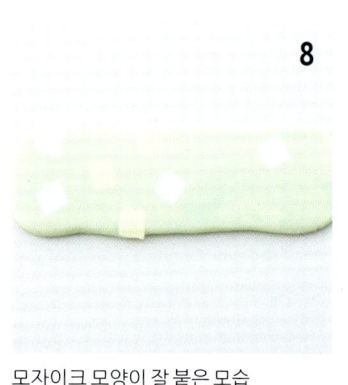

모자이크 모양이 잘 붙은 모습

↓

9

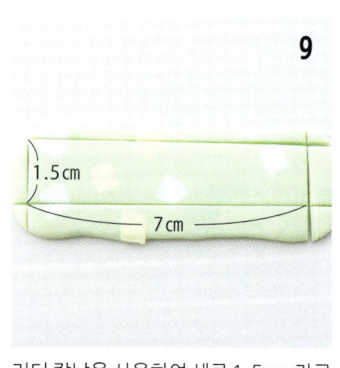

1.5 cm
7 cm

커터 칼날을 사용하여 세로 1.5 ㎝, 가로 7 ㎝의 직사각형으로 자른다.
나머지는 제거한다.

10

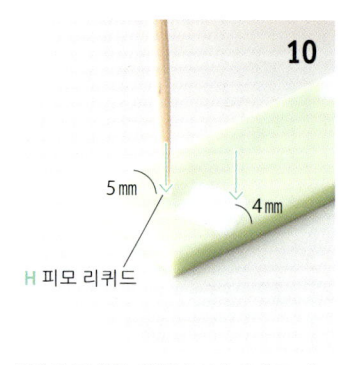

5 mm
4 mm
H 피모 리퀴드

사진의 표시한 위치에 이쑤시개로 피모 리퀴드를 조금 묻힌다.

↓

11

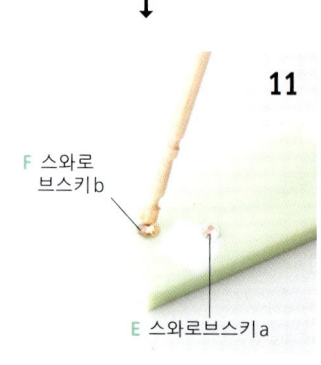

F 스와로브스키 b
E 스와로브스키 a

10 번에 표시한 부분에 스와로브스키 a, b를 각각 놓고 이쑤시개 머리부분을 사용해서 수직으로 밀어 넣는다.

↓

12

11 번을 이쑤시개를 사용하여 2 개의 선을 긋는다.

13

이쑤시개 끝을 0.5 ㎝ 정도 가위로 잘라낸다.

↓

14

13 번에서 자른 이쑤시개를 폴리머 클레이에 대고 눌러 도트 무늬와 선을 그린다.

↓

15

G 자동 머리핀대

폴리머 클레이와 타일 사이로 커터 칼날을 넣어 들어 올린 후, 자동 머리핀대 위로 곡선에 맞춰 얹는다.

m e m o   9번 과정에서는 3mm 두께가 되도록 만들어봅시다. 남은 조각도 모양을 만들어 구워서 귀걸이 파츠를 만들어도 예쁩니다.

형 태 굽 기

16

각 타일마다 핀대와 함께 110 ℃의 오븐
에서 20 분간 굽는다.

↓

17

I 아크릴 물감

완전히 식으면 12 번, 14 번에서 그린 선
과 점에 이쑤시개를 사용하여 아크릴 물
감을 바른다.

핀 대 붙 이 기

18

폴리머 클레이를 핀대에서 일단 떼어내
고 핀대에 이쑤시개로 접착제를 바른다.

19

폴리머 클레이의 뒷면에 핀대를 붙인다.

[그린]

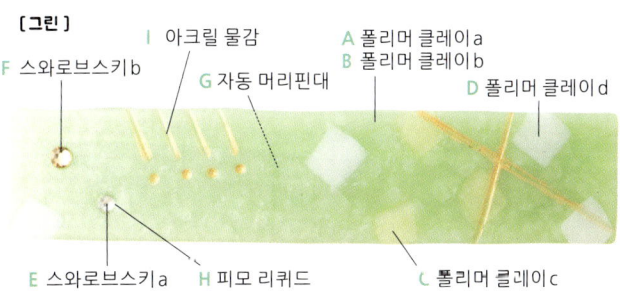

F 스와로브스키b
I 아크릴 물감
G 자동 머리핀대
A 폴리머 클레이a
B 폴리머 클레이b
D 폴리머 클레이d
E 스와로브스키a
H 피모 리퀴드
C 폴리머 클레이c

[핑크]

A 폴리머 클레이a
B 폴리머 클레이b

memo 15-16 번 과정에서 핀대 위에 올린 채 굽는 것은 핀대의 모양에 잘 맞게 하기 위해서입니다. 이 단계에서 접착제는 필요하지 않습니다.

07   북유럽 트라이앵글 머리끈

⇨ P.157

완성 사이즈 : 모티브 3.5×3㎝

사용할 재료
A 석분 점토 ──────── 적당량
B 오링 (1.2×7mm·골드) ──── 2개
C 머리끈 ──────────── 1개
D 아크릴 물감 (옐로우) ──── 적당량

사용할 도구
평집게 / 9자말이 집게 / 밀대
모양틀 (정삼각형, 한 변의 길이 3.5㎝)
사포 / 붓 / 니스

형 태 만 들 기

1

A 석분 점토

석분 점토를 적당량 떼어 손으로 잘 반죽한다. 밀대로 5㎜두께 정도가 될 때까지 민다.

↓

2

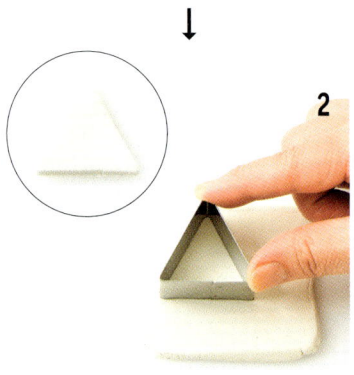

모양 틀을 석분 점토 위에 놓고 눌러 삼각형을 찍어낸다. 이때 측면이 깨끗하게 빠져나오지 않아도 상관 없다.

형 태 굳 히 기

3

B 오링

석분 점토가 마르기 전에, 평집게를 사용하여 2번의 중앙에 오링을 절반 정도 꽂는다. 약 반나절 동안 표면을 건조시킨다.

4

D 아크릴 물감

석분 점토의 표면이 마르면 사포로 표면을 깨끗이 다듬어 삼각형 면에 아크릴 물감으로 색을 칠한다.

↓

5

아크릴 물감이 완전히 마르면 전체적으로 니스 칠하기. 아크릴 물감을 칠하지 않은 부분에도 니스를 발라둔다. 점토가 완전히 굳을 때까지 1~2일간 말린다.

머리끈 연결하기

6

C 머리끈
B 오링

3번에서 삽입한 오링에 다른 한 개의 오링으로 머리끈 금속 부분의 고리와 연결한다.

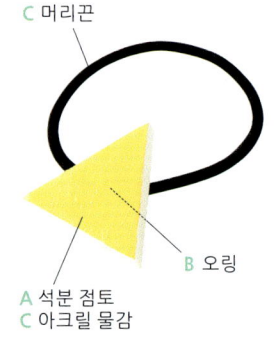

C 머리끈

A 석분 점토
C 아크릴 물감

B 오링

※ P.157에서 표기하고 있는 제작 시간은 점토를 건조하는 시간을 포함하지 않습니다.

A R R A N G E

모양이나 금속 장식을 바꿔 다른 액세서리로

모양 사이즈나 금속 장식을 바꾸면 다른 액세서리가 됩니다.
모티브를 한꺼번에 만들어서 다양한 액세서리를 만들어보세요.

---

08 스트라이프 트라이앵글 미니 브로치

⇨ P.157

형태 만들기

1

석분 점토를 적당량 떼어 손으로 잘 반죽한다. 밀대로 5㎜두께 정도가 될 때까지 민 후, 모양 틀을 석분 점토 위에 놓고 눌러 삼각형을 찍어낸다. 이때 측면이 깨끗하게 빠져나오지 않아도 상관없다.

↓

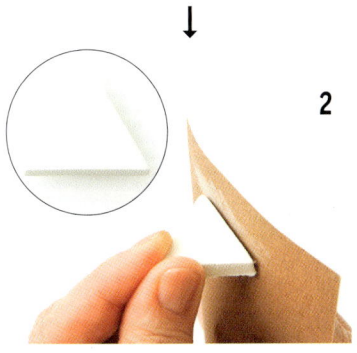

2

약 반나절 동안 석분 점토의 표면을 건조한 후 사포로 표면을 다듬는다.

핀대 붙이기

3

B 브로치 핀대

브로치 핀대에 이쑤시개로 접착제를 바르고 삼각형에 수직으로 붙인다.

4

마스킹 테이프를 원하는 두께로 잘라 줄무늬가 되도록 삼각형에 붙인다.

↓

C 아크릴 물감

5

4번 위에 아크릴 물감으로 칠한다.

↓

6

아크릴 물감이 완전히 마르면 전체적으로 니스를 칠한다. 아크릴 물감을 칠하지 않은 부분에도 니스를 발라 둔다. 점토가 완전히 굳을 때까지 1~2일 동안 말린다.

완성 사이즈 : 2.5×2.5㎝

사용할 재료
A 석분 점토 ──────── 적당량
B 브로치 핀대 ──────── 1개
C 아크릴 물감(네이비) ──── 적당량

사용할 도구
평집게 / 9자말이 집게 / 밀대
모양틀 (정삼각형, 한 변의 길이 2.5㎝)
사포 / 접착제
마스킹 테이프 / 붓 / 니스

A 석분 점토
C 아크릴 물감

B 브로치 핀대

※ P.157에서 표기하고 있는 제작 시간은 점토를 건조하는 시간을 포함하지 않습니다.

ARRANGE

물감의 색상이나 무늬를 바꿔서 어레인지

스트라이프 또는 도트 무늬로 만들거나 투톤 컬러로 삼각형을 디자인해보세요. 작은 사이즈라면 2개를 함께 착용해도 귀엽습니다.

---

memo 석분 점토가 완전히 마르기 전에 사용하면 깨지는 경우도 있습니다. 충분히 시간을 들여 건조합시다.

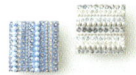

06 스와로브스키 펜던트 브로치

⇨ P.157

베이스 만들기

1

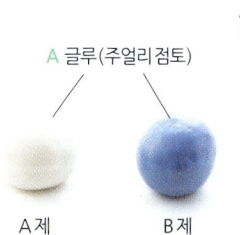

A 글루(주얼리 점토)

A제   B제

고무 장갑을 끼고 베이스용 글루 A제와 B제를 손바닥으로 균일하게 될 때까지 잘 섞는다.

↓

2

F 브로치 펜던트 몰드

브로치 펜던트 몰드에 글루를 균일하게 펴 바른다.

파츠 채우기

3

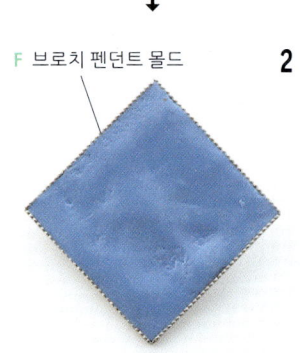

G 볼 체인

10mm

12mm

10mm

볼 체인을 펜던트 끝에서부터 10mm 띄어서 한 줄 배치한 후 남은 부분을 니퍼로 잘라낸다. 다시 그 자리에서부터 12mm 띄어 한 줄 배치한다.

4

D 스와로브스키c

스톤피커를 사용해서 스와로브스키 c를 배치해 나간다. 스톤피커로 글루에 가볍게 밀어 넣어 표면이 평평하게 되도록 채워 넣는다.

↓

5

E 스와로브스키d

스와로브스키d는 핀셋으로 배치한 후 절반 정도까지 글루에 밀어 넣는다.

글루 굳히기

6

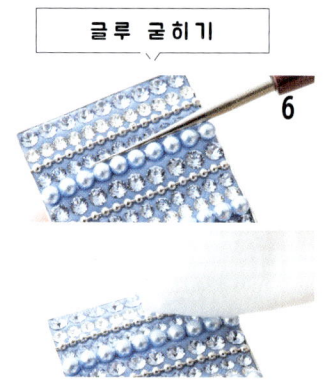

같은 방법으로 완성 사진을 참조하여 전면 가득 채운 후, 글루가 굳기 전에 수예용 송곳으로 비즈 라인을 맞춘다. 알코올 티슈로 표면에 붙은 여분의 글루를 닦아 마무리하고, 완전히 굳을 때까지 놔둔다.

완성 사이즈 : 모티브 3cm

사용할 재료

[블루]

A 글루 (주얼리 점토) (라이트 사파이어) ──── A제 1.8g、B제 1.8g
B 스와로브스키a (#1028·PP18· 크리스탈) ──── 24개
C 스와로브스키b (#1028·PP18· Lt. 사파이어) ──── 33개
D 스와로브스키c (#1028·PP24· Lt. 사파이어) ──── 18개
E 스와로브스키d (#5810·3mm· Lt. 사파이어) ──── 20개
F 브로치 펜던트 몰드 (30mm·스퀘어· 실버) ──── 1개
G 볼 체인 (1.5mm·실버) ── 6cm×1개

※ **[그레이]**를 만드는 경우、**A**를 라이트 핑크, **C**를 아쿠아 마린, **E**를 라이트 그레이로 만든다.

사용할 도구

니퍼 / 고무 장갑 / 알코올 티슈 / 스톤피커
핀셋 / 수예용 송곳

[블루]

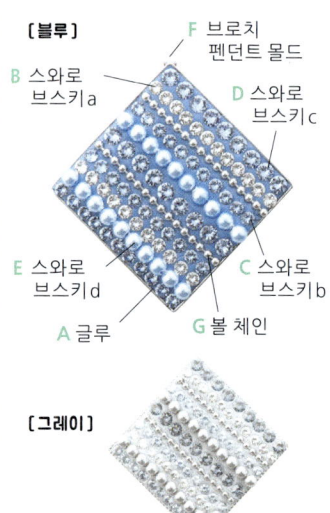

F 브로치 펜던트 몰드
B 스와로브스키a
D 스와로브스키c
E 스와로브스키d
A 글루
G 볼 체인
C 스와로브스키b

[그레이]

※글루의 취급 방법과 경화 시간은 제품 주의사항을 꼭 지켜주세요.

10

BASIC ✄ GUIDE

기 본 도 구 재 료 기 법

액세서리를 만들기 전에 알아두어야 할 기초 지식과
기본 도구와 재료 , 기본 테크닉을 소개합니다 .

액세서리 만들기의
기본은 10 가지

이 책에서는 크게 다음의 10 가지 기술을 소개합니다 .
작업 공정의 기본기를 익히면 어떤 액세서리라도 만들 수 있으니
충분히 연습해보세요 .

붙이기

접착제를 바르고, 파츠를 붙이거나, 소재끼리 접합한다. 초보자를 위한 가장 간단한 기술.

끼우기

비즈의 양쪽 구멍으로 우레탄 줄이나 와이어, 실을 통과시킨다.

연결하기

파츠끼리 오링이나 C 링으로 연결한다.
평집게와 9 자말이 집게를 잘 다루는 것이 포인트.

꿰매기

리본, 천 소재를 사용하여 액세서리를 만들 때 바늘과 실로 연결하는 기법.

엮기

우레탄 줄 · 와이어

비즈를 우레탄 줄이나 와이어에 끼워 벌집판 (샤워대) 에 고정시킨다.

땋기

끈 · 줄
리본

끈, 코드, 리본 등 여러 개의 끈이나 리본을 교차시켜 엮는 기법.
비즈를 넣어서 땋기도 한다.

굽기

점토를 사용한 작품의 경우 오븐에서 구워 형태를 굳힌다.

굳히기

UV 레진을 UV 램프로 경화시키면 파츠나 소재, 구슬을 그 위치에서 굳게 할 수 있다.

매듭짓기

여러 개의 끈을 교차시켜 묶는 기법. 다양한 종류의 묶는 방법이 있으며 완성 모양도 묶는 방법에 따라 변한다.

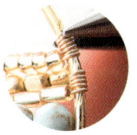

루핑

9 자말이 집게를 사용하여 와이어를 파츠에 감는다. 집게의 둥근부분을 이용해 돌돌 말아보세요.

필요한 기본 도구

액세서리 만들기에 필요한 도구는 단지 이것뿐.
도구를 갖추는 것은 액세서리를 예쁘게 만들기 위한 첫걸음입니다.

평집게

이렇게 생겼어요!

끝이 평평하게 되어
있어서 금속 장식을
끼우는 데 적합합니다.

이럴 때 사용해요!

주로 O링을 손쉽게 열
고 닫기 위해 사용합
니다.

오링이나 C 링 등 링 종류를 열고
닫을 때 , 구멍지프를 닫거나 고정
볼을 누르는데 적합하다 . 링 종
류를 열고 닫을 때 평집게가 2 개
가 필요하지만 , 하나는 9 자말이
집게로도 대체할 수 있습니다 .

9 자말이 집게

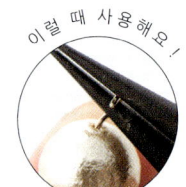

이렇게 생겼어요!

끝이 가늘고 둥글게
되어있어 세밀한 작업
을 하기에 적합합니다.

이럴 때 사용해요!

주로 핀 종류를 둥글
게 말 때 사용합니다.

9 핀과 T 핀 등을 둥글게 말 때 사
용하는 공구 . 액세서리를 만들 때
반드시 사용 것이므로 , 한 개는
가지고 있을 것 . 오링이나 C 링을
열고 닫을 때도 사용합니다 .

니퍼

이렇게 생겼어요!

굵은 날이 붙어 있고 ,
스프링의 힘으로 금속
을 자릅니다 .

이럴 때 사용해요!

아트와이어 및 줄 등
끈을 자를 때.

가위로 잘리지 않는 것을 자를 때
사용한다 . 핀 종류를 자르거나 체
인을 힘들이지 않고 자를 수 있습
니다 .

수예용 송곳

이렇게 생겼어요!

끝이 가늘고 뾰족하며 ,
비즈 구멍을 넓히는데
사용할 수 있습니다 .

이럴 때 사용해요!

체인의 구멍을 넓힐
때에도 사용합니다 .

세밀한 작업을 할 때 편리한 도구
로 끈의 매듭을 만들거나 , 비즈
구멍의 이물질을 제거할 때에도
사용할 수 있습니다 .

비즈용 접착제   다용도 접착제

가 위 , 커 터 칼

우레탄 줄 , 실 , 패턴 등을 자를 때 사용합 니다 . 우레탄 줄이나 실은 작은 가위로 , 패턴을 자를 때에는 큰 가위나 커터 칼을 사용하면 좋습니다 .

이 쑤 시 개

파츠나 부자재의 끝부분에 접착제를 발라 서 붙이거나 , 접착제를 펴 바를 때 사용합 니다 .

접 착 제

파츠를 고정시키는 데 사용합니다 . 다양 한 종류가 있으므로 용도에 맞게 선택하 여 사용합니다 . 비즈용 접착제는 끝이 가 늘게 되어있기 때문에 부품 안에 접착제 를 흘려 넣는데 편리합니다 . 다용도 접착 제는 건조가 빠르고 작업 중에 고정시킨 파츠가 잘 미끄러지지 않아 작업하기 편 리합니다 .

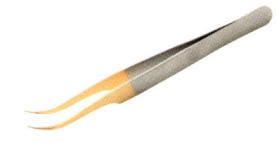

자

체인이나 천 등의 길이나 크기를 잴 때 사 용합니다 . 줄자로도 대신 사용할 수 있습 니다 .

핀 셋

세밀한 작업을 할 때 유용한 도구 . 글래스 돔 안에 비즈를 넣거나 스톤으로 데코 작 업을 할 때 사용합니다 .

비 즈 바 늘

일반적으로 사용하는 것보다 긴 바늘로 실을 이용해 비즈를 꿰는 데 사용합니다 . 나일론 줄 , 우레탄 줄과 함께 사용합니다 .

그 외 있으면 편리한 도구

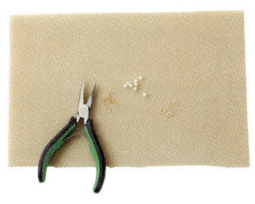

비 즈 트 레 이

액세서리를 만들 때 필요한 재료를 담는 트레이 . 사용하는 부자재는 미리 필요한 개수대로 담아두면 작업하기 쉽고 편리합 니다 .

부 자 재 케 이 스

구슬 및 부자재 , 만든 액세서리를 수납하 는 플라스틱 케이스 . 자주 사용하는 기본 부자재 등을 한꺼번에 정리해 두면 부자 재를 일일이 찾는 수고를 줄일 수 있습니 다 .

비 즈 매 트

폭신 폭신한 매트 . 구슬을 얹어도 굴러가 지 않기 때문에 구슬에 상처가 생기지 않 는다 . 구슬을 손으로 잡지 않고 바늘을 넣 을 수 있으므로 , 바늘과 실을 사용한 작품 을 만들 때 매우 편리합니다 .

이 책에 등장하는 기본 재료

이 책에서 사용하는 액세서리 재료를 소개합니다.
수예점 또는 인터넷 쇼핑몰에서 손쉽게 구입할 수 있습니다.

기본 재료

진주

수지 (레진), 코튼 , 아크릴 , 플라스틱 등 소재에 따라 다양한 종류가 있습니다 . 심플한 스타일의 간단한 디자인도 , 품위 있는 디자인 작품도 만들 수 있습니다 .

아크릴 비즈

아크릴로 만든 비즈로 체코 비즈와 같이 다양한 색과 모양이 있습니다 . 꿰거나 연결해 만드는 액세서리에 알맞은 재료입니다 .

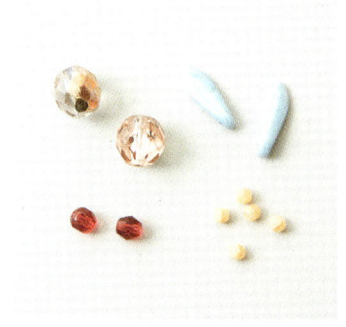

체코 비즈

비즈 가공 기술 수준이 높은 체코에서 만든 비즈를 말하며 , 모양이 독특하고 색과 소재의 종류가 다양합니다 . 낚시줄에 비즈를 꿰어 다양하게 연출할 수 있습니다 .

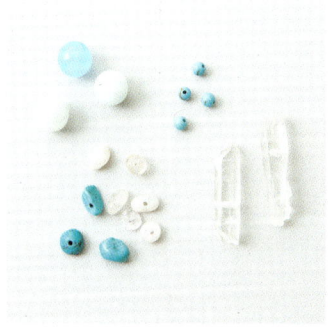

원석

준보석으로도 불리며 가공 방식에 따라 라운드 , 칩 , 론델 등 다양한 형태가 있으며 , 같은 원석이라도 색감이 차이가 있어서 고르는 즐거움도 있습니다 .

스와로브스키 크리스탈

스와로브스키사에서 생산하는 크리스탈을 말하며 , 1 개만 붙여도 화려하게 연출할 수 있습니다 . 스톤 캡에 넣어 붙이는 세트 구성으로 된 것 , 구멍 뚫린 형태의 비즈 등 다양한 형태가 있습니다 .

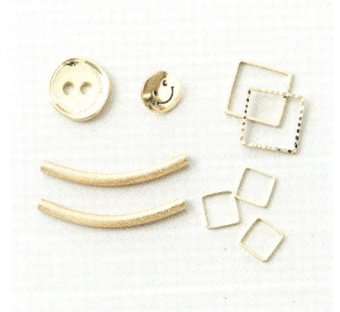

금속 장식

심플한 디자인이 포인트가 되는 금속 소재의 장식 . 심플한 액세서리의 장식요소로 진주 , 스와로브스키 크리스탈과 잘 조합해서 만들어보세요 .

메탈 비즈

모양과 크기도 다양한 금속 소재의 비즈로 액세서리를 세련된 스타일로 마무리해 줍니다. 연결하는 것만으로도 심플한 액세서리로 만들 수 있습니다.

펜던트

별과 꽃 등 모티브의 상단에 고리가 붙어 있는 파츠. 오링이나 C 링으로 고리와 연결해 매달거나, 끈이나 리본에 직접 통과시켜 사용할 수도 있습니다.

비즈 캡

비즈의 상하 또는 양쪽에 붙이는 장식. 구슬의 크기와 색상에 맞춰 비즈 캡의 크기와 모양을 고르면 자연스럽게 맞출 수 있다.

시드 비즈

작은 크기의 비즈로 모양이나 크기에 따라 명칭이 다릅니다. 라운드 외에도 특대·특소·막대 비즈 등이 있습니다.

라인 스톤

구멍이 뚫린 스톤 캡에 세팅된 크리스탈. 귀걸이나 반지 등 벌집판 (샤워대) 에 파츠를 엮을 때 장식으로 자주 사용됩니다.

줄란

라인 스톤이 연결된 체인으로 니퍼로 원하는 길이로 잘라서 달거나 큰 스톤 주위에 붙여 연출할 수 있습니다.

리본

벨벳리본, 새틴리본, 실크리본 외에도 신축성이 있는 고무로 만든 리본도 있으며, 색도 다양하기 때문에 개성 있게 만들 수 있는 아이템입니다.

끈 실

가죽 끈, 실크 줄, 새틴 줄 등 용도에 따라 구분하여 사용합니다. 엮어서 팔찌를 만들거나 태슬 파츠를 만들 수도 있습니다.

깃털

꿩이나 금계 등 새의 깃털을 파츠로 만든 것. 크기와 모양이 모두 다른 것이 특징입니다. 캡을 깃털 끝 부분에 끼운 후 사용합니다.

구 멍 지 프 , 고 정 볼

낚시줄과 우레탄줄 같은 와이어를 끝에 마무리하는데 사용하는 부품입니다 . 고정볼을 와이어에 낀 후 집게로 누르고 구멍지프로 덮는 것 만으로 OK. 고리와 연결할 수 있습니다 .

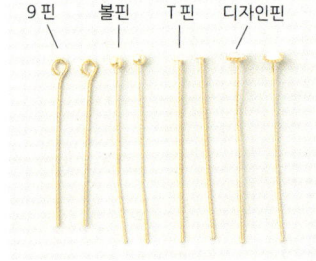

핀

막대 모양의 부분에 필요한 구슬을 꿰어 끝을 9 자말이 집게로 둥글게 말면 파츠 완성 . T 핀 , 9 핀 , 볼핀 , 디자인핀 등이 있으며 , 길이와 굵기도 여러 가지 종류가 있습니다 .

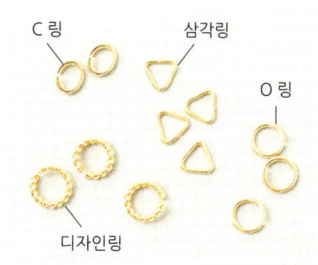

링

파츠나 작은 장식 등의 연결을 위한 부자재입니다 . 집게를 이용하여 열고 닫아 사용하며 O 링 , C 링 , 삼각링 , 디자인링 등 종류도 다양합니다 .

토 글 바

목걸이와 팔찌 양 끝에 쓰이는 마감장식으로 큼직한 비즈를 엮어서 만든 액세서리에 많이 사용합니다 . 막대를 링 안으로 통과시켜 넣어서 완성 !

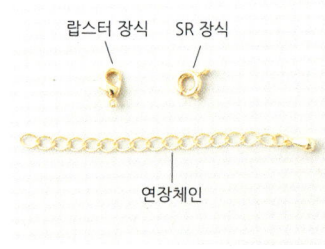

랍스터 장식 , SR 장식 , 연장체인

목걸이와 팔찌 체인의 끝에 붙는 연결고리 기능을 하는 마감장식입니다 . SR 장식 , 랍스터 장식을 연장체인에 연결하여 완성합니다 . 연장체인의 위치로 길이를 조절할 수 있습니다 .

마 감 부 자 재

코드나 리본 , 깃털의 끝에 달아서 파츠를 만드는 부자재 . 아이템에 끼우고 집게로 눌러 고정시켜 마무리합니다 .

스 톤 캡

스와로브스키 등을 끼우는 금속 부자재 . 크기와 모양에 따라 전용 부속품이 있고 사방의 4 발 물림을 평집게로 기울이며 닫아 고정합니다 . 구멍이 있어 우레탄 줄로 엮어서 모티브를 만들어 사용할 수 있습니다 .

체 인

주로 목걸이에 사용하며 , 가는 체인부터 큰 체인까지 용도에 따라 구분하여 사용할 수 있습니다 . 디자인 체인으로 개성을 살려 연출해보세요 .

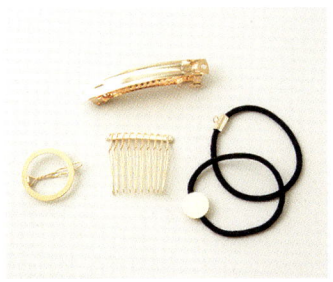

헤어 액세서리 부자재

머리끈, 머리핀, 머리빗 핀 등이 있으며 디자인에 맞는 부자재를 선택하여 사용합니다. 골드는 귀여운 느낌, 실버는 시크한 느낌으로 완성할 수 있습니다.

브로치 핀대

귀걸이와 같이 파츠를 붙이는 판이 있거나, 매달아 걸 수 있는 고리가 붙어 있는 것 등 다양한 형태가 있습니다. 와이어 및 낚시줄로 엮어 꿸 수 있는 구멍이 있는 형태도 있습니다.

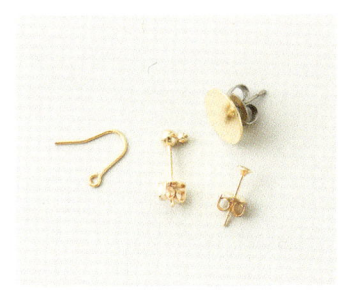

귀걸이 포스트

비즈를 붙일 수 있는 둥근 판이 붙은 포스트, 고리가 달려있어 파츠를 달 수 있는 포스트, U 자형 훅 타입의 포스트 등 디자인에 맞는 포스트를 선택해보세요.

CHECK

벌집판이 달린 부자재란?

벌집판이라는 것은 비즈를 엮기 위한 구멍이 여러 개 뚫려있는 금속받침대입니다. 본체에 끼우고 4 발 물림을 기울여서 물리게 하여 고정합니다.

반지대

이 책에서는 스와로브스키와 진주 전용 반지대가 많이 등장합니다. 반지대 디자인에 맞게 붙이는 파츠를 선택해보세요.

귀찌

논피어싱 나사형, 원터치형 등 종류가 다양합니다. 실리콘 커버가 달린 것은 귀가 아프지 않아 안심하고 사용할 수 있습니다.

와이어 , 실

비즈 스티치 실

나일론 또는 폴리에스테르로 되어있고 색상과 굵기도 다양한 종류가 있습니다.

나일론 코팅 와이어

흔히 피아노줄로 불리는 표면이 나일론으로 코팅된 가는 줄. 낚싯줄보다 튼튼합니다.

그리핀 실크비드 코드

액세서리 만들기 전용 코드. 주로 목걸이와 팔찌를 만들 때 사용합니다. 끝에 바늘이 달려있습니다.

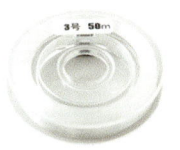

낚싯줄

비즈를 꿰거나 엮을 때 사용하며, 이 책에서는 주로 2 호와 3 호를 사용합니다. 아티스틱 와이어보다 부드러워 사용하기 편합니다.

아티스틱 와이어

이 책에서 「사용하는 재료」에는 AW 로 표기하였으며, 황동선에 폴리우레탄을 가공한 와이어로 호수가 클수록 가늘어집니다.

\ 프라반이란 ?? /

플라스틱 투명 판에 원하는 무늬를 그려, 오븐 토스터에 구우면 줄어들어 파츠로 사용하는 재료. 어린이는 물론 어른도 즐길 수 있습니다.

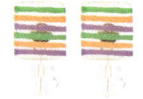

오븐 토스터

프라반을 구울 때 사용합니다. 온도 조절이 가능한 경우, 160℃로 설정하면 알맞게 구울 수 있습니다.

프라반

투명한 프라반이 일반적이지만, 흰색 프라반도 있습니다. 이 책에서는 프린트 타입의 프라반도 사용하고 있습니다.

종이 호일

프라반을 오븐 토스터기에 굽거나 평평하게 굳히는 데 사용합니다.

목장갑

막 구워낸 프라반을 오븐 토스터에서 꺼낼 때 사용합니다. 절대 맨손으로 만지지 않고 화상에 주의합니다.

유성펜, 포스카 마카

유성펜은 밑그림을 그릴 때 사용하고, 포스카 마카는 굽기 전 프라반에 색칠할 때 사용합니다.

가위, 커터칼

굽기 전 프라반을 자를 때 사용합니다. 큰 부분은 가위로 자르고 세밀한 부분은 커터칼로 자르면 깨끗하게 자를 수 있습니다.

CHECK

구워진 프라반은
누름돌로 눌러 평평하게!

프라반을 오븐 토스터에서 꺼내 곧바로 종이 호일에 끼워 누름돌 또는 두꺼운 책을 올려 굳힙니다. 차가운 공기에 닿으면 바로 굳어 버리므로, 식지 않았을 때 하는 것이 포인트.

사포

투명한 프라반에 사포로 문지르면 유리 소재처럼 됩니다. 프라반에 색연필로 색을 칠하기 전에 사용합니다.

수용성 바니쉬
(유광 / 무광)

수용성 바니쉬는 유광·무광으로 분류하며, 보호용 코팅제로 수용성 바니쉬 사용을 추천합니다.

레진 액세서리 만들기 재료와 도구

\ 레진이란?? /

레진은 젤 형태의 수지로 UV 램프로 굳힙니다. 레진액을 사용하면 비즈나 드라이플라워를 넣어 굳히거나 실리콘 몰드를 사용해 다양한 형태로 굳힐 수 있습니다.

소프트 레진

약간 점성이 있는 액체로 굳으면 하드 레진보다 부드럽습니다. 이 책에서는 드라이플라워를 가공할 때 사용하였습니다.

하드 레진

투명도가 높고 물처럼 흘러내리는 형태로 틀에 부어 사용하기 편리합니다. 파츠나 액세서리를 만드는 데 사용합니다. 굳어서 완성되면 플라스틱처럼 단단해집니다.

디자인 커터

레진을 실리콘 몰드에서 꺼낼 때, 튀어나온 부분이 있으면 디자인 커터로 잘라내 깔끔하게 완성합니다.

마스킹 테이프

바닥이 없는 파츠에 레진액을 부을 때 사용하며, 레진액이 굳으면 쉽게 떼어 낼 수 있습니다.

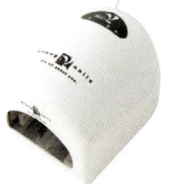

UV 램프

UV 라이트로 레진액을 굳힐 수 있는 조사기입니다. 내장되어있는 라이트가 많을수록 굳는 속도가 빠릅니다. 이 책에서는 컴팩트한 사이즈를 사용하였습니다.

실리콘 몰드

레진액을 부어 모양을 만들 수 있는 실리콘 틀입니다. 원형·삼각형·사각형 등 다양한 모양과 크기가 있습니다.

CHECK

파츠를 굳히게 할 뿐만 아니라 접착제로도 사용할 수 있어요!

레진액은 파츠끼리 붙이고 싶을 때도 사용할 수 있습니다. 사용방법은 붙이고 싶은 위치에 레진액을 바르고 UV 램프로 구워주면 접착 완료! 이 책의 CLASS4 에서는 파츠와 부자재를 붙일 때 접착제가 아닌 레진을 이용한 방법으로 사용하고 있습니다. 투명하고 깔끔하게 붙일 수 있으니 꼭 사용해보세요.

점토란 ??

자신이 좋아하는 모양으로 만들 수 있는 아이템으로 , 구워서 굳히는 타입과 자연건조 타입 등 여러가지 종류가 있습니다 . 점토 자체에 색이 있는 것이나 , 물감으로 색을 입히는 것도 있습니다 . 이 책에서는 3 종류의 점토를 사용하였습니다 .

석분 점토

손에 잘 붙지 않고 공기에 노출되면 굳는 점토 . 건조하는 데에 하루가 걸리지만, 강도가 높고 사포로 갈아낼 수 있어 섬세한 작업도 가능하며 아크릴 물감으로 채색하여 사용합니다 .

주얼리 점토

데코레이션을 하는데 유용한 수지 점토 . A 제와 B제를 섞어 사용합니다 . 스와로브스키 , 줄란 체인, 체인 등과 함께 사용합니다 .

 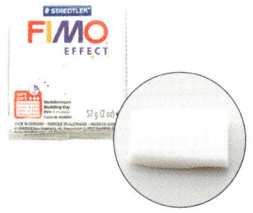

폴리머 클레이

가정용 오븐에서 가열하여 굳힐 수 있는 점토로, 이 책에서는 스테들러사의 FIMO® 를 사용하고 있습니다 . 색을 혼합하여 새로운 색을 만들 수 있는 점이 매력적입니다 .

헤 라

점토로 모양을 만들 때 사용하는 주걱처럼 생긴 점토 성형도구입니다 . 부드러운 점토라면 헤라로 자르는 것도 가능합니다 .

밀 대

점토류를 평평하게 만드는데 사용하는 도구로 , 두께에 상관없이 쉽게 사용할 수 있습니다 .

오 븐

폴리머 클레이를 구울 때 사용합니다 . 점토의 종류에 따라 가열 시간이 다르기 때문에 정확히 확인 후 구워야 합니다 .

타 일

폴리머 클레이로 만든 파츠를 타일에 올려 굽거나 , 위에 놓고 작업하는데 사용합니다 . 인테리어 인터넷 쇼핑몰에서 구매할 수 있습니다 .

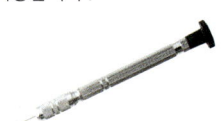

핀 바이스

구운 폴리머 클레이에 링을 끼울 수 있는 구멍을 뚫는 데 사용합니다 .

디자인 커터

폴리머 클레이로 모양을 만들 때 사용합니다 . 이 책에서는 폴리머 클레이를 형태에 맞게 자를 때 쓰입니다 .

커터날

폴리머 클레이를 자르거나 이동시킬 때 사용합니다 . 주의해서 사용하세요 .

볼 툴

폴리머 클레이로 모양을 만들 때 사용하며 , 없는 경우 글래스 비즈 등으로 대신 사용할 수 있습니다 .

수용성 바니쉬 유광

석분 점토의 마무리에 사용하며 , 물감이 잘 마르지 않은 상태에서 바르면 번지므로 주의하세요 .

사 포

석분 점토의 마무리에 사용하며 , 중간 입도 (100~200 방) 나 고은 입도 (200~400 방) 로 표면을 정리합니다 .

아크릴 물감

석분 점토에 색을 칠할 때 사용합니다 . 석분 점토의 표면이 완전히 마른 후에 아크릴 물감을 사용합니다 .

SHOP LIST

액세서리 만들기에 빠질 수 없는 비즈와 부자재를 구매할 수 있는 국내/국외 상점을 소개합니다.
상점마다 특징이 다르기 때문에 만들고 싶은 작품에 맞게 선택해보세요.

쪼만한 마을

레진공예 & 미니어쳐 & 액세서리 온.오프라인 공예 전문 쇼핑몰. 레진 아트와 점토를 전문으로 다루고 있습니다.
(유투브 만들기 채널 운영)
서울시 강북구 미아동 702-3
3층
02-980-6929
http://www.jjo.co.kr/

파츠클럽 아사쿠사바시 역전점

제품의 종류가 다양하다. 전국에 약 100개 점포가 있으므로, 가까운 곳의 상점을 찾아보세요. 온라인 판매도 하고 있음.

도쿄도 다이토구 아사쿠사 바시 1-9-12
03-3863-3482
http://www.partsclub.jp/

비즈팩토리 도쿄점

시드 비즈를 중심으로 세계 각지의 구슬과 파츠가 많이 있습니다. 키트도 다수 있습니다.. 온라인 판매도 하고 있음.

도쿄도 다이토구 아사쿠사 바시 4-10-8
03-5833-5256
http://www.beadsfactory.co.jp/

비즈 라운지 아사쿠사바시점

세계 각지의 천연석을 모아놓은 상점. 고급 소재를 고집하고 있으며, 오랫동안 사용할 수 있는 아이템을 제안하고 있다.

도쿄도 다이토구 아사쿠사 바시 1-22-2 바다빌딩 1 F
03-5829-9868
http://beadslounge.jp

기와제작소 아사쿠사바시 본점

제품의 종류가 다양하고 유행을 도입한 레시피의 취급도 다수 있는 것이 특징. 온라인 판매도 하고 있음.

도쿄도 다이토구 아사쿠사 바시 2-1-10
기와제작소 본점 빌딩 1 ~ 4F
03-3863-5111
http://www.kiwaseisakujo.jp/shop/

Necklace-necklace

전 세계에서 모은 구슬과 단추 외에 태슬, 레이스 등 의류 부자재까지 다양하게 갖추고 있음.

도쿄도 스기나미구 하마다야마 2-20-14
03-3290-0465
http://www.necklace-necklace.com

BASIC TECHNIQUE

기본 테크닉

핸드메이드 액세서리를 만드는 기본 테크닉을 소개합니다.

---

1 · O링 C링 사용법

집게로 오링을 여닫아 각종 부자재를 걸거나 연결하는 데 사용합니다.

1

오링의 틈을 위로 두고 집게를 사용하여 열고 닫습니다. 평집게 2 개를 쓰는 방법과 평집게와 9 자말이 집게를 쓰는 방법이 있습니다.

↓

2

옆에서 보면 ↑

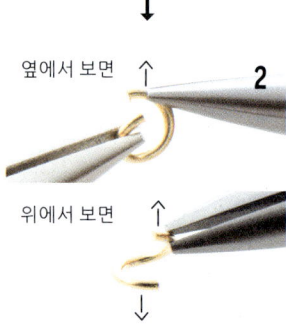

위에서 보면 ↑

↓

오링을 앞뒤로 어긋나게 움직여 열고 닫아줍니다.

NG!

좌우로 벌려주듯 열면 링이 비틀어져 강도가 떨어지게 되므로 주의하세요.

---

2 · 삼각링 사용법

앞뒤로 어긋나게 여닫는 O링. C링과 다르게, 좌우로 벌려주듯 열고 닫는 것이 특징입니다.

1

← →

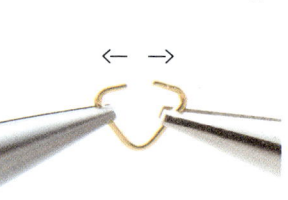

평집게 2 개로 삼각링을 양쪽으로 집어 좌우로 열어줍니다.

↓

2

삼각링을 체인에 건 후, 비즈의 구멍에 삼각링을 끼우고 평집게로 눌러 닫아줍니다.

↓

3

비즈를 연결한 부분의 삼각링은 평집게로 단단하게 꽉 닫아줍니다.

---

3 · T핀 9핀 사용법

비즈를 핀에 끼우고, 핀이 원형이 되도록 9자말이 집게로 둥글게 말아줍니다.

1

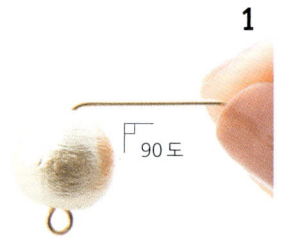

90 도

비즈에 핀을 통과시켜, 비즈와 90 도가 되도록 구부려줍니다.

↓

2

7 mm

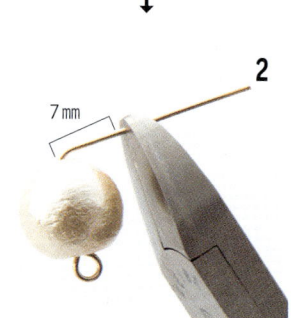

구부린 곳으로부터 7 mm 남기고 니퍼를 이용해 잘라줍니다.

↓

3

손바닥이 위를 향하게 한 후 비즈를 잡고 9 자말이 집게로 핀의 끝부분을 잡아 손목을 비틀면서 회전시켜 동그랗게 말아줍니다.

핀의 끝을 둥글게 말아 모양을 만들
어줍니다.

↓

평집게를 이용하여 양쪽 끝 고리의
방향이 평행이 되도록 평평하게 정
리해줍니다.

NG!

오른쪽은 고리가 제대로 닫히지 않
은 상태. 왼쪽은 고리가 서로 평행
하지 않은 상태. 되도록 보기 좋게
평집게로 정리해주세요.

4
와이어 루핑 방법

**와이어에 비즈를 통과시킨 후, 위,
아래쪽에 고리를 만들어 파츠를
완성합니다.**

1

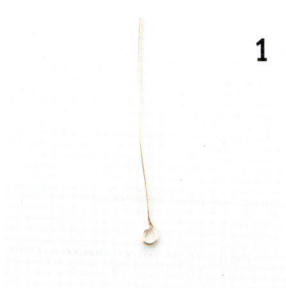

와이어를 5~10cm 길이로 자른 후,
9자말이 집게를 이용하여 비즈가
빠지지 않을 정도의 크기로 둥글게
말아 작은 고리를 만듭니다.

↓

2

90도

와이어에 비즈를 끼운 후 와이어를
직각으로 꺾는다.

↓

3

9자말이 집게로 비즈에 바짝 붙여
밀듯이 와이어를 말아서 고리를 만
듭니다.

4

와이어
루핑

평집게로 고리를 잡고 와이어를 비
즈 바로 위에서 2번 감아줍니다.

↓

5

와이어가 겹치지 않도록 감아주고,
남은 와이어는 니퍼로 잘라주세요.

↓

6

와이어의 잘린 부분은 평집게로 집
어 감은 와이어에 딱 붙여서 정리합
니다.

181

5

와이어 참 루핑 방법

와이어에 비즈를 끼운 후, 고리를 만들어 참을 완성합니다.

1

3cm

와이어를 10cm 길이로 자른 후 비즈에 끼웁니다. 사진과 같이 와이어 한쪽을 3cm 남기고 교차시켜주세요.

↓

2

양쪽 구멍으로 나온 와이어를 평집게로 잡고, 3번 감아올려 파츠를 고정합니다.

↓

90도

3

긴 쪽 와이어는 90도로 꺾어 구부리고, 남은 짧은 쪽 와이어는 니퍼로 잘라줍니다.

4

9자말이 집게를 와이어에 바짝 붙여 1번 돌려 둥글게 말아줍니다.

↓

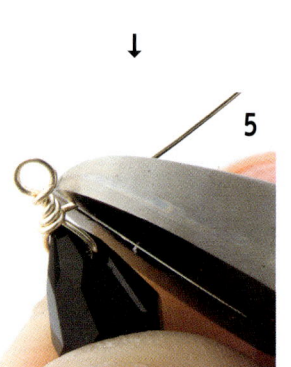

5

평집게로 와이어를 잡고, 와이어를 위에서 아래로 촘촘히 3번 감아 내려옵니다. 남은 와이어를 니퍼로 잘라 정리합니다.

↓

6

잘린 와이어 부분은 평집게로 꽉 눌러 말린 와이어에 바짝 붙여 정리합니다.

6

체인 구멍 넓히는 방법

체인의 구멍이 너무 작아서 부자재를 연결할 수 없을 때, 송곳을 이용해 구멍을 넓혀줍니다.

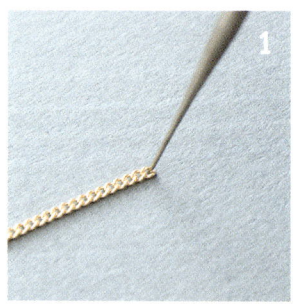

1

체인의 구멍이 작아서 오링을 끼우기 힘든 경우, 넓히고 싶은 체인 구멍에 송곳을 꽂아 조금씩 넓힙니다.

↓

2

끝 부분 구멍을 넓힌 모습. 무리하게 넓히면 체인이 끊어지기 때문에 잘 살펴보면서 넓혀주세요.

7

진주 구멍 정리방법

진주 구멍 주변에 붙은 찌꺼기는 송곳으로 구멍에 넣어 깨끗하게 정리합니다.

진주 비즈는 구멍 주변에 찌꺼기가 있는 경우가 있기 때문에 구멍에 송곳으로 찌꺼기를 밀어 넣어 깨끗이 정리한 후 사용합니다.

⑧ 구멍지프 사용법 （낚싯줄）

비즈를 끼우고 난 후 구멍지프로 마무리하여 다른 부자재와의 연결고리로 사용할 수 있습니다.

1

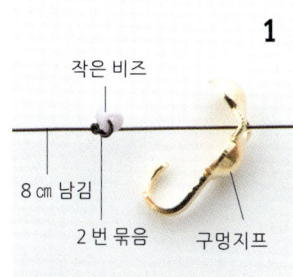

작은 비즈
8 ㎝ 남김
2 번 묶음
구멍지프

낚싯줄에 작은 비즈와 구멍지프를 통과시킨 후, 8cm 길이 남긴 줄로 비즈를 두 번 묶어 움직이지 않도록 고정해줍니다.

↓

2

남겨둔 낚싯줄을 구멍지프 구멍 안으로 통과시킵니다.

↓

3

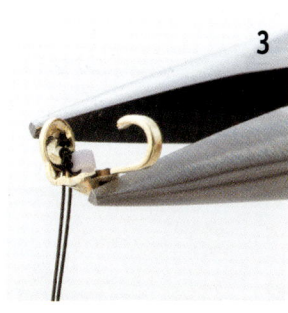

매듭지어진 작은 비즈를 구멍지프 안에 배치한 후 평집게를 이용하여 닫아줍니다.

4

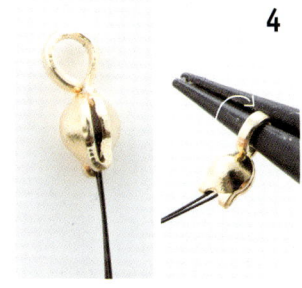

9 자말이 집게를 이용하여 구멍지프의 고리 부분을 둥글게 말아줍니다.

↓

5

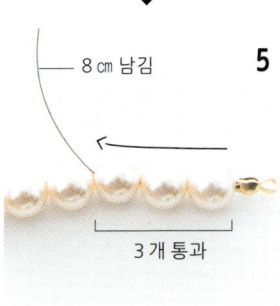

8 ㎝ 남김
3 개 통과

비즈를 낚싯줄에 꿰어 통과시킵니다. 한쪽 끝부분만 비즈 3 개를 두 줄로 끼우고 나머지는 한 줄로 끼워줍니다.

↓

6

2 번 묶음

비즈를 모두 꿰면 반대쪽도 구멍지프를 통과시켜 두 번 묶어 매듭을 만듭니다. 빈틈이 생기지 않도록 송곳으로 여러 번 눌러 매듭을 지프 안쪽으로 넣어주세요. 5 번의 과정과 동일하게 3 개의 비즈는 두 줄로 꿰고 남은 줄은 잘라줍니다.

⑨ 구멍지프 사용법 （와이어）

낚싯줄과는 달리 평집게를 이용하여 전용 고정볼을 눌러 고정하는 방법을 사용합니다.

1

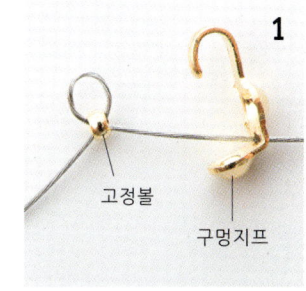

고정볼
구멍지프

와이어를 구멍지프와 고정볼을 통과시킨 후, 고정볼에 돌려 감아 구멍에 끼워 빼냅니다.

↓

2

와이어를 타이트하게 조여준 후, 평집게를 이용하여 고정볼을 여러 번 눌러 고정시켜줍니다.

↓

3

2 ㎜ 남김

와이어를 2mm만 남기고 니퍼로 잘라줍니다.

P. 184 에 계속 →

구멍지프 안으로 고정볼을 넣고 평집게로 닫습니다.

↓

5

와이어에 비즈를 다 통과시킨 후, 반대쪽도 마찬가지로 구멍지프와 고정볼 순서로 통과시키고 와이어를 고정볼에 돌려 감아 구멍에 끼워 빼냅니다.

↓

6

송곳으로 고정볼을 구멍지프 안으로 이동시킨 후 와이어를 타이트하게 조여줍니다. 2 번 과정처럼 평집게를 이용하여 고정볼을 여러 번 눌러 고정합니다. 남은 줄은 짧게 자른 후 구멍지프를 닫습니다.

와이어로 비즈를 통과시킨 끝마무리를 고리로 만들고 싶을 때 사용합니다.

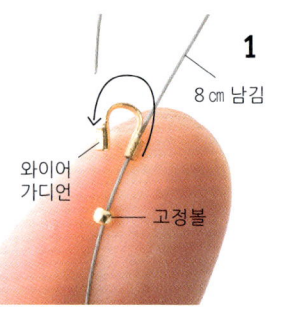

1

8 ㎝ 남김

와이어 가디언

고정볼

와이어 끝을 8cm 남긴 채, 고정볼, 와이어 가디언 순서로 통과시키고 와이어를 와이어 가디언에 돌려 감아 고정볼 구멍에 끼워 빼냅니다.

↓

2

와이어 가디언과 고정볼 사이에 빈틈이 없도록 와이어를 타이트하게 잡아당깁니다.

↓

3

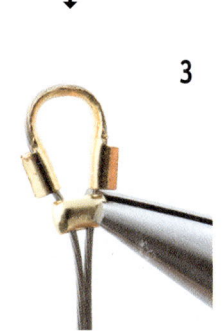

와이어 가디언과 고정볼이 평행이 되도록 한 후 평집게로 고정볼을 여러 번 눌러 고정시킵니다.

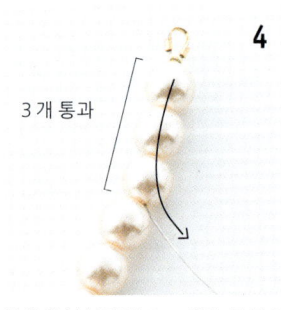

4

3 개 통과

한쪽 끝부분만 비즈 3 개를 두 줄로 끼우고 나머지는 한 줄로 끼웁니다.

↓

5

와이어에 비즈를 다 끼우고 고정볼, 와이어 가디언 순서로 통과시킵니다.

↓

6

와이어를 와이어 가디언에 돌려 감아 고정볼 구멍에 끼우고, 3 개의 비즈를 통과시켜 꽉 조입니다. 고정볼은 여러 번 눌러 고정시키고 남은 와이어는 바짝 붙여 바릅니다.

11 고정캡 사용법 —

끈이나 깃털의 뿌리 끝부분에 끼워 고리가 달린 파츠를 만들 수 있습니다.

1

고정캡

1 mm 남김

고정캡에 끈을 꽂아 넣습니다. 끈의 끝이 고정캡으로부터 1mm 튀어나오게 한 후 손가락으로 잡아줍니다.

↓

2

평집게로 고정캡 한 쪽 날개를 누릅니다.

↓

3

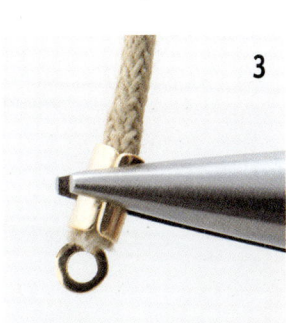

거꾸로 잡고 나머지 한 쪽 날개도 평집게로 누릅니다. 마지막으로 전체를 눌러 단단하게 고정합니다.

12 레이스캡 사용법 —

리본 양 끝에 달아 다른 부자재를 연결하여 사용할 수 있습니다.

1

레이스 캡

리본의 끝을 레이스캡 안쪽으로 집어넣습니다.

↓

2

넣은 후 평집게로 전체적으로 누릅니다.

↓

3

레이스캡은 리본이 밖으로 나오지 않도록 꽉 눌러 닫아주고, 리본의 폭과 같은 사이즈를 골라야 합니다.

13 줄란 사용법 —

필요한 길이로 잘라 만들고 줄란캡을 이용해 다른 재료와 연결하여 사용합니다.

1

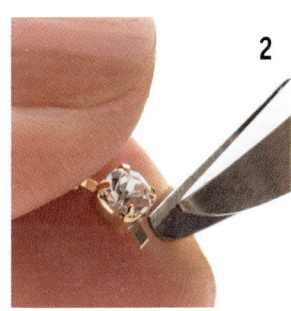

줄란 체인은 필요한 길이만큼 니퍼로 자릅니다.

↓

2

자른 후 튀어나온 부분은 니퍼로 잘라서 정리합니다.

↓

3

줄란캡

줄란캡을 이용해 끝부분 줄란을 감싸듯 넣어 평집게로 발을 물려 고정시킵니다.

벌집판 고정방법

비즈를 엮어 벌집판에 고정하여 다양한 형태의 액세서리를 만들 수 있습니다.

1

평집게를 이용하여 고정캡의 발 두 개를 눌러 눕힙니다.

↓

2

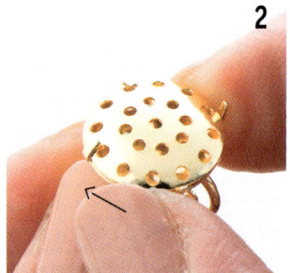

1번 과정의 접은 발에 벌집판을 밀어 넣어 끼웁니다.

↓

3

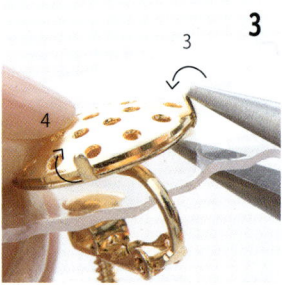

남은 두 개의 발도 평집게로 눌러 고정합니다. 부자재가 흠집 나지 않게 평집게 사이에 두꺼운 비닐 시트를 끼우고 작업합니다.

15

스톤캡 고정방법

구멍이 없는 스와로브스키 스톤은 스톤캡에 고정하여 사용합니다.

1

스톤을 스톤캡 위에 놓고 평집게로 발을 하나씩 눕혀 물립니다.

↓

2

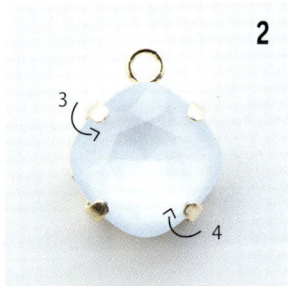

발을 모두 눌러 스톤을 물립니다.

접착제 바르는 방법

파츠를 붙일 때 직접 바르지 말고 이쑤시개를 사용하여 바릅니다.

1

접착제는 이쑤시개를 사용하여 접착할 면 전체에 얇게 골고루 펴서 바릅니다.

↓

2

마르기 전에 붙인 후 완전히 말려주세요.

침이 있는 포스트인 경우

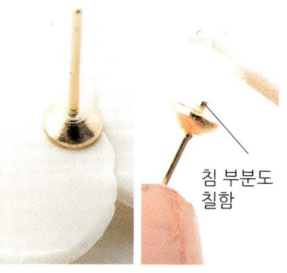

침 부분도 칠함

귀걸이 포스트 부분에 침이 있는 경우 포스트의 컵 부분만 아니라 침도 이쑤시개로 얇게 펴서 바릅니다.

17

끈 매듭 방법

3 줄 땋기

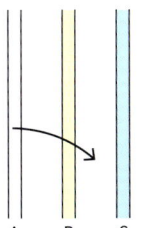

A B C

A를 B 위에 놓습니다.

↓

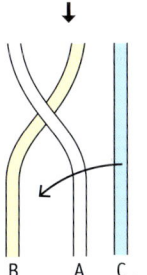

B A C

C를 A 위에 놓습니다.

↓

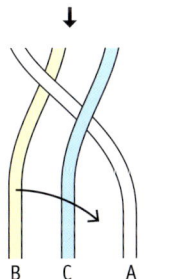

B C A

B를 C 위에 놓습니다.

↓

1~3번 과정을 반복합니다.

평매듭 (왼쪽)

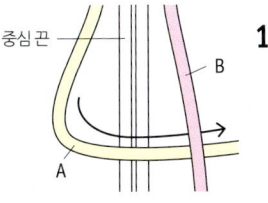

중심끈 | B

1

매듭끈 A를 중심끈 위로 지나가게 놓고, 매듭끈 B를 그 위에 놓습니다.

↓

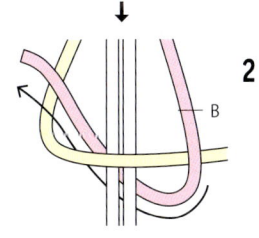

B

2

B를 중심끈 아래로 통과시켜 왼쪽 고리 사이로 꺼냅니다.

↓

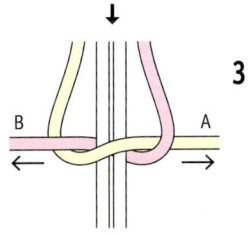

B ← → A

3

A, B를 양옆으로 잡아당깁니다. (여기까지 왼쪽 평매듭의 1/2 세트)

↓

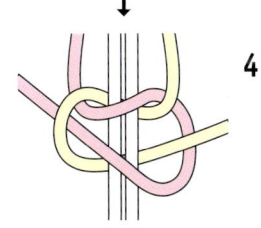

4

좌우를 바꾸어 1~3번 과정을 반복합니다.

↓

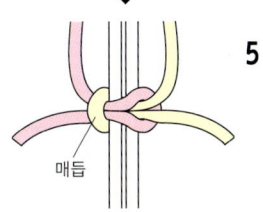

5

매듭

왼쪽 평매듭 1 세트 완성. 매듭이 왼쪽에 생겼습니다.

돌려엮기

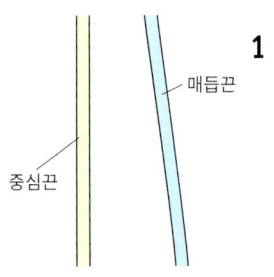

매듭끈

중심끈

1

완성 사이즈 4~5배 길이의 매듭끈을 중심끈의 오른쪽에 놓습니다.

↓

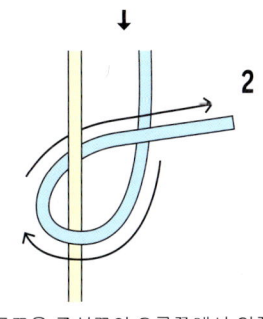

2

매듭끈을 중심끈의 오른쪽에서 왼쪽으로 감습니다.

↓

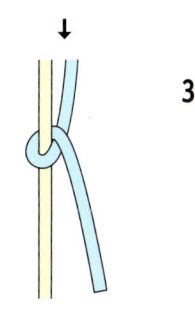

3

끈을 당겨조여주면 돌려엮기 매듭 1 세트 완성. 2~3번 과정을 여러 번 반복합니다.

↓

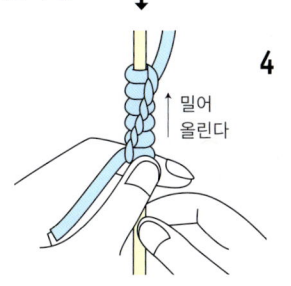

4

밀어 올린다

매듭이 반회전한 곳을 기준으로 끈을 당겨 매듭을 밀어 올립니다.

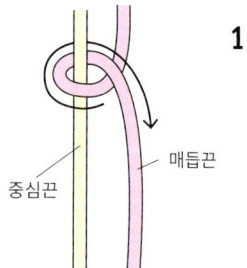

1

중심끈

매듭끈

왼쪽에 중심끈, 오른쪽에 매듭끈을 놓고 오른쪽으로 돌려엮기를 합니다.

↓

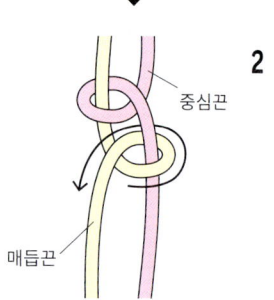

2

중심끈

매듭끈

오른쪽에 중심끈, 왼쪽에 매듭끈으로 놓고 왼쪽으로 돌려엮기를 합니다.

↓

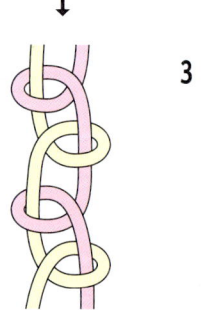

3

좌우엮기 1 세트 완성. 1~2번 과정을 여러 번 반복하여 엮습니다.

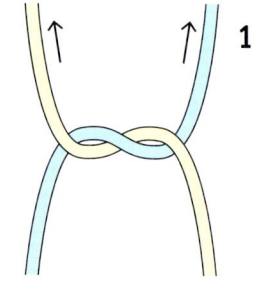

1

왼쪽 끈이 위로 가도록 2개의 끈을 교차시켜 한 번 묶습니다.

↓

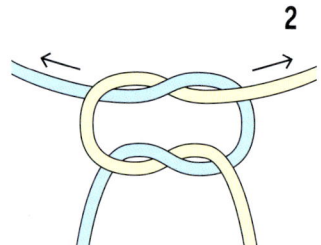

2

오른쪽 끈이 위로 가도록 2개의 끈을 교차시켜 한 번 더 묶습니다.

↓

3

양쪽 끈을 꽉 잡아당겨 조입니다.

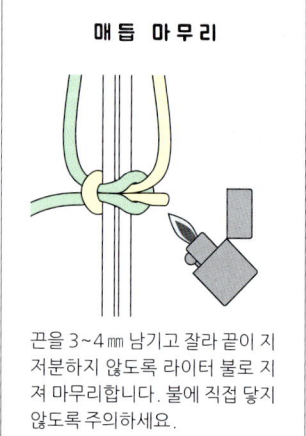

매 듭 마 무 리

끈을 3~4㎜ 남기고 잘라 끝이 지저분하지 않도록 라이터 불로 지져 마무리합니다. 불에 직접 닿지 않도록 주의하세요.

※이 책에서 지시하고 있는 장소 외에서 사용은 위험하오니 삼가세요.

비닐봉투

**유행을 타지 않는
손쉬운 포장**

비닐봉투에 종이를 넣고, 종이 위에 액세서리를 올립니다. 종이에 자신의 브랜드명을 적거나, 받는 이에게 메시지를 적는 것도 좋습니다.

셀로판지

**컬러풀한 셀로판지와 통통 튀는
마스킹 테이프로 유니크하게!**

셀로판지를 삼각뿔 모양으로 접어 유니크하게 포장해보세요. 컬러 셀로판지를 사용하면 내용물이 잘 보이지 않아 선물에 대한 기대감도 업! 작은 선물 포장에 좋습니다.

선물 포장법

선물할 때 활용하기 좋은 4가지 포장법을 소개합니다.
작품의 디자인에 맞는 포장법을 선택하세요.

선물상자

**특별함과 독특한 컨셉을
표현할 수 있는 선물 포장**

액세서리의 이미지에 맞는 포장지로 싸서 리본으로 마무리. 리본에 생화로 장식하면 내추럴한 분위기를 줍니다.

실과 끈

**리본 대신 실이나 끈으로 묶으면
캐주얼한 선물로 변신!**

봉투에 액세서리를 넣고 실이나 끈으로 묶어 주기만 하면 끝! 묶은 끈에 메시지 카드를 끼우고 스티커를 붙여보세요!

関谷愛菜　세키야아이나

Genuine perle et bijou 인증 강사. 「즐거운 어른」을 컨셉으로 강사로 활동하고 있다. 치바현 이치카와시에 있는 자택에서 액세서리 수업 진행.

〈 P.114「새틴 프릴 귀걸이」, 새틴을 핑크색으로 응용한 작품

HP 〉 http://instagram.com/hana_isi_gallery

작품 〉 **CLASS 1-06·07, CLASS 4-02·09、 CLASS 6-03 ～ 08**

内藤かおり　나이토카오리

「아뜨리에 Soleil」운영. 직접 구입한 빈티지 비즈를 주역으로 「세계 단 하나의 Only One」을 컨셉으로 오리지널 액세서리를 제작.

〈 P.49「진주 손목시계」, 부자재에 실버색으로 응용한 작품

HP 〉 http://lara.ocnk.net/

작품 〉 **CLASS 1-01·03·09、CLASS 3-01· 03 ～ 08、CLASS 5-01**

地下３Ｆ　치카산카이 (지하 3 층)

아이치현립예술대학 미술학부 디자인·공예과 졸업. 디자이너로서 근무 후, 독립. 2015 년에 폴리머클레이 액세서리 브랜드 「치카산카이」론칭.

HP 〉 https://chica3f.shopinfo.jp/

작품 〉 **CLASS 9-01 ～ 05**

harapecora　하라페코라

2015 년 온라인 판매 개시. 공복에 맛있는 음식으로 채우듯, 귀엽고 재미난 것들로 소녀감성 액세서리를 제작하고 있다.

HP 〉 http://harapecora.com

작품 〉 **CLASS 7-01 ～ 04**

坪内史子　츠보우치후미코

교실 「studio Room ＊ T」를 운영. 작품이 입소문과 블로그로 화제가 되어 본격적으로 클래스 운영. 저서 「주얼리 점토로 만드는 어른의 액세서리」(고단샤)가 있다.

〈 P.157「스와로브스키의 펜던트 탑」부자재를 원형으로 응용한 작품

HP 〉 http://studio-room-t.com

작품 〉 **CLASS 9-06**

miel ♥ moi　미엘모와

「여자로 태어나서 좋아」라고 보다 많은 사람들이 느꼈으면 하는 바램으로, 액세서리를 만들기 시작했다. 계절감을 도입한 여성스럽고 로맨틱한 디자인이 인기.

작품 〉 **CLASS 6-11**

DESIGNER'S PROFILE

이 책에 소개하고 있는 액세서리의
11명의 디자이너
프로필 소개.

尾田 薫 아다카오루

2012년「KAKAPO」브랜드론칭. 각 시즌마다 테마를 정해 트렌드를 반영하여 독자적인 시점으로 컬러풀한 작품을 선보인다.

HP 〉 http://kakapofactory.tumblr.com

작품 〉 **CLASS 1-02、CLASS 2-05、CLASS 4-03、05 ~ 08、CLASS 5-02·10·11、CLASS 6-02**

奧 美有紀 오쿠미유키

요코하마에서 액세서리 교실「Beads-Yokohama」를 운영. 저서「처음 만드는 비즈 모티브」(부티크사) 등이 있다.

〈 P.89「물방울 에스닉 귀걸이」의 원석을 핑크색으로 응용한 작품

HP 〉 http://ameblo.jp/m-oku/

작품 〉 **CLASS 1-08、CLASS 3-02、CLASS 4-10、CLASS 5-04·05·07 ~ 09**

桑原美紀 쿠와하라미키

핸드메이드 액세서리 샵「cocolo」의 오너. 해외에서 구매한 원석이나 파츠 등으로, 오리지날 액세서리를 제작한다.

〈 P.16「언밸런스 귀걸이」의 비즈를 스와로브스키로 응용한 작품

HP 〉 http://instagram.com/cocoloart

작품 〉 **CLASS 1-05·10 ~ 12、CLASS 2-04、CLASS 4-04、CLASS 5-03·06、CLASS 6-01·09·10**

奧平順子 오쿠다이준코

액세서리브랜드「Ju's drawer」운영. 핸드메이드 액세서리 사이트에서 많은 인기를 얻어, 미디어로부터 주목받고 있는 인기작가. 여러모로 활약 중.

〈 P.66「원석 & 메탈 스틱 귀걸이」의 원석을 에메랄드 그린으로 응용한 작품

HP 〉 https://minne.com/junko131/profile

작품 〉 **CLASS 1-04、CLASS 2-01 ~ 03、06·07、CLASS 4-01**

GHi 지에이치아이

2014년부터 프라반이나 레진을 사용한 액세서리 제작 판매. 심플하지만 임팩트 있는 것을 테마로 제작하고 있다.

〈 P.143「아구소년 귀걸이」의 펄을 실버로 응용한 작품

HP 〉 http://www.ggghiii.tumblr.com

작품 〉 **CLASS 7-05·06、CLASS 8-01 ~ 08**

HANDMADE ACCESSORIES CLASS BOOK

이 한 권이면 제대로 만들 수 있다!
핸드메이드 액세서리 클래스북

2019년 4월 29일 초판 1쇄 발행
2020년 7월 17일 초판 3쇄 발행

지은이 | 아사히신문출판
발행인 | 신재은
옮긴이 | 배선희

발행처 | 마피아 싱글하우스
출판등록 | 2014년 4월 23일(제2014-000077호)

주소 | 서울특별시 동작구 동작대로35길 67 1F
전화 | (02) 579-2877
팩스 | (02) 6008-9915
홈페이지 | www.mafiasinglehouse.com
인스타그램 | @mafia_single_house
ISBN 979-11-958488-1-2 13630

이 도서의 국립중앙도서관 출판예정도서목록(CIP)은 서지정보유통지원시스템 홈페이지(http://seoji.nl.go.kr)와
국가자료종합목록시스템(http://www.nl.go.kr/kolisnet)에서 이용하실 수 있습니다. (CIP제어번호 : CIP2019013998)

Mafia single house 「마피아 싱글하우스」는 꿈이 있는 사람들을 위한 수공예 전문 출판사입니다.

이 책을 위해 후원해주신 분들

쪼만한마을 이현주 정영선 리이 skysooha 서승연 Ji 후윤 마메 김지원 김민희 채은빈 바란 김기민 송향은 S 장유진 제르아 나꼬둥 김윤정 이아람 최하나 박민지 김아장 조바위 이윤형 Siz_ 양주연 리밍 별비공방 정지수 하승이 김세연 김서희 두진희 려 인님 우정현 손슬기 심주형 김현정 ㅇ/ㅁ 황다현 이수빈 지여을 박원상 개임 김태평 슈슈 김라희 노윤성 달덩이 무아박지선 숯이 Bengi 김경화 김보람 김은솔 쏘먀 손현 김혜빈 유은지 프로미코 (promico) 김우연 (우티크) 염지현 이세희 김경민 김찬영 고은별 이지은 이시우 김주옥 노현정 조은진 남효현 장한결 강서후 장정현 고선정 임지인 지티님 김수정 merrygohana 문소휘 전민주 구병태 lo 스피넬 ve 이은영 최정윤 채상은 원종욱 김하은 김아련 김규현 김은진 황윤정 인다송 405.24apm 모모 나여진 김승하 서동주 우아한내숭 윤준업 박형선 강해지 이효정 김새얀 김화진 이서연 유진 sayN 이주은 만렙토끼 이유화 고수연 vacansoo Choi Aram 동구리동굴 임유라 최유진 김지영 김지연 김솔지 김선미 정하애 최슬기 정새미 정세민 NN 김구름이 조진주 이하연 권하정 김휘원 장은영 이한희 박정아 from_palette 김진숙 정양란 김선빛 이정화 오주영 유해영 윤지은 오세륜 이재혁 박지우 최은경 lazynomad 이윤아 소재은 전지영 김민정 최께 비안_휴 또로 방울이 지예나 조은선 박소연 김신혜 박교준 서나경 신선미 박수란 조윤아 구본화 박진희 이슬기 조은심 김엿언 Rphe 쏠님 이선영 이현지 김지은 박채희 권오상 이연 김효정

– 감사합니다 –

핸드메이드 액세서리 만들기
< 기본테크닉 17 가지 > 동영상 신청방법

' 마피아싱글하우스 ' 네이버카페 가입 후
[핸드메이드 액세서리 등업신청] 제목으로
글을 쓴 후 < 핸드메이드 액세서리 클래스북 >
도서 표지사진 + 이메일 주소를 기입하면 바로 등업과 동시에
17 가지 기법 동영상을 메일로 발송해드립니다 .

마피아싱글하우스 공식카페
https://cafe.naver.com/mafiasinglehouse